ものと人間の文化史

179

相撲

土屋喜敬

法政大学出版局

1　相撲のような力くらべは各地の文明で見られた。紀元前 2000 年頃とされるエジプトのバケド 3 世の横穴墓には，組み合う人々が描かれている（石田雄太撮影）。

2　朝鮮半島の黄海南道安岳郡にある 4 世紀中頃の安岳三号墳の手搏図（写真提供：高句麗会）。手搏とは武術を指すが，2 人が向き合う姿は相撲のようにも見える。

3　6 世紀後半，埼玉県行田市の酒巻 14 号墳出土の力士埴輪（行田市郷土博物館蔵）。
高さは 94.3 cm。ふんどしを締め，太くたくましい足などが相撲を思わせる。

4 「平安朝相撲節会の図」（日本相撲協会　相撲博物館蔵）に描かれているように，奈良〜平安時代，天皇が宮中で相撲を観覧する相撲節が年中行事として催された。

5 「江戸初期古能狂言之図」（部分，国立能楽堂蔵）の「たうすまひ〔唐相撲〕」では，日本の相撲取が，滞在先の中国で皇帝やお供の者とユーモラスに相撲を取る。

6　慶長 10 年（1605）頃の「相撲遊楽図屏風」（部分，堺市博物館蔵）に描かれたまわしは，エプロンのような形状。

7　狩野孝信が慶長年間（1596～1615）なかばに描いたという「洛中洛外図屏風」（部分，福岡市博物館蔵）では，まだ土俵はないものの屋形と四本柱のなかで相撲を取っている。

8　相撲に似た格闘技は世界中にあるが，土俵のような境界線がある日本の相撲は珍しい。土俵が出現するのは 17 世紀後半。菱川師宣が寛文～延宝年間（1661～1681）に描いた「相撲の図」（日本相撲協会　相撲博物館蔵）は，土俵が描かれた早い作品である。土俵の出現により相手を外に出す「寄り切り」「押し出し」などの技が誕生する。

9　土俵の出現により，観客も相撲を見物しやすくなった。江戸時代中期には，土俵まわりの土間と周囲を取り巻く二層式の桟敷を備えた相撲場で興行された。安政 5 年（1858）の歌川豊国（3 代）画「勧進大相撲興行之図」（日本相撲協会　相撲博物館蔵）には場内に溢れんばかりの観客が描かれ，四本柱には四色の色が配されている。

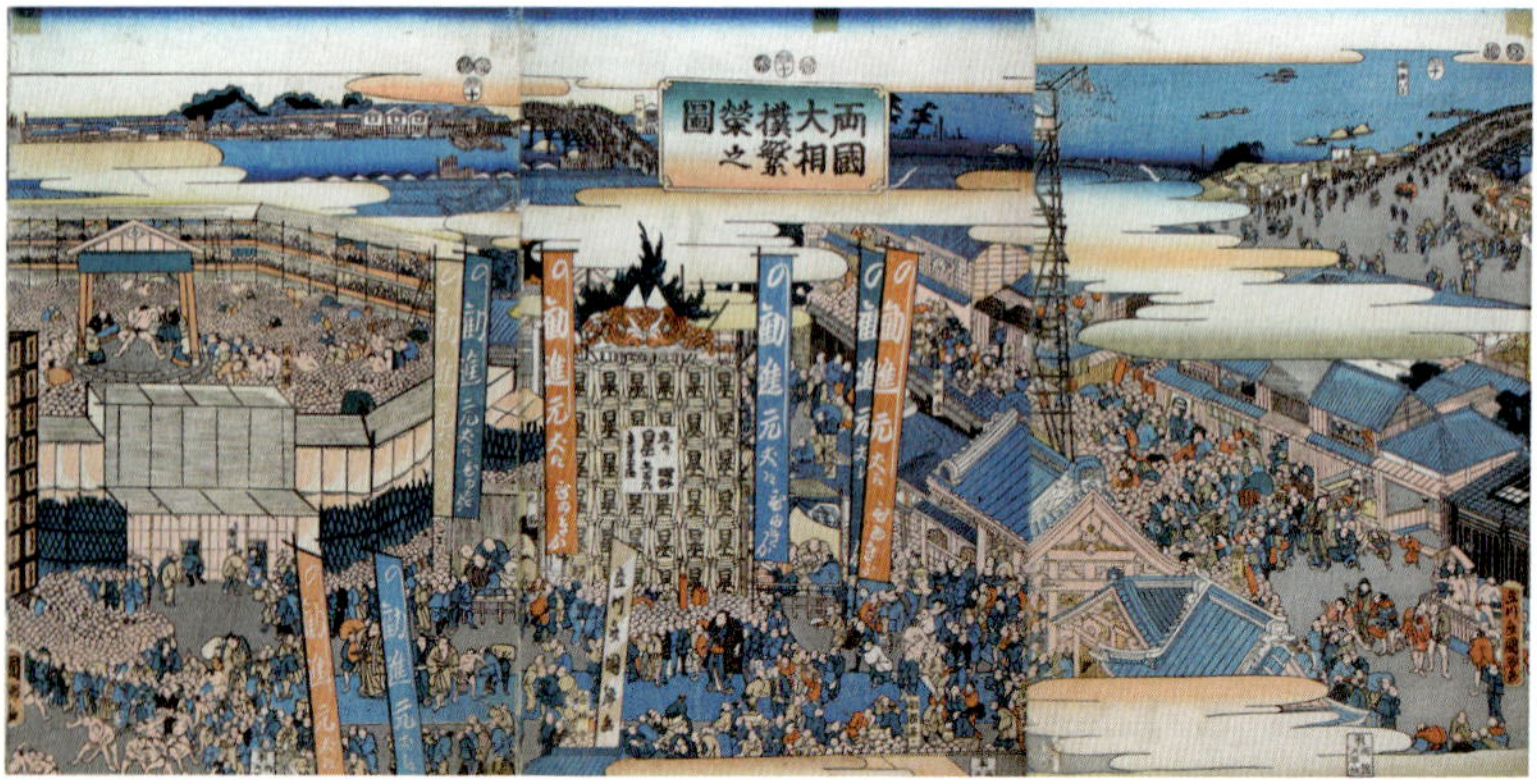

10　幟や積物，そして続々と回向院の相撲場へ詰めかける観客で賑わう興行空間を嘉永６年（1853）に歌川国郷が描いた「両国大相撲繁栄之図」（日本相撲協会　相撲博物館蔵）。

11　四条派の絵師・岡本豊彦が 19 世紀前半に奄美大島の風景を描いた「琉球島真景」（部分，名護博物館蔵）でも，屋形や四本柱を備えた土俵で相撲が催されている。

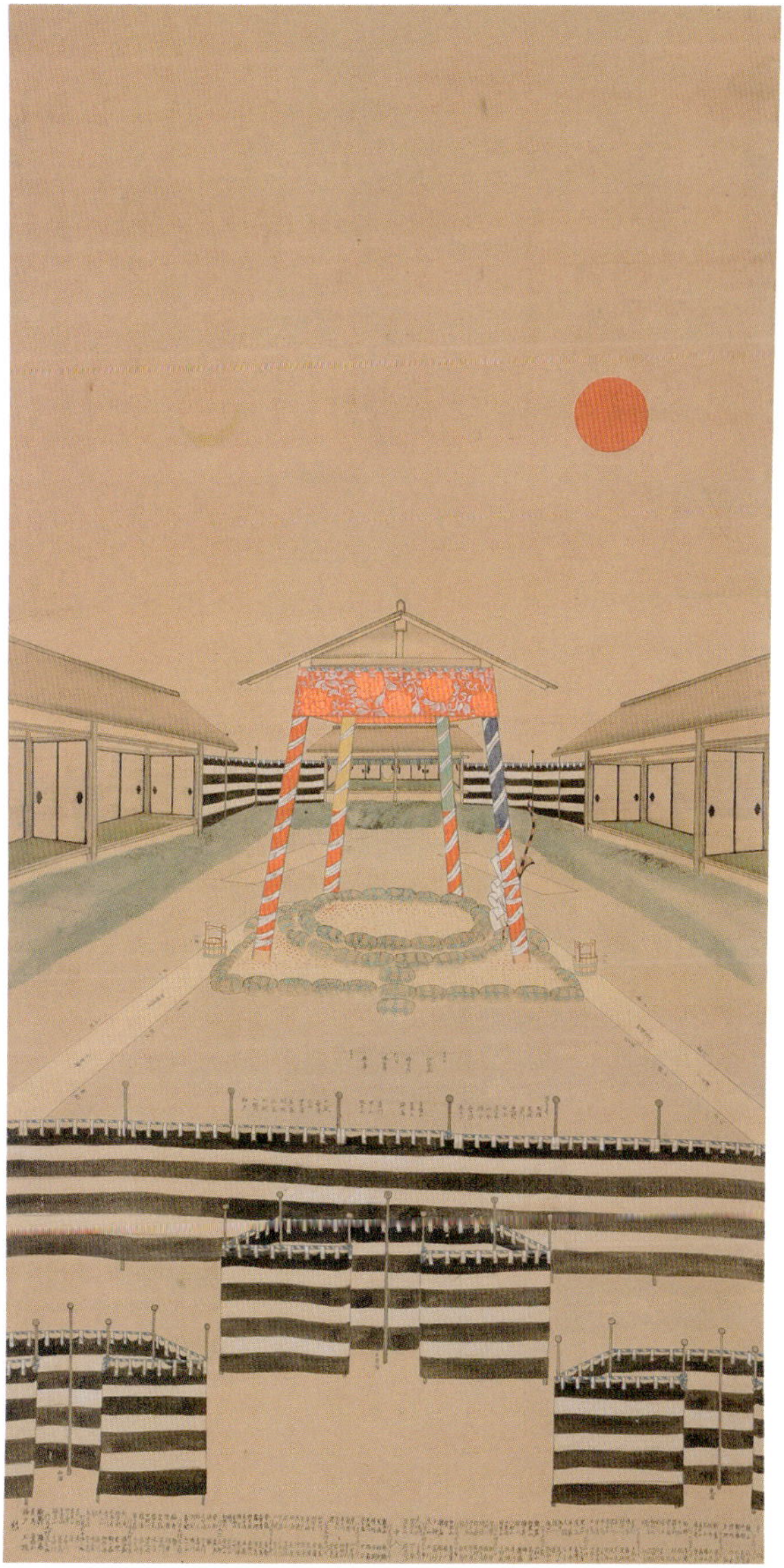

12　徳川将軍の上覧相撲は，江戸城吹上などで江戸時代後期に７度催された。わずか１日の開催にもかかわらず大がかりな相撲場が設営されたことは，文政６年（1823）の様子を描いた「上覧相撲会場の図」（日本相撲協会相撲博物館蔵）からうかがえる。

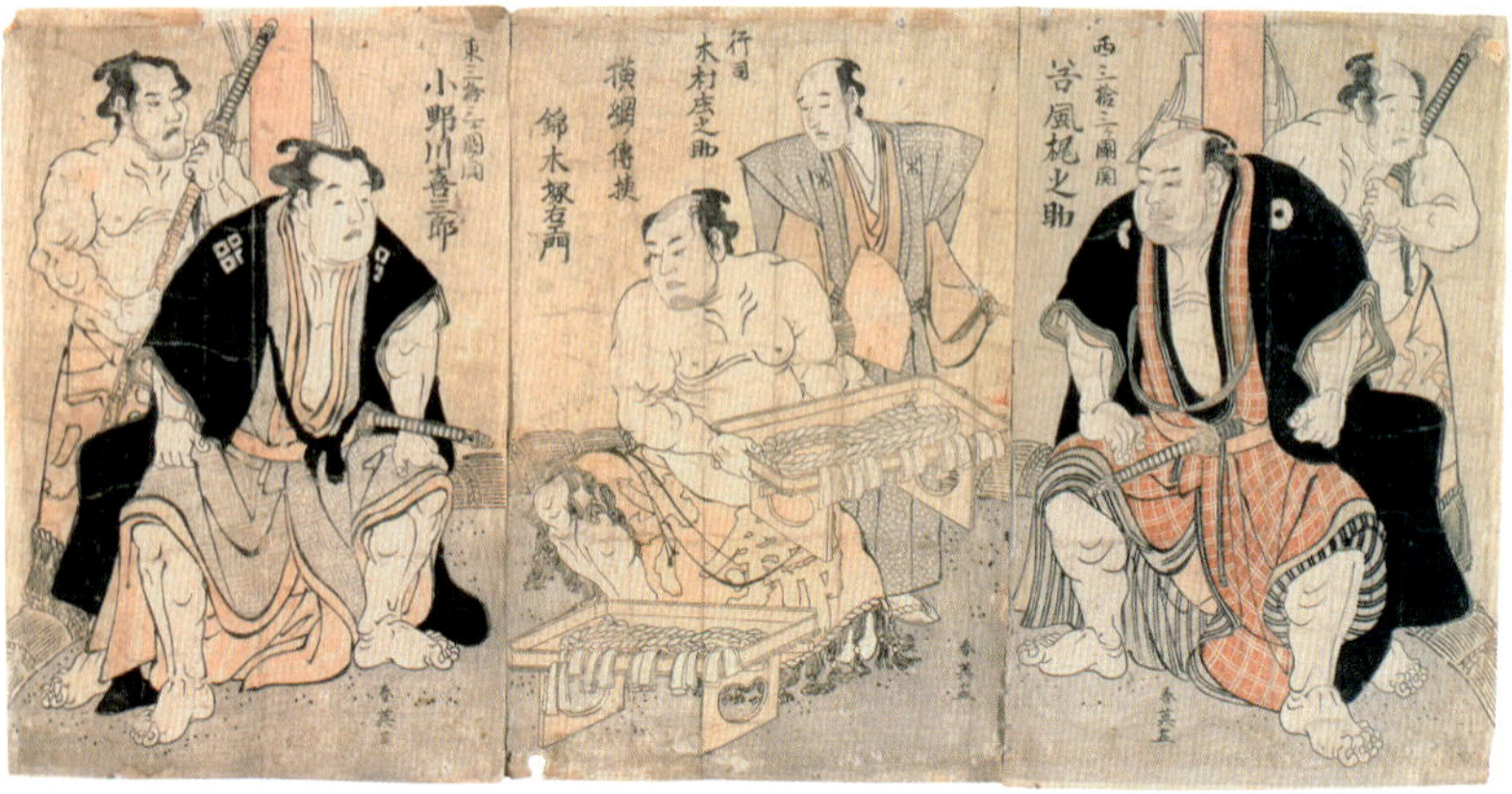

13　江戸時代の横綱は最高位ではなく，綱を締めて土俵入りが許された力士の称号であった。はじめての横綱土俵入りは江戸相撲の寛政元年（1789）冬，谷風梶之助（右，４代横綱）と小野川喜三郎（左，５代横綱）が演じた。勝川春英画「横綱ノ伝授」（日本相撲協会　相撲博物館蔵）にあるように横綱の綱は土俵上で披露され，観客は好奇のまなざしを送った。江戸時代後期，集客にもつながる横綱土俵入りは大相撲のハイライトとなる。

14　谷風が使用した現存する最古の綱（個人蔵，相撲博物館寄託）をはじめ，江戸時代のものはいずれも細くて軽い。現在のように太くなるのは明治時代後期になってから。

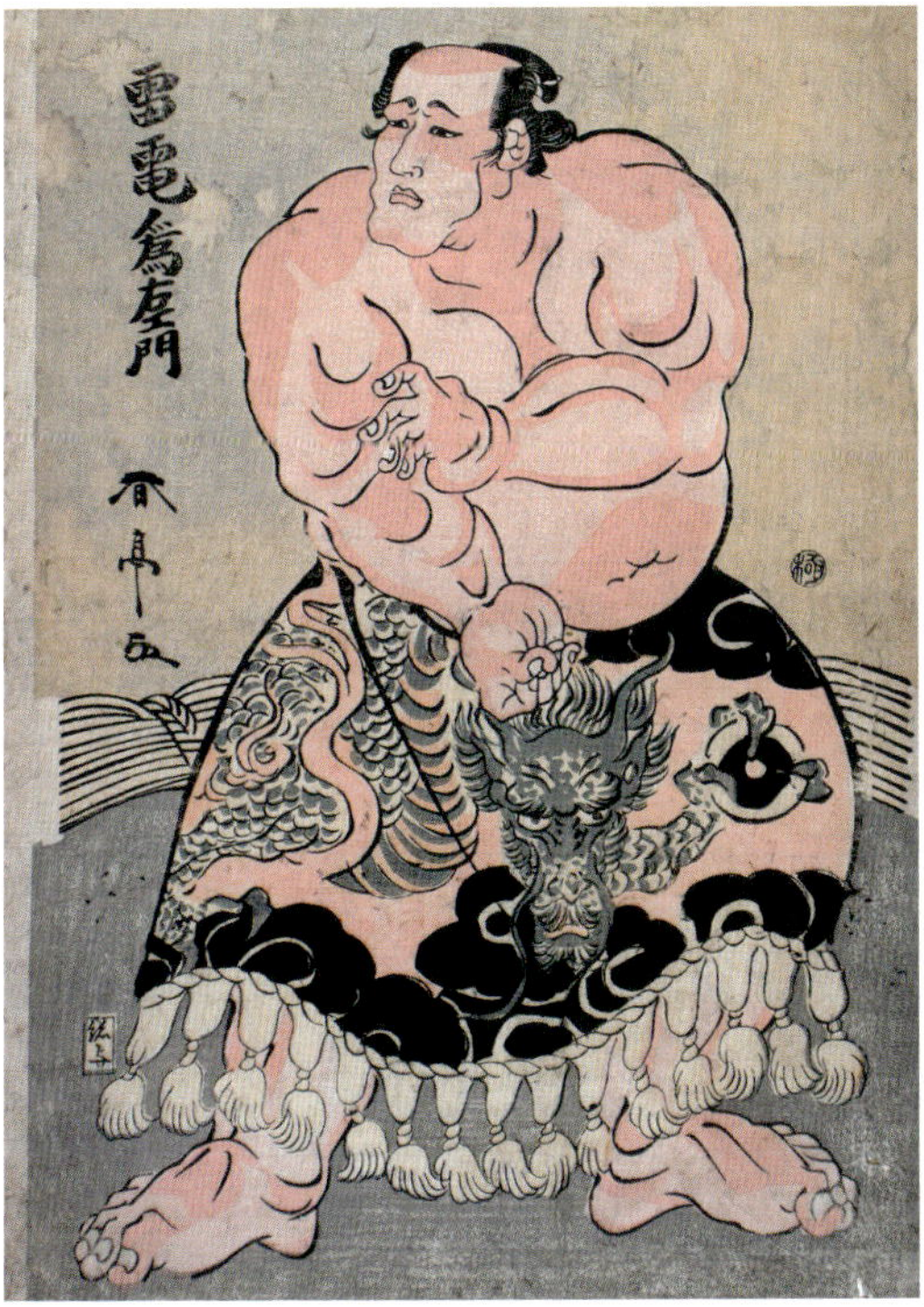

15　身長 197 cm，体重 170 kg の雷電為右衛門（大関）は，江戸相撲を代表する力士。勝川春亭の錦絵（日本相撲協会相撲博物館蔵）で筋骨たくましく描かれている。信濃国小県郡大石村（長野県東御市）の出身だが，松江藩松平家に抱えられた。

16　雷電が松江藩主・松平治郷から拝領した化粧まわし（長野県東御市大石区蔵）は，江戸時代に貴重なベッチン生地に金糸で雷文を刺繍した豪華なもの。

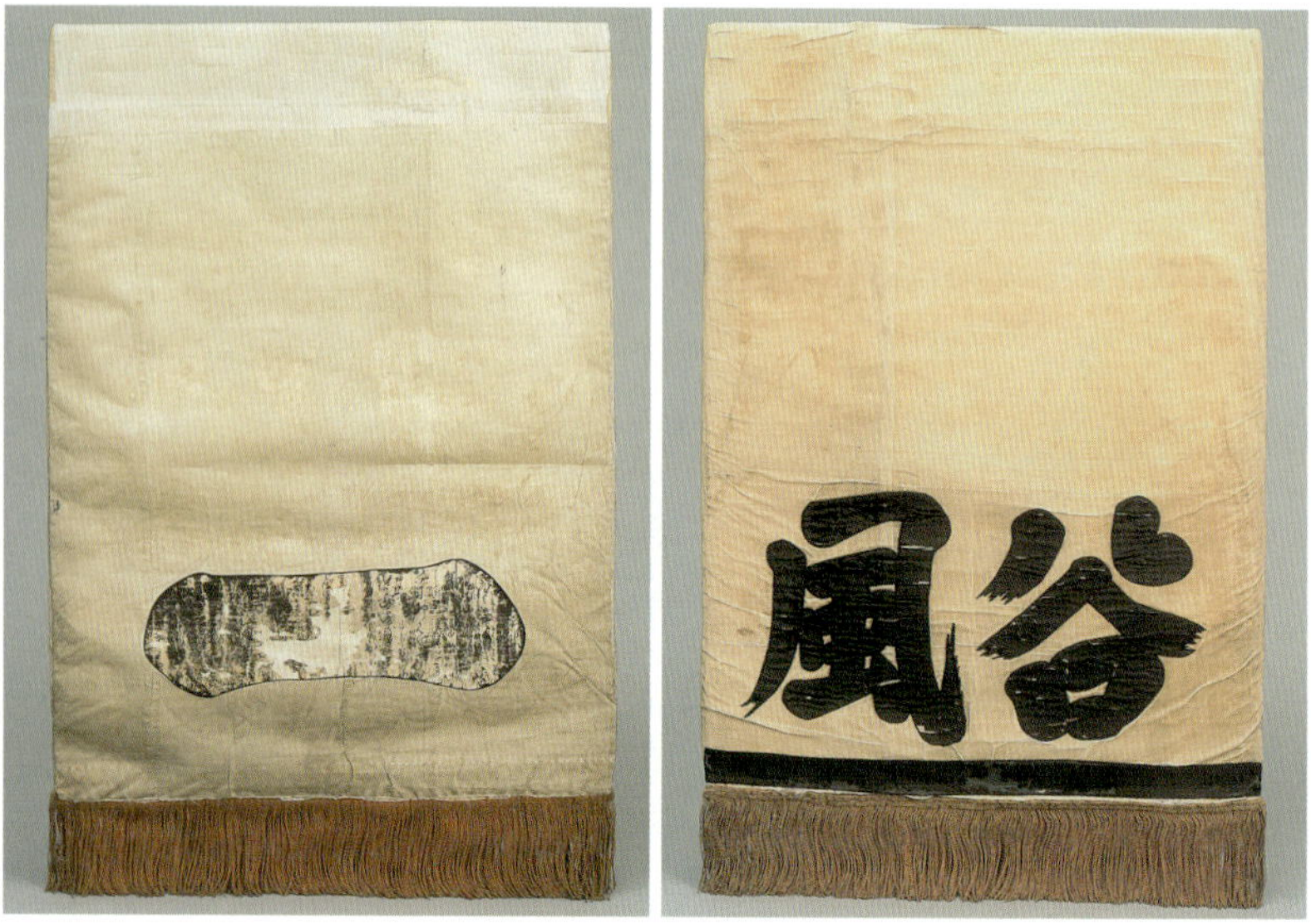

17　谷風梶之助の化粧まわし（個人蔵，仙台市博物館寄託）にはしこ名が配されている。文字は江戸時代中期の書家・三井親和（しんな）による。裏側の「一」は天下一を表すという。土俵入りの際，観客は力士の後ろ側，足の間から見える意匠も楽しんだ。

18　横綱は太刀持ちと露払いを従えて土俵入りを披露するので，化粧まわしも３人で一組となる。羽黒山政司（36代横綱）の化粧まわし（日本相撲協会　相撲博物館蔵）では，鯉を中心に左から太刀持ちは秋の紅葉，横綱は夏の滝，露払いは春の桜がデザインされている。羽黒山は昭和16年（1941）から同28年まで横綱として活躍。

19　さがりはまわしと一体だったが，のちに取りはずせるようになった。歌川国貞（初代）が描いた萩藩毛利家抱えの阿武松緑之助（左，６代横綱）と松江藩松平家抱えの稲妻雷五郎（右，７代横綱）の取組（日本相撲協会　相撲博物館蔵）からも文政〜天保年間（1818〜1844）の様子がわかる。

20　町人や農民出身の力士も大名家に召し抱えられると身分上は武士となった。享和〜文化年間（1801〜1818）の豊麿画「江戸大相撲生写之図屏風」（部分，日本相撲協会　相撲博物館蔵）には帯刀する天明８年（1788）頃の力士が描かれている。

21　勝川春章が天明年間（1781～1789）頃に描いた行司は軍配，呼出しは扇子を手にしている（日本相撲協会　相撲博物館蔵）。

22　木村庄之助の譲団扇（日本相撲協会　相撲博物館蔵）は天保年間（1830～1844）から受け継がれ，現在も使われている。

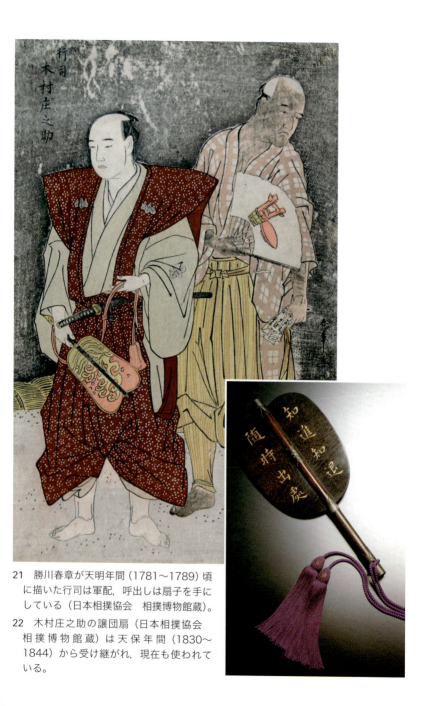

23　山口県防府市玉祖神社の「占手神事」。ほとんど無声で取組もしないが，豊凶を占うとされる（平成 10 年 4 月 10 日，相撲博物館　中村史彦撮影）。

24　岩手県花巻市三熊野神社では，毎年 9 月に「十二番角力式泣き相撲」，5 月の毘沙門まつりで「全国泣き相撲大会」を催す（平成 17 年 9 月 9 日，岩手県立博物館撮影）。

25　明治42年（1909）に国技館が誕生し，天候にかかわりなく興行できるようになった。当時，屋内施設としては東洋一の規模といわれ，記念の絵はがきも多数発行された（日本相撲協会　相撲博物館蔵）。

26　大相撲は観客がいないと成立しない。この絵はがきは大正2年（1913）夏場所6日目の国技館の様子だが，数万の観客が固唾をのんで取組を見つめたとある（日本相撲協会　相撲博物館蔵）。力士と観客が一体となり，熱気に溢れる興行空間が醸成される。

ものと人間の文化史　相撲／目次

はじめに

「土俵際」「軍配があがる」「番付」……これらは相撲由来の言葉で、日常会話で用いられることも多く、特に説明は不要なほど広く浸透している。その多くは興行としての大相撲が成立する江戸時代に生まれたものである。日本における相撲の歴史はおおよそ一五〇〇年ほどと考えられており、長年にわたって親しまれてきたからこそ、相撲に由来するさまざまな言葉も人々に受け入れられていったのだろう。現在はスポーツのひとつであるが、明治時代に近代スポーツが流入するまで、観客は相撲を歌舞伎などと同じように芸能として楽しんできた。しばしば相撲は「日本を代表する伝統文化である」といわれる由縁である。

本書では人とものに焦点をあて、相撲の世界を紹介したいと思う。まず第一章で相撲の歴史を概観する。第二章と三章では人に注目し、相撲を取り、興行してきた人々を紹介する。第四章では生業以外の伝承されてきた相撲、芸能や文学作品のなかで生き続ける相撲の様相を探る。続く第五章と第六章では、主として大相撲で使用されるさまざまな「もの」に注目する。第五章は相撲を取るための、第六章は観客のための「もの」の登場や変遷を追う。そして第七章で読者の皆様を大相撲が興行される空間にご案内したい。なお本書では、現代には不適切な用語も用いているが、史的事実を述べたもので、差別を助長する意図はない。また史料の引用に際しては読みやすさを考え、常用漢字で表記し、必要に応じて句読点や中黒、ルビを補った。

一五〇〇年もの間、なぜ人々は相撲に親しみ、楽しんできたのであろうか。そしてその面白さはどこにあるのだろうか。この問いに答えるのは容易なことではないが、本書が少しでも考えるヒントになれば幸いである。

第一章　相撲史概説

1　相撲は力くらべからはじまった

世界の各地で

わたしたちが親しんでいる日本の相撲は、いつはじまったのだろうか。そしてどこからきたのだろうか。この問いに答えるのは難しい、というより不可能に近い。相手を土俵の外に出すか、相手の足の裏以外の部分を地面に着けると勝負が決する現在の相撲は、日本独自の競技だ。世界各地には、日本の相撲に似た格闘技が多く存在する。しかし土俵のような境界があるものは、世界的に見ても稀少であり、その多くが、相手と組み合って投げあう競技である。オリンピックの種目を見ただけでもレスリング・ボクシング・柔道などさまざまな格闘技があり、世界各国で親しまれている。大相撲に入門する若者のなかにも、レスリングや柔道の経験者が少なくない。力くらべ、そして相手と争うことは、スポーツ競技のごく原初的な形態で、文明が誕生した当初から行われていたと思われる。このような原初的なものが、世界各地で徐々に洗練していき、そしてルールが制定され、さまざまな格闘技ができあがったのだろう。ちょうど言語が諸系統にわかれて世界各地に存在するのと同じように。

相撲のような格闘技の存在を示す最古の遺物は、文明発祥地のひとつとされているメソポタミアのカファジェ・ニントウ出土といわれる青銅製の人物像で、紀元前三〇〇〇年頃と推定されている。頭に壺のようなものを載せた二名の人物は組み合っており、相撲を取っているようである。紀元前二〇〇〇年頃と推定されているエジプト・ベニハッサンにあるバケド三世の横穴墓の壁画にも、二名の人物が組み合っている姿が数多く描かれている（口絵1）。この他にもインドや中国、中米最古の文明であるオルメカの遺跡からも相撲を取っているような姿の像や壁画が発見されている（寒川恒夫『遊びの歴史民族学』）。もちろん日本の相撲とはルールが異なるが、文明の起こりとともに、相撲のような格闘技が世界各地で誕生したと考えて差し支えないであろう。

組み合って投げあう競技を相撲と定義すると、アジア・オセアニア・アメリカ大陸・ヨーロッパ・アフリカ、すなわち五大陸すべてで確認できる。中国の少数民族や、ミクロネシアの島々、カナダのイヌイットなど、その事例は大変に幅広い。立合の有無、勝負方法などのルールや、婚礼・葬礼・収穫時・紛争の解決を目的とするなど、その様相は地域によってさまざまである（大林太良他編『民族遊戯大事典』）。

朝青龍明徳（六八代横綱、以下、しこ名に続く括弧内にはでき得る限り番付の最高位を記した）や白鵬

競馬・弓射と並ぶ男性の三種競技でも特に人気が高いブフ（モンゴルの相撲，石田雄太撮影）。力士には戦績に応じて鷹・象・巨人などにちなんだ力強さを象徴する称号が贈られる。

翔（六九代横綱）らが大相撲で活躍し、日本でもその存在がよく知られるようになったモンゴルの相撲は、ブフと呼ばれている。ブフは、技法は柔道に近く、勝負の決し方は相撲に近い。皮または布の服を着て対戦し、足の裏以外が地面に着いたら負けである。ブフは、家畜の繁殖と安全を祈願する春と秋のオボ祭、遊びを意味する国民的な祭事であるナーダムで催される。近年、ナーダムは秋のオボ祭の中心行事として注目を集めている。ナーダムでは、男性の三種競技として、ブフの他、競馬と弓射《きゅうしゃ》も実施される。

インドでも相撲は古くから盛んで、東部のナガランド州周辺に住むナガ系の諸族でも親しまれている。ルールは部族によって異なり、婚礼あるいは葬礼などの場面で催される。ミクロネシアのナウル島では、腕を相手の背中

ヤール・ギュレッシュ（トルコの相撲，石田雄太撮影）。

にまわし、しっかり組み合ってからはじめ、背中全面が地面に着いたら勝負が決する。子どもの誕生を祝って行われ、男性は男性、女性は女性、子どもは子ども同士で対戦する。アフリカ・セネガルのディオラ族やペペル族には、植付祭と収穫祭で若い男女が相撲を取る習慣がある。またトルコのヤール・ギュレッシュは、体に油を塗り、皮のズボンをはいて両肩が地面に着くまで勝負が続く。

わずか数例を紹介しただけでも、相撲は世界各地において独自のルール・目的で行われていることは明らかだ。そして日本でも、独自の文化を身にまといながら相撲が取られてきたのである。

相撲と角力

相撲と角力。どちらも「すもう」と読む。相撲愛好者のことを好角家《こうかくか》、あるいは相撲界のことを角界《かっかい》と称するのは、角力に由来する。この他にも、現在はあまり使われないが、角觝や角抵も「すもう」と読む。「すもう」の音、読みについては、『日本国語大辞典』では「歴史的かなづかいは、動詞「すまう（争）」の終止・連体形の名詞化とみて「すまふ」とするのが有力であるが、連用形「すまひ」のウ音便とみて「すまう」とする説もある」と説明されている。いずれにしても「すもう」は、争い抵抗する、負けまいとして相手と張り合う、つかみあって争うことなどを意味する古語、争う（すまふ）から生まれた言葉である。俳人・小栗百万《おぐりひゃくまん》は、安永七年（一七七八）成立の『屠龍工随筆《とりょうこうずいひつ》』で「すまふとは人と人と手してあらそふ事をいふなり」と考証している。

室町時代までは「すまひ」と読み、「相舞」「素舞」と表記されることもあった。応仁・文明の乱をはさむ宝徳二年（一四五〇）から約八〇年にわたる興福寺の日記『大乗院寺社雑事記』には相舞の用例が散見される。舞の文字を用いていることから、相撲は本来、舞踊のような芸能だったのではないかとする説もある。文禄五年（慶長元、一五九六）に成立した愚軒《ぐけん》の雑話集である『義残後覚《ぎざんこうかく》』には「すまふ」とあるものの、慶長八年（一六〇三）に成立したイエズス会の宣教師による『日葡辞書』には「ｓｕｍｏ」とあり、戦国時代から江戸時代初期にかけて「すもう」の読みが一般化したようである（新田一郎『相撲の歴史』）。

次に相撲・角力・角觝・角抵について、それぞれの漢字にわけて考えてみたい。まず「相」であるが、見る、詳しく見るなどの他、二つのものが互いに関係しあうという意味もある。「撲」には、うつ、なぐる、うちたおすなどの意味がある。撲の文字を用いた言葉としては、撲滅・撲殺・打撲などがあるが、いずれも争うことがイメージされる激しい言葉である。余談だが撲という文字は、日常生活で使われることは決して多くない。江戸時代の史料には「勧進相模仕候」と誤記されていることが非常に多い。牛や羊などを連想する「角」にも、獣の角を取って取り押さえることから、競う、争うの意味がある。「力」は、筋肉の働き、体力といった一般に想起される意味の他、つわもの、兵士などの意味もある。強力・馬力など、いかにも力強いイメージの文字である。「觝」は、触れる、さわる、突く、「抵」にも、あたる、触れる、さわるの他、逆らう、拒む、なげうつなどの意味がある。それぞれの漢字には、それぞれの意味があり、二つの文字を組み合わせ、相撲や角力などのイメージが形成されたのであろう。

　東アジアにおける相撲の起源を広く考察した長谷川明は、中国における相撲・角力などの文字についても検討を加えている。相撲を意味する漢語のなかでは角力が一番古く、漢代にまとめられた儒教の経書『礼記《らいき》』に見られ、農民の労をねぎらい、先祖を祀る行事として催されたものであった。相撲は、三世紀頃に王隠《おういん》が著した西晋《せいしん》の歴史書『晋書』と虞溥《ぐはく》が編纂した呉の歴史書『江表伝《こひょうでん》』に見られる。また弘始八年（四〇六）に翻訳家・鳩摩羅什《くまらじゅう》により漢訳が完成した『妙法蓮華経』にも相撲の文字が使われており、これが経典に見られる初例である。角抵は、角觝・角牴・觳觝とも書き、中国では、古くは競技的雑技全般を指したが、後代になるにつれて一対一の徒手格闘技を意味する度合いが強まったという。この他にも中国における相撲の呼称には、時代によりさまざまなものがあるが、初期から文献に登場するのは角力と角抵で、後に相撲が加わり、清代末期まで用いられた。そして清代に、中国相撲の総称として用いられている摔跤《シュアイジャオ》が一般的な呼称となったという（『相撲の誕生』）。

以上紹介した相撲や角力などの文字が、経典の伝来に伴い、中国あるいは朝鮮半島から日本にもたらされたのであろう。『日本書紀』には、後述するように野見宿禰《のみのすくね》と當麻《たいまのけ》蹶速《はや》の対戦が記述されているが、「捔力」の文字が使用されている。「捔」にも、つのとる、角をつかんで獣を押さえる、刺す、などの意味がある。日本の文献における相撲の初例は、同じく『日本書紀』の雄略天皇一三年の記載である。五世紀後半に在位したとされている雄略天皇が、決して手元を狂わせることはないと豪語する名工・猪名部真根《いなべのまね》の前で采女《うねめ》にふんどし姿で相撲を取らせた説話だ。采女の姿にさすがの猪名部真根も手元が狂い、雄略天皇に死刑を命ぜられたが、まわりの大工が名工の腕を惜しんで嘆願し、死刑をまぬがれたという。そして史実としての相撲の文字の初例は、『日本書紀』の皇極天皇元年（六四二）七月二二日の記述である。これらの例から養老四年（七二〇）の『日本書紀』成立以前に、相撲という字が使用されていたことがわかる。

相撲と角力の使用例については、厳密に時期区分をすることができないが、おおよその傾向は以下の如くである。『日本書紀』にある野見宿禰と當麻蹶速の対戦は捔力であるが、以後、『続日本紀』を含め、奈良・平安時代の官撰歴史書・六国史や鎌倉時代の歴史書『吾妻鏡』には相撲が使用されている。江戸時代には番付表に勧進相撲や勧進角力と記されるなど、相撲と角力の両方が多々見られる。明治時代には、たとえば明治一一年（一八七八）に警視庁から「角觝並行司取締規則及興行場取締規則」が発布されたように角觝の文字も用いられている。相撲興行を主催する団体も東京大角觝（角力）協会と称した。これらの用例から、明治時代には、相撲よりもむしろ角力や角觝の方が好んで用いられたようである。好角家あるいは角界などの言葉も、おそらくこの頃に誕生したのであろう。角力が用いられなくなり相撲が広く定着するのは、大正一四年（一九二五）の大日本相撲協会設立以降のようだ。

2　神話から史実へ

『古事記』と『日本書紀』の力くらべ

次に神話に登場する相撲を取りあげよう。『古事記』には「出雲の国譲り」と呼ばれる力くらべの話があり、『日本書紀』にも野見宿禰と當麻蹶速の対戦が出てくる。これらは神話であり、史実として認められるものではないが、日本における相撲にまつわる最古の記述として広く知られている。

まず『古事記』の「出雲の国譲り」は、簡潔に述べると以下のような内容である。天照大神《あまてらすおおみかみ》が、大国主命《おおくにぬしのみこと》に支配地である葦原中国《あしはらのなかつくに》（日本国土の別称）を譲るようにと使者を遣わすが、なかなかことが進まなかった。天照大神が最後に派遣したのが、建御雷神《たけみかづちのかみ》と天鳥船神《あめのとりふねのかみ》である。国を譲るよう迫る建御雷神に対し、大国主命は子の建御名方神《たけみなかたのかみ》に対応を任せた。建御名方神は、建御雷神に力くらべで決めようと提案した。力くらべの舞台が、出雲国の稲佐浜（島根県出雲市）であるため、この神話は「出雲の国譲り」と呼ばれている。まず建御名方神が建御雷神の手をつかもうとしたが、手は氷柱や剣に変わってしまった。次に建御雷神が建御名方神の手をつかむと、若い葦を折るように簡単に折れてしまった。勝ち目はないと悟った建御名方神は逃げ出したが、諏訪湖で追い詰められ、降参した。この結果、無事に国譲りが成立したという。建御名方神は降参したものの、諏訪大社の祭神となった。

この神話は一般に大和朝廷が葦原中国を服属させた過程を表すと解釈されている。相撲ではなく「力競」と記されており、もちろんルールに則った形の相撲ではない。しかし相手の手を取って勝負を決めようとするあたりは、明らかに相撲である（池田弥三郎「芸能・演劇胎生の場」）。相撲は「取る」ものだが、日本最古の歴史書『古事記』に、その端緒をうかがうことができるのである。また、重要なことを力くらべで決めたことも注目に値する。

もうひとつは『日本書紀』で垂仁天皇七年七月七日に行われたとされる、野見宿禰と當麻蹶速の対戦である。大和国当麻（奈良県葛城市）に住んでいた當麻蹶速は、大変に力が強く、周辺にはたちうちできる相手がいなかったので、誰か強い者と力くらべをしたいと望んでいた。これを聞いた垂仁天皇が、力が強い者はいないかと臣下に尋ねると、出雲国に野見宿禰という者がいることがわかった。そこで天皇は宿禰を呼び寄せ、蹶速と対戦させた。対戦がはじまると、宿禰は蹶速のあばら骨や腰の骨を折って殺してしまった。勝った宿禰には蹶速の領地が与えられた。この後垂仁天皇に仕えた宿禰は、同天皇三二年に皇后・日葉酢媛命《ひばすひめのみこと》が亡くなった際、出雲国から土器作りに長けた土師部《はじべ》を呼び寄せ、陵墓に生きた人を埋める殉死を廃して人や馬の埴輪を並べることを提案したという。

『日本書紀』には捔力と記されているものの、宿禰と蹶速の対戦はまさしく決闘であり、後世の相撲とはかけ離れたものであった。また垂仁天皇の治世は、大雑把に四世紀前半から中頃と推定されているので、宿禰が人や馬の埴輪を考案したとする話は、形象埴輪が登場した五世紀後半とずれが生じ、史実とは認められない。しかし両者の対戦は、日本における相撲のはじまりとして後世まで語り継がれることとなった。その理由は、後述する相撲節《すまいのせち》の起源説話として位置づけられたからである。『日本書紀』の編纂時、相撲節はまだ制度が完全には整ってはいなかったが、七月に催されることが多く、節日である七月七日の七夕に設定されたようである。その結果、宿禰と蹶速の対戦も垂仁天皇七年七月七日という作為的な日付となったのであった（長谷川明『相撲の誕生』）。なお両者の対戦が七月七日である理由は、当麻の地で土師氏と近い関係にあった機織集団であり、早くから大陸の文化や七夕の儀礼を知っていた倭文氏《しどり》が関与したからという指摘もある（平林章仁『七夕と相撲の古代史』）。両者が対戦した場所は、宿禰が蹶速の腰骨を踏み折ったという伝承から、腰折田《こしおれだ》と呼ばれるようになった。腰折田という名称は、相撲はそのはじまりから農耕儀礼と深く結びついていたことを想起させる（寒川恒夫「古代人の遊びの系譜」）。なお腰折田の場所は、奈良県香芝市内と推定されている。

両者の対戦についてはこの他にもさまざまな解釈がなされているが、明治一八年（一八八五）に野見宿禰神社（墨田区）が創建され、現在も東京の本場所前に相撲協会の役員が出席して例祭を行うなど、勝った宿禰は相撲の祖として祀られている。大兵主神社《だいひょうずじんじゃ》（奈良県桜井市）の参道には野見宿禰を祭神とする相撲神社があり、そこにも両者が戦ったと伝わるカタヤケシという場所がある。十二柱神

野見宿禰と當麻蹶速。『北斎漫画』9編より。多くの絵師によって両者の対戦は後世に伝えられた。

社（桜井市）の五輪塔、野見宿禰塚古墳（兵庫県たつの市）や菅原天満宮（松江市）などは宿禰の墓とされている。負けた蹶速にも、墓と伝えられる五輪塔・當麻蹶速之塚（奈良県葛城市）が現存する。宿禰と蹶速の対戦は、木村政勝が歴史や技などを詳述した宝暦一三年（一七六三）の『古今相撲大全』（全五巻、巻之下末のみ安永二年（一七七三）刊）をはじめとする相撲にまつわる書物にたびたび登場し、多くの絵師がテーマとした。こうして両者の対戦は後世に広く語り継がれたのだった。

史実として

それでは神話ではなく、史実として認められる最古の相撲はいつなのか。『日本書記』には七世紀の記述が三例見られる。そのうち最も古い皇極天皇元年七月二二日には、百済の使者で高官の大佐平《だいさへい》・智積《ちしゃく》と同じく百済の王族・翹岐《ぎょうき》の前で健児が相撲を披露したという記述がある。健児とは天皇の近くに仕えていた力の強い者たちのことで、翹岐は百済王の甥であるが、政争に破れ、亡命して来日していた人物である。

七世紀前半の相撲に関する記述はこの一例しかなく、残りの二例は、後半の天武天皇一一年（六八二）七月三日と持統天皇九年（六九五）五月二一日だ。天武天皇一一年には、貢物を持って上京した大隅の隼人と阿多の隼人による相撲を天皇が観覧し、大隅の隼人が勝ったとある。また持統天皇九年は、大隅の隼人が相撲を取るのを持統天皇が飛鳥寺の西にある槻木の下で観覧したという。

これらの相撲が意味するものは何か。皇極天皇元年五月二二日には翹岐の従者、翌二二日には翹岐の子が死亡したと記されている。『日本書紀』には、はっきりそうとは書かれていないが、貴人の死に際して相撲を取る習慣があった可能性もある（寒川恒夫『遊びの歴史民族学』）。後半の二例で相撲を披露した隼人は、古代より日向国・大隅国・薩摩国に住み、狩猟・漁撈を中心に農耕生活を営んでいた人々のことで、大和政権から異人と見なされ、五世紀代に服属したと考えられている。わずか二例ではあるものの、隼人と相撲のかかわりがうかがえる。異郷からきた隼人の相撲を天皇が見物するのは支配関係を示すとも思われ、八世紀以降に制度化する全国から相撲人《すまいびと》を集めて催した相撲節と関連があるのかもしれない。また、相撲は隼人の特技であり、生活のなかに根をおろした慣習であったとも考えられる（長谷川明『相撲の誕生』）。

いずれの記述も少なく、どのような相撲であったかは想像するしかないが、遅くとも七世紀には相撲が行われていたことが確認できる。想像をたくましくすると、七世紀にはすでに相撲が日常的なものとなっていたために三例しか記述がないのかもしれない。

3　古墳時代の遺跡から

埴輪と須恵器の力くらべ

近年、旧石器時代や古墳時代だけでなく、近代まで含めて遺跡の発掘調査が大きく進展し、最新の出土品を紹介する展覧会も毎年のように開催されている。いうまでもなく出土品は、地域の歴史・文化など、多くのことをわたしたちに教えてくれ、相撲も例外ではない。古墳時代の出土品には当時すでに相撲を取っていたことを思わせる埴輪や須恵器があり、その起源を探る大きな手がかりとなっている。

周知の通り、古墳は土を盛って築造した墓で、三世紀後半から七世紀までは古墳時代と呼ばれる。前方後円墳・前方後方墳・円墳など、形や年代や規模はさまざまで、古墳そのものや副葬品からは当時の社会関係がうかがえる。これら古墳の側面に並べられたのが埴輪で、円筒埴輪と形象埴輪に大別される。円筒埴輪は文字通り筒形のもので、主として古墳の土留として用いられた。形象埴輪には、家・器財・動物・人物の種類がある。家や器財の埴輪は古墳時代前期から、動物や人物の埴輪は、五世紀中頃から見られるようになる。

さまざまな種類が出土している人物埴輪に、「力士埴輪」と呼ばれるものがある。その名が広く知られるようになったのは、昭和四四年から発掘調査がはじまった六世紀前半築造の前方後円墳である井辺《いんべ》八幡山《はちまんやま》古墳（和歌山市）から、六体の男子立像が出土したのがきっかけである。そのうちの一体は、前腕部を欠いているものの、台座まで含めると高さは一一三・五センチあり、ほぼ全身が確認できる。裸体に素足で腰と股間にふんどしを着け、両手を前方に伸ばし、相手と向き合って組み合っているような姿勢であることから、これらの人物埴輪は、力士埴輪・力士像と呼ばれるようになった（森浩一編・著作者代表『井辺八幡山古墳』）。なお第二章で述べるように、相撲を生業とする人々を「力士」と称するようになるのは江戸時代後半のことである。力士埴輪というと相撲を思い浮かべるが、力士には単に力が強い者の意味も含まれている。力士埴輪は、「ちからひとはにわ」と読むべきであろう。

平成二〇年、かみつけの里博物館（群馬県高崎市）の「力士の考古学　相撲は、古墳時代に伝来した。」展では力士埴輪三二例が紹介された。出土地は、本州二九例と九州三例で、最北端は、原山一号墳（福島県西白河郡泉崎村）、最南端が百足塚古墳（宮崎県児湯郡新富町）である。さらに本州二九例のうち、関東地方が一四例、福井県も含め近畿地方が一二例であり、両地域からの出土品がそのほとんどを占めている。推定年代は、五世紀後半から六世紀後半までである。上半身あるいは体の一部のみが確認できる例が多いが、井辺八幡山古墳・原山一号墳・酒巻一四号墳（埼玉県行田市、口絵3）・飯山登山一号古墳（神奈川県厚木市）の四例は、腕などは欠いているものの、ほぼ全身が出土している。これらの埴輪は力士らしく、裸体の腹部はどれも大変逞しい。また確認できる脚はいずれも太く、しっかりとしている。さらに平成二四年には、石屋古墳（松江市）で力士埴輪が確認された。五世紀中頃と推定され、力士埴輪のなかでは最古のものである。この他にも五世紀後半の塚山古墳（松江市）、五世紀後半から六世紀前半の四条古墳群（奈良県橿原市）、六世紀前半の武良内《むらうち》・中通《なかどおり》遺跡（埼玉県行田市）からも力士埴輪が出土しており、今後もこうした事例が報告されることであろう。

円筒埴輪に力士と思われる人物が描かれた事例も報告されている。岩戸山古墳（福岡県八女市）からは、ふんどしを締めた石人《せきじん》（埴輪に類する石製の造形物で、五世紀から六世紀の福岡県・大分県・熊本県の古墳に分布）の腰と臀部が出土しており、力士と考えられている。

ここで力士埴輪と判断できる特徴を、以下のようにまとめておきたい。頭部は①扇形扁平髷、②後ろで一本に束ねたもの、③丸坊主、の三種類、腕の形も三種類で①前方に両腕を突き出しているもの、②両腕を斜めにあげているもの、③片腕を腰に添えて一方の腕を斜め前にあげているものがある。腕をあげているのは、四股を表していると考えられる。ふんどしにも、①横みつの幅が狭いもの、②横みつの幅が広く、帯のようになっているものの二種類がある。これらのうち、坊主頭は力士以外の埴輪にも見られる。ゆえに裸体・扇形扁平髷・ふんどし・裸足、さらに絞ると、扇形扁平髷とふんどしが確実に力士埴輪と考えられる（駒宮史朗「力士埴輪考」）。なお酒巻一四号墳や末永久保台遺跡（川崎市）から出土した力士埴輪は裸足ではなく靴を履いており、靴には突起状の装飾が施されている。解釈はさまざまにできようが、このような表現も力士埴輪が作られた背景を探る手がかりになるだろう。

朝鮮半島の影響を受け、古墳時代から平安時代にかけて製作された硬質の土器である須恵器には人物や動物などの小さな像の付いたものがある。これらは装飾須恵器と呼ばれ、古墳から出土するものが多く、副葬品あるいは祭祀用として用いられたと考えられている。装飾須恵器からも組み合った人物が五例確認でき、兵庫県二例の他、岡山県・鳥取県・島根県から一例ずつであり、力士埴輪が出土していない地域という点が興味深い。五例のうち、岡山県瀬戸内市出土の子持装飾台付壺以外は古墳から出土し、推定年代は六世紀から七世紀である。いずれも相手の肩あるいは頭部を押さえながら組み合っている小像であるが、瀬戸内市出土の子持装飾台付壺や西宮山古墳（兵庫県たつの市）出土の子持装飾台付壺などには、力士を近くで見守る人物の像もある。これらの人物を後世の行司と断定するのは性急だが、古墳時代における相撲の様子を探るうえで示唆に富む事例といえよう。埴輪の場合、相撲と判断するのは難しい場合もあるが、装飾須恵器からは明らかに組み合っている姿が確認できる。

力士埴輪と装飾須恵器の分布地をあわせると、地域的な偏りはあるものの、古墳時代には少なくとも北は福島県から南は宮崎県まで、相撲のような力くらべが行われていたことは間違いなかろう。そして古墳に並べられた埴輪群像には、王位を継承する、死を確認する、生前の首長の行いを顕彰する、死後の世界を表現するなどの意味がある。力士埴輪は井辺八幡山古墳や原山一号墳の場合、古墳内での配置から、墓域に邪霊が入ることを防ぐためのものと考えられている（かみつけの里博物館編『力士の考古学』）。

岡山県瀬戸内市牛窓出土の子持装飾台付壺（部分，東京国立博物館蔵）。

北からか、南からか？

ここまで文献と出土品から、日本における相撲のはじまりを考える手がかりを提示した。次に視点を移し、海外から相撲が伝来したとする説を紹介したい。これまでの研究では、起源や目的を考えると、相撲は、葬送儀礼あるいは農耕儀礼としてはじまったのではないかと考えられてきた。大別して葬送儀礼は北方、すなわち大陸から、農耕儀礼は南方から伝播したと主張されている（寒川恒夫「古代人の遊びの系譜」）。

まず北方説であるが、主に考古学の分野で盛んに唱えられている。井辺八幡山古墳の力士埴輪を紹介した森浩一と文化人類学者の大林太良は、相撲と葬送のかかわりについて次の三点を指摘している。①高句麗の古墳壁画に描かれている相撲は、葬礼と関係があるのではないか。葬礼の際に相撲を取る習俗が内陸アジアの遊牧民に非常に多く、内陸アジアと日本の間には高句麗がある、つまり相撲は葬送儀礼として、内陸アジアから伝播した可能性がある、②『日本書紀』に健児の相撲の記述があるが、その直前に百済の翹岐の子と従者が亡くなっている、③野見宿禰は古墳を作る集団・土師氏の祖である（『シンポジウム日本の神話四　日向神話』）。②③についてはすでに述べているので繰り返さないが、①の高句麗の壁画とは、角抵塚（中国・吉林省《きつりんしょう》集安県《しゅうあんけん》）のことである。五世紀前半のもので、ふたりの人物が組み合う姿が描かれている。高句麗の壁画には、相撲にまつわるものとして角抵塚の他、舞踏塚・三室塚・通溝四神塚《つうこうししんづか》がある。これらの壁画については、死者の生前の生活を描いたもの、あるいは葬送儀礼に関わるものなどと考えられている。角抵塚・舞踊塚・三室塚には幕帳が、角抵塚には鳥と樹木が描かれている。幕帳は、遺骸を仮に安置する喪屋《もや》で、殯《もがり》の儀式で用いられるものである。殯の儀式で喪屋の前で舞踊が行われることや、死者の家屋の周辺に鳥が集まり、死を悲しむという伝承は古代東アジアの葬制に見られるという（斎藤忠『東アジア葬・墓制の研究』）。

中国の遺跡からも、遊牧民の匈奴《きょうど》系のもので紀元前二世紀頃と推定される陝西省《せんせいしょう》長安県《ちょうあんけん》客省《きゃくしょう》荘《そう》一四〇号墓から相撲の浮き彫り帯金具が出土しており、二世紀後半の河南省《かなんしょう》密県《みつけん》打虎亭村《だこていむら》二号漢墓の壁画などにも相撲が描かれている。四世紀中頃、朝鮮半島の安岳《あんがく》三号墳（黄海南道《こうかいなんどう》安岳郡）の壁画には手搏図《しゅはくず》がある（口絵2）。手搏とは武術のことだが、ふたりの人物が向き合う姿はまるで相撲のようだ。もちろんこれらは力くらべのようなものであったろうが、相撲のはじまりを探るヒントになり得る。森と大林が指摘しているように、内陸アジアに展開した遊牧諸民族では、死者を悼んで相

中国・吉林省集安県にある角抵塚の壁画（写真提供：高句麗会）。

撲を取るのが一般的であったという。このように考えると葬送儀礼としての相撲は、内陸アジアから中国、そして朝鮮半島を経て古代の日本へ伝わってきたとも推測できる（寒川恒夫『遊びの歴史民族学』）。内陸アジアから日本への伝播は、時間軸で考えると、紀元前までさかのぼる中国、四世紀から登場する朝鮮半島、そして五世紀中頃の日本となり、比較的なめらかであったとも指摘されている（森貞次郎「角抵源流考」）。

一方の南方説は、主として隼人や農耕儀礼と結びつけて主張される。まずその根拠となるのが、先に述べた『日本書紀』の隼人による相撲である。相撲が隼人の間で盛んだったとすると、南方から次第に全国へ広がったと考えることができる。隼人とのかかわりで指摘されるのが、薩摩半島南部の南九州市知覧町で行われている「十五夜ソラヨイ」という神事である。旧暦八月一五日の夜に、男の子がふんどし姿で頭に藁を編んだ笠をかぶり、腰に藁の袴を付けて「ソラヨイ、ソラヨイ」と歌いながら地面を踏むように踊る。そしてこの地域ではソラヨイとともに子どもたちの綱引きと相撲が盛んだ。地面を踏む動作は、土地あるいは土地の精霊に対して豊穣を祈る意味があり、相撲の四股を踏む原形であると指摘されている（小野重朗『農耕儀礼の研究』）。また、力士埴輪にも見られるふんどしは、一般に南方の文化と考えられている。さらに、水田耕作が普及する以前の西日本では、麦・粟などの畑作が主流で、七月は収穫期にあたり、相撲は収穫祭的な南方の行事・娯楽だったのではないかとの主張もある（長谷川明『相撲の誕生』）。

この他にもさまざまな北方説、南方説がある。どちらも大変魅力的な説であるが、北方と葬送儀礼、南方と農耕儀礼をセットで考える必要もなく、結論を出すことはできないであろう。風習や文化などさまざまな要素が入り混ざって力士埴輪ができ、『古事記』や『日本書紀』の記述が生まれ、日本でも相撲のような格闘技が行われるようになったと考えたい。

4　相撲節

宮中の年中行事

俳諧の世界では、相撲は秋の季語である。松尾芭蕉や正岡子規からアマチュアの俳句愛好者に至るまで、時代を問わず、相撲は俳句の題材となっている。秋の季語として定着したのは、奈良〜平安時代に相撲節と呼ばれる、天皇が宮中で相撲を観覧し宴を催す儀式が七月にあったためである。相撲節は全国から相撲人を集めて朝廷への服属を示す儀礼であるとともに、豊作を祈り、豊凶を占う年占《としうら》としての性格を伴う農耕儀礼でもあった。

一般に相撲節の最も古い記録は、『続日本紀』に見られる聖武天皇が相撲を観覧した天平六年（七三四）七月七日とされる。しかし先に紹介した『日本書紀』には、天皇が隼人の相撲を観覧した記述がある。養老三年（七一九）には、相撲節の運営にあたる抜出司《ぬきでのつかさ》がはじめて設置され（後に相撲司《すまいのつかさ》と改称）、神亀五年（七二八）には聖武天皇が諸国の郡司に対して、相撲などにすぐれた者を貢進するようにと命じている。奈良時代の相撲節については詳らかでなく、確実に催されたのは天平六年であるが、天皇の相撲観覧は七世紀から行われており、八世紀前半、相撲節は徐々に儀式として整えられたと思われる。そして桓武天皇が観覧した延暦一二年（七九三）頃からほぼ毎年恒例となった。相撲節は、弓の行事である正月一七日の射礼《じゃらい》、馬上から弓を射る五月五日の騎射《うまゆみ》と並ぶ三度《さんど》節《せち》のひとつで、一二世紀はじめまでは年中行事として催された。しかし武士の台頭と朝廷の権力低下により、保安三年（一一二二）に行われた後に衰退し、後白河天皇の保元三年（一一五八）に再興されたが継続せず、高倉天皇の承安四年（一一七四）が最後の開催となった。鎌倉時代にも相撲節は過差（奢侈）禁制の対象として制度的には存続したが、弘長三年（一二六三）に、公家法の一領域で特別立法である新制の文言から消え、完全に廃絶した（大日方克己「院政期の王権と相撲儀礼」）。

四〇〇年にわたって存続した相撲節の開催日、場所、式次第は、年代により異なる。平安時代前期の宮廷儀式を記した『儀式』、藤原冬嗣が編纂し、弘仁一二年（八二一）に成立した『内裏式』、大江《おおえの》匡房《まさふさ》により天永二年（一一一一）に成立した『江家次第』などからその概要がうかがえる。後期の概要は以下の通りである。まず二〜三月頃、左右近衛府の官人が相撲使《すまいのつかい》（部領使《ことりづかい》とも称した）として全国に派遣され、相撲人が招集される。相撲人の上京後、七月に召仰《めしおおせ》という儀式があり、正式に相撲節の開催が決定する。続いて左右の近衛府で府の内取（稽古）、次に天皇が観覧する御前の内取があり、準備が進められる。当日は天皇が臨席し、召合《めしあわせ》と呼ばれる左右の近衛府にわかれた相撲人の勝負が披露される。さまざまな舞楽も奏せられ、天皇とともに相撲を観覧した親王・公卿は酒や膳を賜った。翌日にも天皇臨席のもと、選ばれた者が相撲を披露する抜出《ぬきで》・追相撲《おいずまい》があり、後日は左右の近衛大将が相撲人などを慰労する還饗《かえりあるじ》が開かれた。会場は、紫宸殿《ししんでん》・仁寿殿《じじゅうでん》・清涼殿《せいりょうでん》などであった。この他、召合を模した子どもによる童相撲《わらわすまひ》、上皇や天皇が相撲を観覧する臨時相撲もしばしば催された。臨時相撲の際には、相撲人が布を引きあう布引などの余興も見られた。

　相撲節は相撲の勝負だけでなく、舞楽を伴う一大イベントであった。文献上では、奏楽は承和三年（八三六）、散楽は貞観七年（八六五）から行われている。散楽は、中国系の軽業曲芸的な内容であった（能勢朝次『能楽源流考』）。地震や彗星の出現で中止されることもしばしばあったが、相撲節は、相撲使の派遣から数えると半年、召仰からでも一カ月近くを要する古代国家の一大イベントであった（口絵4）。

　開催日は、九世紀はじめまでは七月七・八日を原則としたが、天長元年（八二四）七月七日に平城天皇が崩御し、その年と翌年は中止、同三年からは、天皇の命日を避けて七月一六日となった。さらに貞観年間（八五九〜八七七）からは七月下旬に定着した。七月が大の月なら二八・二九日、小の月なら二七・二八日に催されることが多かった。

当初の相撲節が七月七日に行われていた点に、相撲と農耕儀礼の関係がうかがえる。一年の前半を終え、後半がはじまる時期には、現在のお盆からもわかるように、朝廷では相撲節以外にも正月と並んで多くの重要な年中行事があった。相撲節は年の前半の農事を終え、収穫に向かう時期に豊作を祈り、そして豊凶を占う年占の行事だった（和歌森太郎『相撲の歴史と民俗』）。また七月七日は七夕であり、詩宴も大切な行事であった。相撲という武力の編成と詩作という言語表現の統一的支配を通じて、天皇の国家統治を示す儀式であったとも指摘されている。相撲節は天長三年からは七月一六日となったが、その後も七月七日には七夕の詩宴が催された。

九世紀末頃、相撲司が編成されなくなり、天皇へ奉仕する立場であった親王・公卿が、天皇と並んで相撲を観覧する立場となり、相撲節は近衛府が相撲人を率いて奉仕する行事となる（大日方克己『古代国家と年中行事』）。貞観一〇年（八六八）には相撲節の管轄が式部省から兵部省に移り、服属儀礼としての性格が希薄となった。さらに儀式全体の規模が縮小され、七月七日だった開催日も変更されるなど、農耕儀礼である年占としての性格は薄れ、単に技芸を楽しむ催事へと性格が転換した（新田一郎『相撲の歴史』）。

人々が観覧する競技へ

平安時代前期の相撲節では、一日目に、まず占手《うらて》と呼ばれる四尺以下の小童が登場し、垂髪《うない》・総角《あげまき》と称する白丁《はくてい》が続き、四人目からは普通の相撲人で、最後の二番は腋《わき》（脇・最手腋とも称した）、最手《ほて》が務め、計二〇組の取組が行われた。翌日の取組も二〇組であった。最初の取組に登場する小童を占手と呼ぶのは、年占の行事であることを象徴しているといえよう。後期の召合では、占手・垂髪・総角が省略されて一七組となり、翌日には追相撲・抜出が催された。占手などの省略は、相撲節の農耕儀礼的性格が薄れ、技芸を楽しむものに変質したことを表している。

取組は、左右の近衛府に属する相撲人が競う形式で繰り広げられた。相撲人は、たふさぎ（とうさぎ）に狩衣《かりぎぬ》と烏帽子《えぼし》姿で小刀を帯びて入場する。取組の際にはたふさぎ姿になり、左方は葵《あおい》、右方は瓢《ひさご》の造花を頭に付ける。天皇の前でたふさぎ姿になるのは、朝廷に対する服属儀礼であることを示しているようでもある（寒川恒夫『遊びの歴史民族学』）。勝った側の造花は、次の相撲人が引き続き用いた。左右の近衛府からは、相撲人を監督する相撲長《すまいのおさ》、現在の行司のように勝負をさせる立合《たちあわせ》、勝負が決まるごとに地面に矢を立てて勝った数を示す籌刺《かずさし》がそれぞれ配されて進行にあたった。勝負の審判は、近衛府の将《しょう》佐《さ》である出居《いでい》が務めた。

取組は、相撲人が手をあげたまま近づく練合《ねりあい》または練《ねり》と称する動作からはじまる。お互いに声をかけ合うが、形式としてはちょうど柔道の試合開始に近い。近づいた相撲人は相手と組み合うが、土俵は存在しないため、手や膝が地面につくか相手を倒すまで勝負は決まらなかった。勝負が決すると

江戸時代中期の幕府御用絵師・住吉広行が描いた「平安朝相撲節会取組の図」(日本相撲協会　相撲博物館蔵)。まだ土俵のような境界線はないので，相手を倒して勝負が決まることが多かった。取組を見つめているのは立合。

勝った側は、乱声《らんじょう》という声をあげた。長引いて決着しない場合は、持《もち》と称して引分になり、勝負がもつれると現在の物言いのような論《ろん》で協議した。それでも決しない場合は、天判《てんぱん》として天皇が判定を下した。また怪我などで勝負ができない場合は、相撲人が障《さわり》を申し立てることもあった。天判の事例を見ると、相撲節の勝負は左方が有利なことが明らかである。左方は帝王方という中国由来の観念が作用していたのであろう。勝負が決まると、舞楽が奏された。舞曲は、左方が勝った場合は、龍王《りょうおう》（陵王）、右方が勝った場合は納蘇利《なそり》であったが、左方は後に抜頭《ばとう》が奏されるようになった。召合の日は勝負結果が重視され、最手の勝ちと総計の勝ちによって左右のどちらが奏するかが決められたが、抜出の日は勝負の結果にかかわらず、左右とも多数の舞楽が演じられた（廣瀬千晃「相撲節会と楽舞」、同「相撲節会の勝負楽」）。

相撲節の取組を見ると、相手を倒したら勝ちというルールや勝負がもつれた際の判定など、力くらべではなく、一定のルールで相撲を取っていたと思われる。およそ四〇〇年にわたって開催された相撲節を通じて相撲は技芸として洗練され、人々が観覧する競技へと成長していった。また京都に集まった相撲人は、相撲節が終わるとそれぞれ生国に帰るため、相撲を全国に広げる役割を果たしたのである。

相撲節の開催は、承安四年（一一七四）が最後となった。しかし相撲節が行われなくなっても、相撲そのものが絶えてしまったわけではなかった。一二世紀以降、京都を中心に寺社の祭礼でさまざまな芸能が奉納されるようになり、相撲もそうしたもののひとつとして催された。そしてそこで行われる相撲は、相撲節の様式を模したものであった。相撲節が廃絶しても、技芸を備えた相撲人たちが活躍する場が準備されていたのである（新田一郎『相撲の歴史』）。こうして相撲節を通じて人々が観覧する競技へと成長した相撲は、祭礼で奉納されるようになり全国各地に伝えられ、勧進興行へとつながっていく。

5　勧進相撲

勧進とは？

天保三年（一八三二）に市川團十郎（七代）が制定した歌舞伎十八番のなかに「勧進帳」という演目がある。能の「安宅《あたか》」を基に作られたもので、現在も人気演目のひとつであることは周知の通りだ。源頼朝と不仲になった源義経が、山伏に変装して武蔵坊弁慶らとともに陸奥国へ逃げる途中、安宅の関（石川県小松市）で詮議にあう話である。関守・富樫左衛門は義経であることを見破るが、弁慶の義経への忠誠に感じ入り、関を通ることを許す。山伏一行であると偽って関所を通ろうとする際、弁慶が何も書かれていない巻物を読みあげる場面がある。この巻物が、演目名となっている勧進帳である。勧進とは本来、人々に仏道を勧め、善をさせることであったが、平安時代末期頃から、寺社や仏像、橋などの建立・修繕のために金品の寄付を募ることを意味するようになった。「勧進帳」でも弁慶は、東大寺復興の勧進僧と名乗っている。勧進帳には、寄付を募る趣旨が記されているのである。

鎌倉時代に入ると、勧進は全国で盛んに行われるようになり、寄付を募る人々は、弁慶のような勧進僧、あるいは勧進聖・勧進衆などと呼ばれた。さらに一四世紀以降、勧進のためと称して猿楽や田楽といった芸能を催し、見物料を取る形式が見られるようになる。諸国に出向いて寄付を募るより、芸能を催して観衆から見物料を徴収した方が効率が良かったのだ。室町時代には、芸能を見せるこうした勧進興行が盛んになった。見物料に見合うほど、芸能の内容も洗練されていった。そして当然のことながら勧進興行は、政治・経済の中心地である京都などの民衆が金を蓄え、使う余裕ができたことにより成立したのである。

相撲節の廃絶後、寺社の祭礼などで催されていた相撲も、猿楽や田楽と同様に勧進興行と結びついた。伏見宮貞成《さだふさ》親王の『看聞御記《かんもんぎょき》』には、応永二六年（一四一九）一〇月三日、山城国伏見郷で法安寺建立のために三日間勧進相撲があったという記述が見られるが、これは文献で確認できる古い例である（新田一郎『相撲の歴史』）。『看聞御記』には、勧進相撲は珍しいことだが諸方にあったとも記されており、遅くとも一五世紀はじめから行われていたと考えられる。相撲も猿楽や田楽などとともに、人々が対価を支払って鑑賞する芸能に成長していたのだ。

生業として

戦国時代、勧進相撲は各地で盛んに催された。『義残後覚』には「京伏見はんじやうせしかは諸国より名誉のすもふども到来しけるほどに内野七本松〔京都市〕にて勧進すまふを張行す」とあり、出場した相撲取の名も記載されている。戦国大名・大友氏の戦記「大友興廃記」にも、豊後国府内（大分市）における勧進相撲の記述が見え、京都やその周辺だけでなく、各地で催されていたことがうかがえる。狩野永徳が描いた「上杉本　洛中洛外図屛風」には京都の生活や風俗が活写されているが、そのなかにも四条河原での相撲が見られる。

勧進のためではないが、織田信長自身も何度も相撲を催していることが、軍記『信長公記』からわかる。たとえば元亀元年（一五七〇）三月三日に近江常楽寺、天正六年（一五七八）二月二九日に安土（いずれも滋賀県近江八幡市）で相撲があった。規模が大きかったのが、天正六年八月一五日に安土で催されたものだ。このときは、近江国や京都の相撲取をはじめ、一五〇〇名が出場した。信長は午

狩野永徳画「上杉本　洛中洛外図屏風」（部分，米沢市上杉博物館蔵）。天正2年（1574）に織田信長が上杉謙信に贈ったものと伝えられている。

前八時から午後六時までの長きにわたって観覧した。参加者のうち、すぐれた相撲取は信長に召し抱えられ、太刀や衣服、さらには領地を拝領する場合もあった。

勧進相撲や信長の催しに参加した相撲取たちは、相撲を生業とする人々であった。室町時代に発生した勧進相撲は、戦国時代を通じて盛んになった。相撲取たちは寺社の祭礼のみならず勧進興行にも雇われていたのだ。

江戸幕府の「平和」のなかで

勧進相撲は、江戸幕府の成立後も全国各地で催された。たとえば秋田藩士・梅津政景の日記には、寛永四年（一六二七）から同七年に、藩領内で勧進相撲があったと書かれている。江戸でももちろん勧進相撲は行われた。寛永一八年（一六四一）刊、三浦浄心の著と伝えられる

『そゝろ物語』には蜘蛛舞（軽業芸の一種）・獅子舞・浄瑠璃とともに、翌年刊行の徳永種久『あづま物語』には歌舞伎・操芝居とともに江戸市中で勧進相撲が催されたと記されている。

しかし慶安元年（一六四八）、江戸幕府は、勧進相撲と町の四つ辻や広小路などで見られた辻相撲を禁止する。江戸時代初期には、力自慢の浪人や「かぶき者」と称するアウトローたちが勧進相撲にかかわることが少なくなかった。興行には多くの人が集まったため、しばしば喧嘩・口論が起こった。江戸幕府は、治安対策の一環として勧進相撲を禁止したのであった。興行は通りを塞ぎ、往来の妨げとなったこともその理由のひとつと考えられる。勧進相撲の禁令は、慶安元年以後も時折発せられている。しかし勧進相撲は禁じたものの幕府は、相撲取の下帯はたとえ武士の屋敷に呼ばれた時も絹ではなく木綿を用いるようにと触れている。換言すれば江戸幕府は相撲を武士の娯楽として条件付きで認めたのだ（高埜利彦『近世日本の国家権力と宗教』）。また町中の勧進相撲は禁止されても、村落の祭礼などでは相撲が催された。

勧進相撲が禁止されていた一七世紀後半、相撲年寄は渡世存続のため、幕府に興行の許可を何度も願い出た。寛文元年（一六六一）には、全面的に禁止だった勧進相撲が、町奉行の管轄下のみの禁止に緩和された。そして幕府に再三願い出た甲斐があり、江戸では貞享元年（一六八四）に勧進相撲の興行が許可される。再開後、初の興行地は富岡八幡宮であった。興行を認めた理由としては、①相撲を生業とする集団とかぶき者などと称するアウトロー集団を引き離し、相撲集団を統制する、②当時、開発が進められていた深川・江東地域で興行することにより、新興市街地の活性化を図る、の二点が

「京都鴨川糺ノ森の図屏風」（部分，日本相撲協会　相撲博物館蔵）には，土俵はないが，太鼓や行司の姿が描かれており，江戸時代初期の様子がわかる。

あげられる（竹内誠「近世前期における江戸の勧進相撲」）。幕府の都市政策上、許可されたと考えられるが、その背後には、もちろん相撲人気の高まりもあったはずである。禁令が何度も出されていることも、それを裏付ける。ちなみに勧進相撲は認められたものの、辻相撲はその後も禁止されたままであった。なお現在の相撲に欠かせない土俵は、一七世紀後半、勧進相撲が禁止されていた時期に出現したと考えられている。相撲に画期的な変化をもたらした土俵については、第七章で詳述することにしよう。

徳川家康が征夷大将軍に任ぜられ、江戸幕府が開かれた慶長八年（一六〇三）、出雲の阿国が京都で歌舞伎踊りを演じた。一般に歌舞伎の歴史は、この時からはじまるとされている。女性の芸人が舞台に立つ歌舞伎はたちまち人気を博し、全国に広まった。しかし遊女歌舞伎と呼ばれるなど、風俗上好ましくないとして、幕府は寛永六年（一六二九）に、女性芸人の出演を禁じた。女性が出演しなくなってからは前髪姿の美少年による若衆歌舞伎が盛んとなるが、これも慶安五年（承応元、一六五二）に禁止され、前髪を剃った男性による野郎歌舞伎になり、以後、劇の内容が洗練され興行が本格化していった。歌舞伎は一七世紀中頃、相撲は一七世紀後半に統制の対象とされた。江戸幕府による風俗・治安統制の一環であるが、両者ともに弾圧を受けながらも庶民の人気に支えられ、娯楽として発展していくのである。

元禄一二年（一六九九）には京都、同一五年には大坂の勧進相撲も再開され、徐々に三都で定期的に興行するようになった。大坂の場合、再開当初から目的は勧進ではなく、堀江の開発であった。この点は、江戸の都市政策と共通している。そして江戸では相撲年寄、京都・大坂では相撲頭取が興行の主体であり、江戸の勧進相撲は寺社奉行、京都・大坂は町奉行の管轄下におかれた。また江戸時代中期には相撲年寄たちにより日本相撲協会の前身である相撲会所が組織され、興行の円滑な運営が図られた。

幕府が新規の勧進全般を認めなかったため、享保元年（一七一六）から寛保元年（一七四一）までは、江戸の勧進相撲は低調であったようである。しかし寛保二年に勧進全般が制度化されたことが転機となる。延享元年（一七四四）には老中に伺いを立てずに寺社奉行の専決で開催が許可され、事後に老中に届ければよいこととなった。さらに四季に一度ずつ興行するという取り決めが評定所でなされた。こうして勧進相撲は定期的に開催されるようになった。この頃になると、寺社の建立、修復などを目的とする本来の勧進は名目となり、勧進相撲は相撲取らが生業として催す興行となっていた。そして延享～寛延年間（一七四四～一七五一）には、三都で四季に一度ずつ、大規模な興行を開催する体制が整えられた（高埜利彦『近世日本の国家権力と宗教』）。江戸では春と冬の年に二度、大坂・京都では夏から秋にかけて一度ずつ開催するようになった。三都での興行の間にも、城下町・港町・門前町・宿場など、多くの人が集う場所を中心に相撲が盛んに行われた。

江戸・大坂・京都以外にも、堺や名古屋などの都市を中心に、大小さまざまな相撲を催す集団が存在した。そこで力をつけた相撲取が、三都に進出して活躍することも少なくなかった。四角い土俵が特徴の南部相撲はそうした集団の代表格で、江戸時代から大正二年（一九一三）まで南部地方（青森県東半分から岩手県中部にかけての地域の通称）で存続した。南部相撲の主体は盛岡藩の抱え相撲や行事（南部相撲では行事と称した）たちで、起源は寛永二一年（正保元、一六四四）にさかのぼり、初期には藩主の娯楽集団として活動した。延宝三～四年（一六七五～一六七六）には、抱え相撲を統括していた生方次郎兵衛が、故実や作法を三〇巻の巻物にまとめあげた（木梨雅子『鶴の守る地に祈りは満ちて』、同「南部相撲集団の形成過程および活動について」）。活動範囲は主として南部地方ではあったものの、江戸時代前期にすでに故実を備えていた点は注目に値する。この三〇巻の巻物には本書第五章・第六章で紹介する「もの」の早い使用例も散見されるので、時折紹介していくことにしたい。

定期的に興行する体制が整った江戸時代中期の安永二年（一七七三）には、木戸銭を取って相撲を見せてよいのは相撲を生業とする者に限る旨の全国触が出される。この触により、素人は専業の相撲年寄（頭取）に断らずに木戸銭を取ることが禁じられた。相撲集団は、江戸幕府により生業を保障されたのである。またこの間、相撲集団は、素人とは違い故実を備えた正統な集団であるという理由で、被差別民「えた」の見物を禁止することを江戸幕府に認めさせている。江戸時代後期の幕府による相撲興行の統制は、この安永二年の全国触に基づいていた。幕府は、相撲年寄の興行権を保障することにより、都市だけでなく農村まで含めて興行の統制を図ったのだ。

このように江戸時代中期以降、三都を中心に相撲興行が盛んになり、人気を博した。江戸の町名主で文人としても活躍した斎藤月岑《さいとうげっしん》は、天保九年（一八三八）刊の『東都歳事記』で「勧進相撲　春秋二度なり、官に乞ひ、晴天十日が間、寺社の境内に於て興行す、夏は京、秋は大坂にて興行す、都合四季に一度ヅヽ、年に四度なり」と述べている。相撲興行は季節の風物詩としてもすっかり定着したのである（口絵9・10、二五〇頁参照）。

江戸時代には対外戦争や大きな内乱がほとんどない、「平和」な社会が二五〇年以上も続いた。幕府が圧政を敷いていたと負の評価を下す向きもあるものの、世界史的に見ても稀なこの時代には、浮世絵や歌舞伎をはじめとするさまざまな文化が形成され、成熟した。飢饉が発生することもあったが、おおむね人々は安心して娯楽文化を享受することができた。勧進相撲もそうしたもののひとつとして、武士から庶民に至るまで多くの人々に親しまれた。わたしたちが今日楽しんでいる大相撲は、こうして江戸時代に成立したのである。

徳川将軍の上覧相撲

ここで江戸時代の相撲を語るうえで欠かすことのできない徳川将軍の上覧相撲について紹介しよう。上覧相撲とは、将軍や藩主などが相撲を観覧することである。相撲節は天皇が臨席する国家的な行事であり、鎌倉時代には源頼朝、戦国時代には織田信長も観覧するなど、相撲は中央権力と密接にかかわってきた。江戸時代に入っても慶長九年（一六〇四）七月に、徳川家康が二男である福井藩主・結城秀康の伏見邸で観覧している。しかし家康の相撲見物は、あくまでも大名の邸宅で催された私的なものであった。はじめて大がかりな上覧相撲を催したのは一一代将軍の徳川家斉で、寛政三年（一七九一）のことである。以後も家斉は、同六年・享和二年（一八〇二）・文政六年（一八二三）・同一三年（天保元、一八三〇）と開催した。一二代将軍・徳川家慶も天保一四年（一八四三）・嘉永二年（一八四九）に上覧している。上覧相撲は、江戸時代後期を通じて七度開かれた。開催地は寛政六年のみ浜御殿（浜離宮恩賜庭園）であるが、それ以外は江戸城吹上であった。

最初の上覧相撲は、回向院での勧進相撲興行中に町奉行から突如通告された。相撲年寄は興行を中断して上覧の準備にとりかかった。将軍の前で披露するため、江戸城吹上に設けられた相撲場の土俵や四本柱の設営など、周到に準備が進められた。わずか一日の開催にもかかわらず、大がかりな設営であったことは、文政六年の絵図からもうかがえる（口絵12）。さらに相撲年寄は、力士の出身地・年齢・師匠・抱えの大名などを記した書類の提出を求められるなど、開催までには多大な労力が費やされた。

こうして六月一一日の開催当日を迎えた。相撲側からは、相撲年寄・力士・行司など三五八名が参加し、家斉や老中の松平定信、若年寄・側衆らが見物している。午前一〇時から土俵祭、力士の土俵入りと続き、寛政元年に横綱を免許された谷風梶之助（四代横綱）と小野川喜三郎（五代横綱）の横綱土俵入りと続き、計八二番の取組が将軍の前で披露された。取組は、仕切り直しなしの待ったなしで催され、終了したのは午後四時頃であった。

この上覧相撲が与えた影響は計り知れない。実施に至る背景には、幕府と江戸相撲および相撲の家元を自称していた吉田善左衛門家（以下、吉田家）の思惑があった。それぞれの立場から上覧相撲の意義を考えてみたい。なお本書にたびたび登場する江戸相撲や大坂（大阪）相撲、京都相撲とは、力士・相撲年寄（頭取）・行司など興行に携わる人々の総称だが、興行そのものを意味する場合もある。

文化の中心が上方から江戸に移る一八世紀後半には、谷風や小野川、雷電為右衛門（大関）を中心に、江戸相撲の人気が高まっていた（口絵13・15）。上覧相撲の実現は、世嗣時代に盛り場である浅草寺の奥山で話題を呼んでいた松井源水のこままわしを見に行くなど、大衆芸能を好んだ家斉の意向によるところが大きかったと思われる。しかし質素倹約を掲げる寛政改革の最中であり、幕府は萎縮していた庶民の元気回復をも意図していた（竹内誠「寛政三年の上覧相撲と決まり手書上げの慣例化」）。松平定信の側近である水野為長が世上の風聞を記した『よしの冊子』は「世上ニてハ角力しきりニはやり、小児共迄所々ニて角力のまねいたし候由、先日の上覧ニてよほど人の元気も出候よし、奇妙ナものじや、とさた仕候よし」と伝えている。また江戸幕府は、開催に際して相撲年寄に、上覧を笠に着て法外な行動を取らないようにと申し渡している。寛政三年以後もたびたび催された将軍の上覧相撲はお墨付きを与える一方で、相撲集団を統制する効果も持ちあわせていたのである。将軍の上覧により相撲は幕府公認の娯楽となったといえよう。一八世紀後半以降、江戸幕府は治安悪化や都市的な風俗の流入を防ぐため、農村での歌舞伎や手踊りは厳しく制限したが、相撲興行は原則として禁止していない。

江戸相撲にとっても、上覧相撲の意義は大きかった。谷風は上覧を栄誉に思い、涙を流すほど喜んだと噂されている。また、将軍の前で相撲を披露することは藩の名誉にもかかわるため、藩が抱える力士には一時的に暇が出され、終わると再び雇われることもあったようだ。これらは『よしの冊子』に見られる話だが、この他にも上覧相撲を取りあげた日記や随筆は枚挙に暇がなく、いかに市中で話題となっていたかがわかる。いつの時代にも話題を呼ぶことは集客につながる。上覧相撲の開催は、江戸相撲の興行成績の向上に直結するものであった。

以後の上覧相撲も、原則として寛政三年を手本とした。上覧相撲は、力士たちの行動を拘束し、準備にも大変な時間を要するものであった。しかし集客の効果もまた絶大であったため、相撲側も労を惜しまずに協力した。回を重ねるうちに徐々に慣れたようで、文政六年（一八二三）には、立合の際の仕切り直しを認めてほしいと町奉行に願い出、二度まで許されることになった。また当初は文政五年秋に開催が予定されていたが延期されたため、それでは勧進相撲を興行したいと願い出、認められている。上覧相撲は、将軍の手前、失敗が許されない大変緊張する催事であった。にもかかわらず相撲年寄は幕府に種々の要望を認めさせており、興行の盛況に自信を深めていた様子がうかがえる。

最後に上覧相撲を取り仕切った吉田家について簡単に紹介し、実施の意義を考えてみたい。吉田家の由緒書には、相撲節で行司をつとめた志賀《しが》清林《せいりん》の故実を伝える家であり、先祖の吉田豊後守家次が文治年間（一一八五～一一九〇）に後鳥羽天皇に召しだされ、朝廷の相撲行司の家と定められたとある。真偽については確かめようもないが、相撲の故実を伝える家を自称していたのである。万治二年（一六五九）に熊本藩細川家の家臣となり、江戸時代前期には行司の家のひとつとして活動した。当主は代々「追風」を名乗り、吉田司家とも呼ばれている。吉田家と江戸相撲のかかわりがはっきりわかるのは、寛延二年（一七四九）に、興行の中核を担っていた相撲年寄（行司）の木村庄之助と式守五太夫が、一六世吉田善左衛門の故実門弟となった時である。このように吉田家は、相撲年寄を自身の故実門弟と認めることにより権威を示し、寛政三年の上覧相撲に際しても指導的な立場で参加した。上覧相撲の開催は吉田家が相撲の家元的な存在であることを内外に示す格好の機会であったのだ。結びの取組は谷風と小野川で、一九世吉田善左衛門が行司を務めた。ところが立合で、谷風が取り組もうとしたにもかかわらず、小野川は立たなかった。するとその場で軍配が谷風にあげられ、取組は終了してしまった。立とうとしなかった小野川の「気負け」という判定であるが、勝者は権威を示した吉田家自身であったといえるだろう。

文化年間（一八〇四～一八一八）、独自の故実を備えていた南部相撲の行事である長瀬善太郎は、京都の一条家から「越後」の国名を拝領し、権威づけに成功する。しかしその際、活動範囲は南部家の屋敷内に限定されて勧進相撲への出場は禁じられてしまった。故実を備えた家柄で吉田家のライバルともなり得た長瀬家は、南部領内に封じ込められたのである。長瀬家の活動が限定されたため、勧進相撲における吉田家の地位はさらに高まったのであった（高埜利彦『近世日本の国家権力と宗教』）。

幕末にも江戸相撲は幕府に協力する姿勢を見せながら連綿と興行を続けた。嘉永七年（安政元、一八五四）三月、マシュー・カルブレイス・ペリーを代表とするアメリカ使節が来航し、日米和親条約が横浜の応接所で調印された。調印に先立ち両国は贈答品の交換を行っており、アメリカ使節への贈答品のなかに米俵二〇〇俵が含まれていた。力士たちは御用として米俵の運搬を務め、稽古相撲も披露した。軽々と米俵を運ぶ力士たちの姿はかわら版で速報され、その存在はペリーらにより海外へも広く伝えられた。安政五年（一八五八）四月にも駐日アメリカ総領事タウンゼント・ハリスや通訳のヘンリー・ヒュースケン、オランダ領事官ヤン・ヘンドリック・ドンケル・クルチウスが回向院で見物するなど、以後、多くの外国人が相撲場を訪ねた。鎖国が終わりを告げ、開国直後に来日した外国人が見物するほど、相撲は日本を代表する文化として成長していたのだ。

6　大相撲

生業を意味する言葉

現在、大相撲とは、相撲を生業とするプロによる興行のことである。またテレビやラジオで「今の一番は大相撲でしたね」などとアナウンサーが取組を振り返ることも多く、熱戦を意味する場合もある。もともと大相撲は規模の大きな相撲興行を意味する言葉であり、巡業など規模の小さな興行は中相撲や小相撲と称されることもあった。歌舞伎興行でも、中村座・市村座・森田座のいわゆる江戸三座で催された芝居は大芝居と呼ばれ、幕府が許可した特別な興行だった。現在も一線級の役者を揃えた大劇場での興行は、大歌舞伎と呼ばれている。

それでは大相撲という言葉が用いられるようになったのは、いつ頃のことであろうか。早い例では『看聞御記』があげられる。応永三〇年（一四二三）九月九日、伏見の御香宮《ごこうのみや》の祭礼で催された相撲は、諸方から群集した「大相撲」であった。また永享七年（一四三五）九月一日の祭礼も大勢の相撲人が集まった「大相撲」だったと同様の記述が見られる。日記を記した伏見宮貞成親王は、毎年のように祭礼の相撲を見物しているが、他の年よりも多くの相撲人が出場し、規模が大きかったという意味で大相撲と感じたのであろう。また『信長公記』にも天正六年八月一五日の相撲で「小相撲　五番打」「大相撲　三番打」という取組が行われたとある。五番打や三番打の内容は定かでないが、この例は、相撲取の序列を示したものだ。先に述べたように『看聞御記』は、勧進相撲の早い使用例が見られる文献である。大相撲という言葉は、室町時代に勧進相撲とほぼ同時に用いられるようになったと考えられる。

江戸時代に入ると、大相撲は、大規模な興行以外に、生業としての相撲も意味するようになる。三都を中心に巷の噂話を収録した本島知辰《もとじまちしん》編による『月堂見聞集《げつどうけんもんしゅう》』巻之二二には、享保一五年（一七三〇）五月一四日に妙法院（京都市）の門主が庭前で、「西国方大相撲の者共」の相撲を観覧した話が採録されている。この例では、洗練された、生業としての相撲取という意味で大相撲という言葉が用いられている。このように江戸時代中期以降、大相撲は、大規模な興行、そして生業としての相撲を意味する言葉として定着していく。三都の四季に一度の大規模な興行が、大相撲と呼ばれるようになるのは、概ね江戸時代中期以降のことである。京都の場合、寛延年間（一七四八～一七五一）には番付表に「御免之大相撲」と見える。後には勧進も省略され、文字通り、勧進ではなく生業としての大相撲となる。大坂の場合はやや遅く、番付表に「大相撲」と記されたのは文化年間（一八〇四～一八一八）以降であり、以降も「勧進相撲」の場合もあった。大坂で元禄一五年（一七〇二）に勧進相撲が再開した時には本来の勧進ではなく、堀江の開発のための興行であった。番付表に大相撲と記されるのは遅かったものの、すでに江戸時代前期から相撲を生業とするプロによる興行であると意識されていたのかもしれない。

江戸でも宝暦一一年（一七六一）冬から「勧進大相撲」と記されるようになる。「勧進相撲」というときもあったが、寛政四年（一七九二）冬以降は、「大相撲」が定着している。このように江戸時代後期には、四季に一度ずつの大規模な興行は大相撲と呼ばれ、巡業などその他の興行とは明確に区別されるようになった。

なお江戸で大相撲が使われるようになった時期と「大江戸」という言葉も無関係ではないように思われる。大江戸は一八世紀後半に登場し、一九世紀に入ると盛んに使われるようになった。その理由としては、江戸が地理的に拡大したこと、地方から大量の人が流入して人口が増えたこと、そして上方文化に圧倒されていた江戸文化が一八世紀後半に開化し、全国的な文化センターに成長したことがあげられる（竹内誠『江戸と大坂』）。江戸で大相撲という言葉が番付表に現れるのは一八世紀後半であり、大江戸が使われ始めた時期とほぼ重なる。大相撲が使用されるようになった理由も大江戸と同様で、興行が安定して開催され、規模が拡大し、江戸の相撲が確立したことに求められるのではなかろうか。

明治時代の展開

明治維新は、政治・経済・国際関係のみならず、庶民の日常生活まで大きな影響を与えたが、大相撲も例外ではなかった。興行は基本的には江戸時代と同じように催されるが、大小さまざまな変化が見られたのもまた確かである。通説では、明治政府の近代化政策が推進されるなかで、裸で取り組む相撲は非文明的とみなされ、大相撲は窮地に陥ったとされている。また廃藩置県により抱え相撲制度が消滅し、経済的な後ろ盾を失った力士の生活は厳しくなったともいわれている。確かに江戸・東京相撲の番付表を見ると、慶応年間（一八六五〜一八六八）には概ね三〇〇余名いた力士が、明治元年（一八六八）冬の興行では二五〇名ほどに減少し、三〇〇名を超えるまでに回復するのは同五年のことである。明治維新を機に力士をやめ、別の人生を歩み出した若者も少なくなかったようだ。しかし江戸時代後期に定着していた大相撲の興行自体は、明治時代に入っても東京では年二度のペースで催された。確かに大名に抱えられていた力士は士分であったため、明治維新は少なからぬ影響を与えたことであろう。しかし詳しくは第二章で述べるが、たとえ抱え相撲であっても、大名家からの扶持《ふち》よりも相撲興行で得られる収入の方が多かったはずである。江戸相撲の場合、もともと力士の八割以上は抱え相撲ではなかったため、廃藩置県の影響は案外小さかったかもしれない。江戸時代後期に生業として確立されていたため、明治時代以降も存続することができたのである。

非文明的で野蛮であるとの非難をかわすために、相撲年寄らも明治政府に協力した。明治三年（一八七〇）五月に駒場野（目黒区）で観兵式が行われ、明治天皇が行幸した。その際、相撲年寄・伊勢ノ海五太夫らは、兵部省より御旗（錦旗）奉持を命ぜられた。天皇を先導する位置で相撲年寄・玉垣額之助の他、鬼面山谷五郎（一三代横綱）らの上位力士が左右一旗ずつ捧げ持った。また幕下・三段目の力士により消防別手組が組織され、明治九年から一一年までの間、消火活動に従事し、新政府に協力する姿勢を見せたのであった。こうした努力もあり、明治一一年には、警視庁から「角紙並行司取締規則及興行場取締規則」が発布され、力士・相撲年寄・行司は、営業鑑札を受けることとなった。生業として大相撲が政府に認められたといえよう。

そして大相撲の人気が高まる契機となったのが、天覧相撲の開催である。まず明治一四年五月九日には、麻布の島津忠義別邸で天覧相撲が行われた。続く明治一七年三月一〇日には、迎賓館として使われていた浜離宮内の延遼館で催された。この時は取組の数も多く、大規模なものであった。天皇のお好みの取組として行われた梅ケ谷藤太郎（初代、一五代横綱）と大達羽左衛門（大関）の一番は、三

歌川豊宣が描いた明治17年（1884）の天覧相撲における梅ケ谷藤太郎（初代）の横綱土俵入り（日本相撲協会　相撲博物館蔵）。この天覧相撲は大変な評判で，多くの絵師に描かれた。

〇分を超える大熱戦で、二度水が入っても決着せず、引分となった。天覧相撲は人々の大変な関心を呼び、大相撲の興行にも好影響を与えた。なお天覧相撲はその後もたびたび催され、明治天皇は九度を数える。大正天皇は皇太子時代に台覧相撲を催してはいるものの、天覧相撲は実現しなかった。昭和天皇は、昭和一二年（一九三七）までに海軍・陸軍の懇親団体である水交社（港区）・偕行社（千代田区）、宮城内の覆馬場などで一一度催した。アジア・太平洋戦争が終わる昭和二〇年までの天覧相撲は、力士らが出向いて行われていた。戦後は昭和三〇年から国技館で毎年のように天覧相撲が催されているのは周知の通りだ。江戸時代の上覧相撲が大変な評判を呼んだように、天覧相撲の効果も絶大であった。

また明治一一年（一八七八）の「角觝並行司取締規則及興行場取締規則」発布以降、東京相撲も規則を明文化するようになる。同年の「角觝営業内規則」をはじめ、明治一九年の「角觝仲間申合規則」など、何度か改正を重ねて組織の近代化を図った。明治二〇年には、江戸時代以来の相撲会所を改め、東京大角觝（角力）協会と称した。

一方、江戸時代には別の組織ではあったものの、江戸から多数の力士も参加していた大坂相撲と京都相撲は、明治時代に入ると独立性を強め、東京相撲とは別の団体として存続した。東京に強い力士が集まるなど厳しい状況におかれたが、時には三都合同で興行を開催した。大阪相撲が大阪角力協会を称したのは、明治三〇年のことである。

近代スポーツとして

明治時代には欧米からさまざまな文物が流入し、近代スポーツもそのひとつであった。野球は明治五年（一八七二）、サッカーは翌六年に、日本に伝えられたとされている。近代スポーツの日本への流入は、興行として成立していた大相撲にも少なからぬ影響を与えた。スポーツ研究家のアレン・グットマンは、欧米の事例から近代スポーツの定義として、世俗化・平等化・役割の専門家・合理化・官僚制的組織・数量化・記録の追求をあげており、それは近代産業社会そのものの特徴でもある、と指摘している。これらのすべてとはいえないが、特に合理化・数量化・記録の追求については大相撲にも見られる特徴である。合理化については、相撲の歴史を通じて形成されてきた禁じ手や土俵の制定などのルールがあてはまり、数量化・記録の追求については、明治四二年に設けられた優勝制度がその画期となった（リー・トンプソン「スポーツ近代化論から見た相撲」）。

明治時代後期に至るまで、大相撲に優勝制度は存在しなかった。そもそも優勝という概念自体がなく、観客は取組の一番一番を技芸として楽しんだのであろう。それでも第六章で紹介するように勝負結果を知らせる勝負付や星取表は江戸時代からあり、力士の勝敗は一定の関心を集めていたことも確かである。

観客が優勝に関心を持つようになるのは、明治四二年（一九〇九）六月に国技館が開館し、諸改革がなされてからである。まず国技館ができて、従来の雨天時などには延期される晴天興行から脱却し、天候にかかわらず興行が催されるようになった。ドーム球場が誕生し、雨天でも試合ができるようになったプロ野球のように。また江戸時代以来、幕内力士は慣例として千秋楽に出場しないなど出場日数がまちまちであったが、一〇日間皆勤と定められ、東西にわかれて団体で優勝を争い、勝った側には優勝旗が贈られることとなった。勝った側の最上位力士が優勝旗を受け、旗手は、横綱・大関を除く最高成績の力士が務めた。また時事新報社が、幕内の最高成績力士へ優勝額の贈呈をはじめた。東京大角力協会が個人の優勝者を表彰するようになるのは大正一五年（一九二六）春場所の常ノ花寛市（三一代横綱）以降であるが、優勝額の贈呈が開始された明治四二年夏場所の高見山酉之助（関脇）から、優勝者として記録されている。優勝制度が設けられたことにより、大相撲の近代スポーツ化は一気に加速した。勢い観客の視線も、優勝に向けられることになったのだ。また現在のように正面から向かって左側が東、右側が西となったのもこの時である。近代スポーツ化の契機となった国技館の誕生については第七章で述べることにしよう。

大日本相撲協会の誕生

大正一四年（一九二五）四月二九日、摂政宮（昭和天皇）の誕生日に、東宮御所で台覧相撲が催された。その際、東京大角力協会に下賜金があり、賜盃が作られた。これが、現在も幕内の優勝力士に贈られている天皇賜盃のはじまりである。当初は摂政賜盃と呼ばれ、同一五年春場所の優勝力士から授与することに決まった。しかし菊の紋章が、「御紋章取締規則」に抵触したため使用することができず、東宮殿下《とうぐうでんか》記念盃《きねんはい》が急遽作られた。はじめに作られた摂政賜盃は鋳つぶし、新たに名称を賜盃とし、菊の紋章を菊の花に変えて、ようやく宮内省の許可を得ることができた。こうした紆余曲折があったため、制度としての優勝は大正一五年春場所にスタートしているが、実際に賜盃が贈られるようになったのは昭和二年（一九二七）夏場所からである。現在も千秋楽の土俵上で、相撲協会の理事長から優勝力士に賜盃が渡されている。

賜盃は純銀製で、高さ一メートル・口径三三センチ・重さ二九キロほど、下部には優勝力士のしこ名を記したプレートが取り付けてある。現在も千秋楽には「賜盃にその名を刻し」と優勝力士が表彰されるが、文字通り、プレートに名が刻まれているのだ。優勝者には、後に賜盃の模盃（レプリカ）が贈呈される。賜盃が贈られるようになり、大正一五年春場所から優勝者の表彰が正式に開始されたのであった。

一方、京都相撲と大阪相撲も独自の団体として活動した。京都相撲は明治四三年（一九一〇）にロンドンで開かれた日英博覧会に参加し、好評を博した。その後もヨーロッパ各国を興行してまわった

賜盃を抱く双葉山定次の当時発行された絵はがき（日本相撲協会　相撲博物館蔵）。双葉山が活躍した昭和 10 年代は春と夏の年 2 場所だったが，優勝は 12 回を数える。

が、徐々に集客が困難になり、自然消滅してしまう。大阪相撲は東京相撲とは異なる独自の横綱を設け、大正時代まで存続したが、力士数が減少するなど、興行は安定しなかった。

　こうした背景や下賜金による賜盃の製作が行われて皇室との関係が密になったこともあり、東京相撲と大阪相撲は合併に向かう。東京と大阪の協会は、大正一四年七月に新団体結成の調印を行った。さらに東京大角力協会は、同年九月に財団法人の設立を文部省に申請して一二月に認可され、大日本相撲協会が誕生した。こうして江戸時代に成立した三都を中心とする興行体制は終焉を迎え、相撲を興行する団体はひとつになった。合併に際し、力士の実力を審査する必要があったため、大日本大相撲連盟が一時的に組織され、大正一四年から翌一五年にかけて、京都と大阪で東西連盟相撲が開催された。大方の予想通り、大阪相撲の力士は負け越したり途中で休場する者が続出し、東京相撲との実力差が露見する結果となった。この結果を基に番付が編成され、昭和二年一月、合併後はじめての本場所が大日本相撲協会の名において国技館で催された。合併後第一回の本場所は、大阪相撲出身の宮城山福松（二九代横綱）が制した。東西連盟相撲では東京相撲に圧倒された大阪相撲であったが、宮城山の優勝により面目が保たれた。

以後、人気力士の有無や社会の景気などの要因により、興行成績の波はあったものの、大相撲は連綿と続いてきた。昭和一〇年代には、無敵を誇った双葉山定次（三五代横綱）が大変な人気を博した。しかし双葉山が活躍した時代と重なる昭和六年（一九三一）から一五年も続いたアジア・太平洋戦争は、大相撲にも暗い影を落とした。双葉山は東南アジアや中国大陸に勢力を拡大していた日本軍と重ねられ、国技の相撲は、国民の体力向上に資するところが大であると国家に利用された。出征する力士や行司もおり、その他の力士も軍事教練や勤労奉仕に積極的に参加した。昭和二〇年三月の東京大空襲では豊嶋雅男（関脇）らが亡くなっている。それでも、戦時下においても途切れることなく興行を続けた大相撲は人々を慰め、存在意義はきわめて大きかった。

終戦後の昭和二〇年代前半は興行地を転々としていたが、二九年、蔵前に国技館が完成した。三三年には日本相撲協会と改称され、本場所の興行回数も現行の年六場所となった。栃錦清隆（四四代横綱）と若乃花幹士（初代、四五代横綱）を中心とする「栃若時代」、柏戸剛（四七代横綱）と大鵬幸喜（四八代横綱）を中心とする「柏鵬時代」、昭和六〇年の両国への国技館移転、近年の外国出身力士の活躍など、いつの時代にも大相撲は人々の注目を集めているのである。

第二章　相撲を取る人々

1　相撲人

全国から京都に集う

相撲節は、全国から相撲人《すまいびと》が集められて催される。毎年七月頃、京都に集った相撲人は、左右の近衛府にわかれ、内取（稽古）で実力が計られ、当日の出場順が決められる。最後に登場するのが最手《ほ》・腋《わき》（脇・最手腋）であった。最手は最強の相撲人、二番目に強いのが腋であり、前者は後世の大関、後者は関脇のような地位とされている。平安時代前期においては、最手は最強の相撲人であった。しかし後期になると、最手は出場者に名を連ねるだけで、障《さわり》を申し立てるなど、実際の取組には出場しないことも多かった。最手・腋は、高齢の相撲人が務めることも多く、相撲の勝負ではなく、その経験を生かして相撲節を存続させるために必要とされたのであった。平安時代後期には、最手・腋は名誉職的な地位となっていた（本郷琢児「相撲節における最手、脇の意義」）。

それでは相撲人として選ばれるのは、どのような身分の人々だったのだろうか。一二世紀の相撲人を分析した野口実によると、出身階層は①棟梁級武士の郎党、②中央貴族の家人、③国衙在庁（在庁官人）、④国一宮社家、⑤郡司、に大別されている（「相撲人と武士」）。平安時代前期については詳しくわからず、これらの階層以外の相撲人も存在したと考えられ、後期には武士も含まれていた。そして相撲人は平安時代後期には特定の家から代々輩出するようになり、世襲化の傾向が強まる。相撲人になると、諸国と京都を往来する際に馬や食糧が供給され、前期には近衛府の番長に登用される場合もあった。また在地では免田（荘園制のもとで、荘官・地頭や手工業職人などに与えられた年貢課役免除の田地）が与えられ、国司や郡司へ補任されるなど政治的な地位が保障されることもあった。相撲人の世襲化は、特権の世襲化でもあり、平安時代後期には広く行われるようになったのだ。代々相撲人を輩出する家は、近衛府との関係が強固となり、最手・腋が名誉職的な地位になったのも、これらの特権と結びついているからである。また輩出する家が固定されることにより、相撲人の技芸も代々伝えられていった（大日方克己『古代国家と年中行事』）。相撲人の出身地は、畿内・東海道・東山道・北陸道・山陰道・山陽道・南海道・西海道、すなわち畿内七道すべて、国別で見ても、東山道の陸奥国から西海道の薩摩国まで本州から九州のほぼすべてにおよんでいる（森公章『在庁官人と武士の生成』）。

こうして相撲人が世襲されるようになると、何度も相撲節に登場する人気力士ならぬ人気相撲人が誕生する。たとえば『今昔物語集』には、常陸国の真髪成村《まがみのなりむら》、丹後国の海常世《うんのつねよ》、駿河国の私市宗《きさいちのむね》平《ひら》などの怪力ぶりが記述されている。真髪成村の子・為村、孫・経則や一族の真髪《まがみのかつおか》勝岡も著名な相撲人であった。真髪成村は左最手、海常世は右最手として永観二年（九八四）に死闘を繰り広げ、常世が勝った。この勝負が原因で成村は二度と相撲節には出場せず、一〇余年後に死亡したと『今昔物語集』は伝えている。『古今著聞集』などに登場する越前国の佐伯《さえきの》（薩摩《さつまの》）氏長《うじなが》も、九世紀中頃に活躍した伝説的な相撲人として語られている。この他、豊後国の日田永季《ひたのながすえ》、甲斐国の大井光遠《おおいのみつとお》なども著名な相撲人であった。伝説的に強い相撲人は、平安時代や鎌倉時代の説話集にとどまらず、享保一四年（一七二九）の洛陽散人による『本朝勇士鑑（本朝相撲鑑）』や『古今相撲人全』にも登場しており、江戸時代以降も語り継がれていく。

相撲人を招集する相撲使《すまいのつかい》が文献に現れるのは、相撲節が近衛府による行事に転換する九世紀末以降のことで、初見は『小記目録』の天元二年（九七九）である。相撲使は機内七道諸国のなかから数カ国を担当し、派遣される期間の費用は臨時雑役として在地に賦課された（大日方克己『古代国家と年中行事』）。相撲使（部領使《ことりづかい》）には関白・大将・中将の随身、近衛府官人などの恪勤者《かくごしゃ》、弓の名手である能射の者が任命されることが多かった（染井千佳「相撲の部領使について」）。昔話でよく知られ、熊と相撲を取る場面が印象的な足柄山の金太郎（坂田公時・酒田金時）のモデルといわれる下毛野公時《しもつけのきんとき》は、藤原道長の随身であり、大変に優れた人物で近衛舎人《このえとねり》から番長まで昇進し、相撲使として山陽道・筑紫国に派遣された（川島茂裕「下毛野公時と金太郎伝説の成立」）。能射の者や下毛野公時など、弓道や相撲に秀でた者が相撲使として諸国に赴くことも少なくなかったのだ。しかし相撲使は相撲人を招集するために派遣されるので、相撲人の家が固定されると必要性が低下し、平安時代後期には相撲節の開催自体も少なくなったため、徐々に消滅してしまった。

広がる活躍の場

それでは承安四年（一一七四）以降、相撲節が行われなくなると、相撲人も姿を消してしまったのであろうか。第一章でも述べたが、答えは否である。平安時代後期には、七月に催された相撲節の一連の行事が終了しても、相撲人は京都にとどまり、周辺の寺社で催される奉納相撲に参加するようになった。新田一郎が明らかにしているようにたとえば京都では、相撲節の儀式を模した形で、松尾大社・石清水八幡宮・賀茂神社で相撲が奉納された。さらに故郷に戻った相撲人により、相撲そのものが各地に伝播した。その結果、京都周辺のみならず、各地の寺社でも相撲節を模した奉納相撲が催されるようになった。相撲節が開催されなくなると相撲人の招集は停止した。しかし寺社の祭礼で奉納される相撲は、相撲節により生まれた専門的な相撲人、国内の郷々への神事役である相撲役賦課として続けられた。相撲役が賦課された場合は、相撲人を雇う場合も少なくなかった。専門的な相撲人は、京都を中心に活躍し、諸国の寺社に雇われることもしばしばあった。

『吾妻鏡』にも、鶴岡八幡宮の祭礼で、東国の武士により、競馬《くらべうま》・流鏑馬《やぶさめ》とともに相撲が催された記述が散見される。鎌倉幕府の初代将軍・源頼朝をはじめ源実朝・宗尊親王らも相撲を見物している。室町時代前期の醍醐寺座主・満済による『満済准后日記《まんさいじゅごうにっき》』にも室町幕府の六代将軍・足利義教が正長元年（一四二八）六月から七月にかけて、細川持元や赤松満祐らとともに相撲を見物したとある。鎌倉時代初期には、武士が自ら相撲を披露していたようであるが、後には武士に雇われた相撲人によって行われた（『相撲の歴史』）。すなわち、鎌倉～室町時代には雇われた相撲人が相撲を披露するようになったわけで、まさしく相撲を生業とする人々が誕生したのであった。

一方、相撲は武芸のひとつであり、武士の嗜みでもあった。相撲が強いことは、武士にとってはひとつのステータスであり、鍛錬としても行われた。平安時代末期の伊豆国の武将・河津祐泰（三郎）や、平安時代末期から鎌倉時代初期の武将、武蔵国の有力御家人で、数々の合戦で活躍した畠山重忠は、大変に相撲が強かったと伝えられている。『曾我物語』には、安元二年（一一七六）、伊豆国に流されていた源頼朝の無聊《ぶりょう》を慰めるために催された巻狩で余興として相撲が取られ、股野景久（五郎）と対戦した河津が勝利した話が記されている。諸説があるものの、河津は、現在も決まり手のひとつ「河津掛け」にその名をとどめている。畠山重忠の大力ぶりは『古今著聞集』や『吾妻鏡』からうかがうことができる。武士が鍛錬として行った相撲は、さまざまな技を用いる相撲人のものとは異なったと思われるが、力の強さを端的に示す武芸のひとつであった。

2　相撲取・力士

相撲取の登場

鎌倉~室町時代、活躍の場は祭礼の奉納相撲などに移るが、相撲を披露し生業とする人々は、相撲節が催されていた平安時代と同様に相撲人と呼ばれた。たとえば『看聞御記』には、伏見宮貞成親王が住んでいた山城国伏見郷の鎮守・御香宮で毎年九月に催された例祭の相撲を見物した記述が散見されるが、永享七年（一四三五）九月一日の祭礼には、「相撲人けしからす群集」すなわち、なみなみではない数の相撲人が集ったとある。それでは相撲を生業とする人々が相撲取と呼ばれるようになったのはいつ頃のことであろうか。

まず相撲を「取る」という行為について考えてみよう。『古事記』にある建御雷神《たけみかづちのかみ》と建御名方神《たけみなかたのかみ》の力くらべの神話では、互いの手を取り合っており、相撲は当初から取るものと考えられていたようだ。また、相撲の巧みな人は「取手」と呼ばれた。鎌倉時代の軍記物語「源平盛衰記」の「小坪合戦の事」には「東国無双の相撲の上手、四十八の取手にくらからずときこゆ」とある。『看聞御記』の応永三二年（一四二五）九月一日にも「六七十番許取之、其興不少」とあり、六〇~七〇番ほどの相撲に興奮した様子が伝わってくるが、ここでも取と記されており、相撲は取るものであると認識されている。動詞の「取る」には、手に持つ、とらえるなどの他、遊戯や競技などを行うという意味もある。相撲は取るものであり、相撲取という名称が誕生するのも自然な流れであったと思われる。

文献における相撲取の早い例には、明応九年（一五〇〇）頃に成立したと推定される『七十一番職人歌合』がある。職人とは、手工業などに携わる人々を指す。歌合は、左右にわかれて歌の優劣を競う遊戯で平安時代から行われている。職人歌合には二組の職人を左右にわけて紹介されており、鍛冶・鋳物師・陰陽師・仏師・絵師などが見られる。明暦三年（一六五七）の版本ではあるが、『七十一番職人歌合』には、「けいばぐみ〈競馬組〉」と対で、祭礼に出仕した「すまふとり〈相撲取〉」が登場する。相撲を生業とする相撲取は、職人として位置づけられていたのだ。即断はできないが、相撲取という言葉は一五世紀後半頃から用いられていたとも考えられよう。今後も検討が必要だが、一五世紀以降、勧進相撲が催されるようになり、相撲人から相撲取へと呼称も変化したのだろう。そして遅くとも戦国時代には相撲取の呼称が定着したようである。たとえば『信長公記』の元亀元年（一五七〇）三月三日には「江州国中之相撲取を被召寄常楽寺ニ而相撲をとらせ御覧候」とある。また室町時代中期に成立したとされる『鶴岡放生会歌合』には、牛馬の仲介人である博労《ばくろう》と対で「相撲」が登場する。この事例からは相撲を生業とする人々が単に相撲とも称されていたこともうかがえる。現在でも「お相撲さん」と呼ばれることからもわかるように、相撲は取組そのものの他、相撲を取る人々を意味する場合もある。

こうして勧進相撲が盛んになるとともに相撲取という言葉が定着するが、相撲を生業とする人々は力士とも呼ばれるようになる。力士は、憤怒の形相で寺院の門前などを守護する金剛力士から取られ

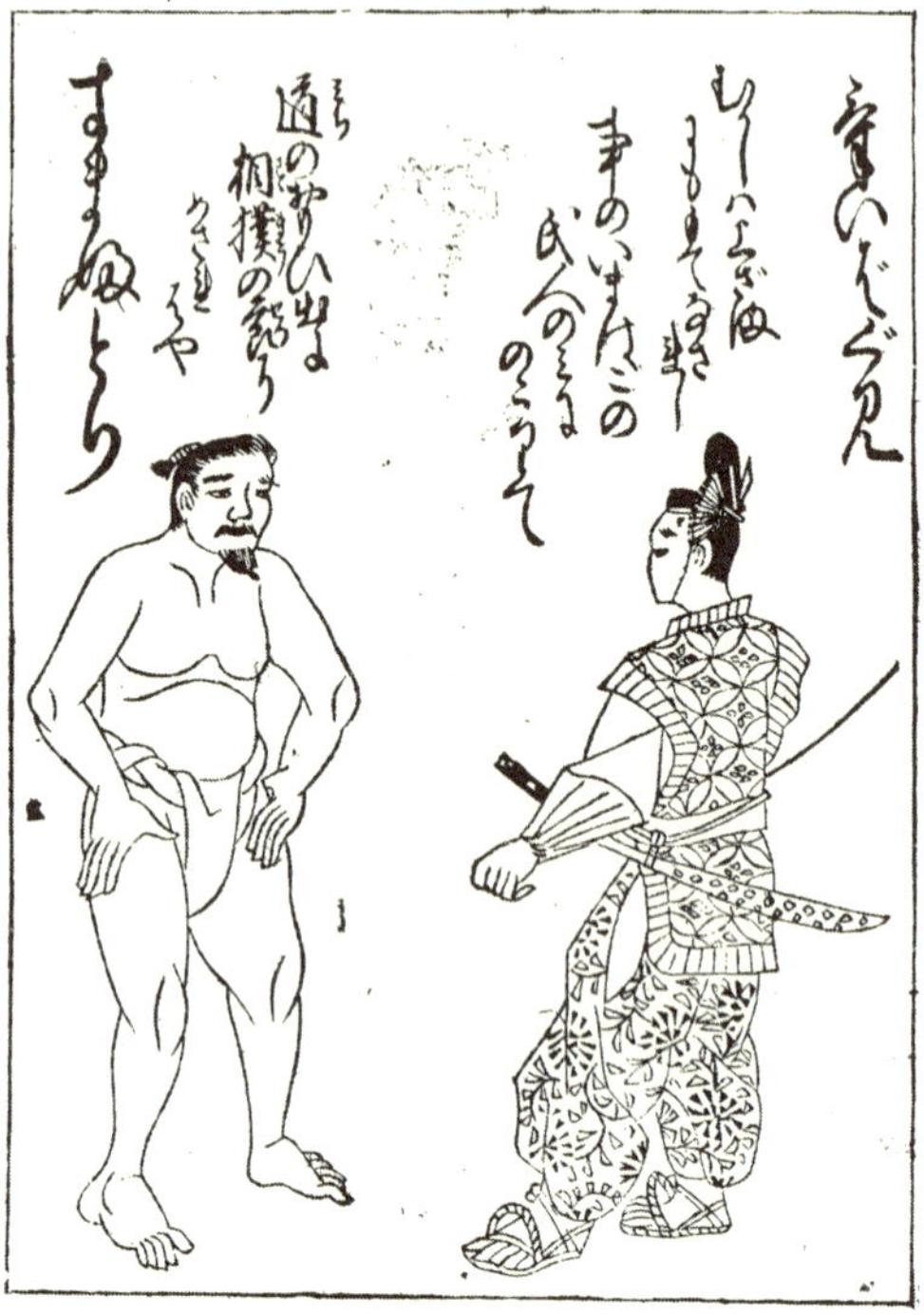

『七十一番職人歌合』の「すまふとり」。

たものであろう。力士が相撲を生業とする人々に用いられるようになったのは、江戸時代中期のことのようである。たとえば延享二年（一七四五）の木村守直による「相撲《すもう》強弱《きょうじゃく》理合《りあいの》書《しょ》」には、「日本角力之始」として『日本書紀』の記述が紹介されているが、「当用（麻）ノ蹶速ハ天カ下の力士」とある。この例の場合、生業の相撲を意味しない可能性もあるが、寛政元年（一七八九）に、吉田家が谷風に与えた証状には、力士の故実門弟に加えると書かれている。これらの例のように力士の称は、江戸時代中期から使用されるようになったと考えられる。さらに松ケ根幸太夫（式守幸太夫）が著した嘉永六年（一八五二）の『相撲細見起解』前編には、大関・関脇以外は力士と称するとあり、広く用いられていたことがうかがえる。以降、相撲を生業とする人々は、相撲取、力士あるいは単に相撲と呼ばれ、明治時代以降は力士が使われることが増えたようだ。

身分と生活

それでは江戸時代の力士は、どのような身分だったのだろうか。文政一〇年（一八二七）、江戸幕府は、大名に抱えられた者は武士、その他は浪人であるとの見解を示している。百姓・町人の出身が多かったが、力士になることにより、武士あるいは浪人に属し、相撲を生業として生活したのである。その他をすべて浪人とするのは幕府の強引な解釈に思えるが、力士は社会を構成する基本的な身分とされる士農工商の枠にとらわれない存在であった。

江戸時代中期には、三都を中心とする相撲興行が定期的に催されるようになった。江戸で春と秋から冬にかけての年二度、京都・大坂では夏・秋に年一度の開催を常とした。「壱年を　廿日てくらすいゝ男」（『誹風柳多留』四四篇、文化五年、一八〇八）は、安永七年（一七七八）以降、江戸での大規模な興行が晴天一〇日になり、年二度、合計二〇日間であることを示す川柳である。しかし実際には力士や相撲年寄らは、三都での興行の合間は、各地を巡業して生活していた。谷風梶之助や雷電為右衛門といった人気力士でも、二〇日間で生活することはできなかった。天明六年（一七八六）には、安

天保 15 年（弘化元，1844）の歌川国貞（初代）画，「勧進大相撲八景　稽古之図」（国立国会図書館蔵）のように，稽古場の風景も錦絵の題材とされた。

芸国出身の力士が、上野国板鼻宿（群馬県安中市）で重病のため亡くなったので、同宿内の聞名寺に埋葬してほしいと、相撲年寄・佐渡ケ嶽沢右衛門が頼んでいる。このような例は特殊であるかもしれないが、旅と興行を繰り返す力士の生活は、川柳のいうような楽なものではなかった。寛政〜文化年間（一七八九〜一八一八）に活躍した雷電の旅日記からは、三都や名古屋などの東海道をメインルートとし、各地を巡業していたことがわかる。そしてその範囲は、北は青森から南は島原（長崎県）までおよんだ。

　江戸時代の力士も相撲部屋に所属し、その師匠は相撲年寄が務めた。年間を通じて三都を中心に興行地を移動していた力士にとって相撲部屋は、所属先ではなく江戸での宿所という感覚だったのかもしれない。大坂相撲や京都相撲にも相撲頭取が師匠を務める相撲部屋があり、江戸と大坂の両方の部屋に属する力士もいた。いうまでもなく、力士は上位への昇進、すなわち人気と名声を得るため、日頃は稽古に励んだ。戯作者・立川焉馬《たてかわえんば》（二代）による弘化二年

（一八四五）の『相撲節会銘々伝』初編上には、稽古は強い者と行い、勝負を恐れず、力を入れることが大事であると、その心得が記されている。歌川国貞（初代）画「勧進大相撲八景　稽古之図」からも厳しい稽古の様子がうかがえる。

体の大きな力士は、食事や酒の量も多かったであろうことは想像に難くない。力士たちの酒宴はしばしば錦絵の題材にもなっている。無類の酒豪として知られる雷電は、享和二年（一八〇二）、長崎に滞在した際、中国の学者でこちらも酒豪で知られた陳景山《ちんけいざん》に酒の飲みくらべを挑まれたと伝えられている。一斗を呑んだところで酔いつぶれてしまった陳景山に対し、雷電は二斗を飲み干し、意気揚々と宿に引きあげたという。天保五年（一八三四）五月一三日、名古屋（尾張）藩主・徳川斉温《なりはる》の御前相撲が江戸の市ケ谷屋敷で催された。子どもと力士が取組を披露し、昼には赤飯などが振る舞われた。用意した赤飯は一膳五合であったが、五膳、すなわち二升五合を平らげた者がおり、結びで取組を披露した鷲ケ浜音右衛門（関脇）は、酒四升を呑み、他にも二〜三升を呑んだ力士がいたという（七九頁参照）。このような力士らしい豪快な逸話は、なかば伝説的な話も含め、わたしたちを楽しませてくれる。

力士の数は、番付表からおおよその傾向をつかむことができる。江戸時代後半には、一〇〇名から三五〇名ほどの力士が江戸相撲の番付表に名を連ねており、その数は徐々に増えている。また相撲年寄や行司、番付表に名が記されない番付外の力士なども含めると、天保一四年の例では、江戸相撲全体で五〇〇名を超す。力士の年齢や出身地については、上覧相撲の開催時に相撲年寄から幕府へ提出された書類から、寛政三年（一七九一）から天保一四年の限られた年代ではあるものの、知ることができる。これによると、力士の平均年齢は二七〜二九歳である。番付の上段、すなわち上位の力士は年齢が高い傾向が見られる。大関・関脇をはじめとする一段目は三三〜三六歳であり、平均年齢を大きく上回っている。出身地については、三〜四割が関八州、二〜三割が陸奥国・出羽国・越後国、残りの三〜四割がその他の国である。東北・関東出身の力士が全体の六〜七割を占めた。京都相撲・大坂相撲については記録が少なく、年齢や出身地は定かでない。しかし江戸相撲とは反対に、西日本出身者が多かったことであろう。

活躍する抱え相撲

次に江戸時代の相撲を語るうえで欠かすことのできない大名の抱え相撲を紹介しよう。大名の抱え相撲の萌芽期は、戦国時代である。『信長公記』には、天正六年（一五七八）八月一五日に、安土で近江国や京都の相撲取一五〇〇人を集め、相撲を催したという記述がある。この相撲に参加し、「能相撲仕候」とされた東馬二郎など一四名には、熨斗付太刀・脇差・衣服・領中より一〇〇石・私宅が与えられた。同じく戦国時代の雑話集『義残後覚』にも、豊臣秀吉が抱えていた徳猪之丞と毛利輝元が抱えていた入江大蔵之丞が相撲を取ったとある。これらの例のように、戦国大名のなかには相撲を好む者が多く、気に入った者に報奨や領地を与えることもあった。当時は武芸の奨励が主な目的であり、大名の趣味の面が大きい江戸時代中期以降とは性格が異なるが、大名の抱え相撲は戦国時代からいたのだ。

大名だけでなく、公家が相撲取を抱えることもあった。慶長一〇年（一六〇五）六月には、京都で辻斬りが発生し、京都所司代・板倉勝重が山科言経《ときつね》に、公家衆内の者、特に相撲取などを取り調べるようにと書状を送っている。公家による召し抱えは、後世のように勧進相撲に出場させるためではなく、警護や身内で相撲を楽しむためのものであったようだ。また、江戸では宝永～正徳年間（一七〇四～一七一六）に富裕町人による抱え相撲が流行し、勧進相撲にも出場させている。町人の抱え相撲は、勧進相撲以外にも相撲取を日常的に私用するためであった。そして財政難となった大名や旗本は、大名貸など融資を受けている豪商らに相撲取の身柄を移譲する場合もあった（竹内誠「近世前期における江戸の勧進相撲」）。しかし正徳元年（一七一一）六月、町人が相撲取を抱えることが禁止された。鳶の者などを抱えて相撲を取らせることは町人にふさわしくないと禁止の理由があげられている。法令には明記されていないが、相撲を生業とする相撲取の抱えも禁じられたのであろう。寛保三年（一七四三）にも同じ触が出されており、江戸時代前半までは、町人の抱え相撲があったことがわかる。

江戸幕府の支配が安定すると、諸藩で徐々に抱え相撲が姿を現すようになる。たとえば盛岡藩の抱え相撲は寛永二一年（正保元、一六四四）から形成されている。鳥取藩でも慶安二年（一六四九）に「御相撲衆」へ扶持を与え、元禄年間（一六八八～一七〇四）頃からは多くの抱え相撲が見られる。また和歌山（紀州）藩も元和八年（一六二二）頃からで、鬼勝象之助《おにかつぞうのすけ》は寛永一一年頃、鏡山沖之右衛門《かがみやまおきのえもん》は元禄一三年（一七〇〇）に抱えられて名を馳せた。鏡山は相撲に柔術を取り入れ、技に優れた力士であった。鏡山をはじめとする紀州の抱え相撲の一団は「紀州流」と呼ばれた。紀州流は従来の立ったままの立合を改め、土俵に手をおろしてから取り組む型を創始し、勧進相撲に大きな影響を与えた。抱え相撲は大名から俸禄を与えられ、生活の基盤があったため、相撲の技術発展に寄与するところも大きかった。第一章でも述べたように、一七世紀後半に勧進相撲が禁止されていた頃も、江戸幕府は武士の娯楽としての相撲は容認していた。こうしたことも高い技量を備えた相撲取が生活の安定を求めて大名家に集い、相撲の技術向上が図られるという結果をもたらしたと思われる（新田一郎『相撲の歴史』）。

　戦国時代から江戸時代前期までの抱え相撲は、藩の武芸奨励が主な目的であり、領内の若者を抱えるケースがほとんどであったが、一八世紀以降、興行が盛んになると、領外出身者でも召し抱えられるようになる。信濃国出身の雷電は、松江藩松平家の抱え（口絵15）、能登国出身の阿武《おうの》松緑《まつみどり》之《の》助《すけ》（六代横綱）は、萩（長州）藩毛利家の抱えである（口絵19、一五九頁参照）。安永二年（一七七三）の『古今相撲大全』巻之下末には、紀州（和歌山藩）、因州（鳥取藩）の他、明石衆、津軽衆などとして、一八世紀前半に活躍した相撲取が記されており、抱え相撲が流行していたことがうかがえる。江戸時代前期には藩に抱えられてから技量を研く者も多かったが、一八世紀以降は、相撲年寄のもとで修行を積んだ力量のある力士が迎えられるようになった。

　江戸時代後期まで含めると力士を抱えていた大名家は、優に三〇を超える。主な藩をあげると、先述の盛岡藩南部家・和歌山藩徳川家・鳥取藩池田家・松江藩松平家・萩藩毛利家の他、弘前（津軽）

藩津軽家・八戸藩南部家・仙台藩伊達家（片倉家）・姫路藩酒井家・徳島藩蜂須賀家・丸亀藩京極家・久留米藩有馬家・平戸藩松浦家・鹿児島（薩摩）藩島津家などである。上覧相撲開催時に幕府へ提出した書類によると、抱え相撲の割合は寛政～文政年間（一七八九～一八三〇）には一一～一三％程度であった。天保の改革が影響したためか、天保一四年は七・六％と他の年代より低い。上覧相撲の場合、将軍の前で負けると藩主の名を汚してしまうので、一時的に抱えを解かれることもあったが、おおよその割合がわかる。藩に召し抱えられるのは、人気・実力を兼ね備えた一部の力士に限られた。士分となり、扶持・宛行《あてがい》を受ける抱え相撲は、全力士の憧れであった。

抱え相撲も士分なので、藩士としての役職があった。鳥取藩では御《お》徒衆《かちしゅう》（足軽）、松江藩では船乗りである水主《かこ》として抱えられた。概して土木作業や船乗りなど、体力が必要な役職が与えられた。家臣団の末端として抱えられており、鳥取藩の鎌倉十七は、万治元年（一六五八）に一三〇石、和歌山藩の鏡山は、元禄一三年（一七〇〇）に五〇石で抱えられているが、これらは破格の待遇である。鳥取藩では一四俵二人扶持が標準で、松江藩でも一〇石以内二～三人扶持程度であった。松江藩の雷電や稲妻雷五郎（七代横綱、口絵19、一五二頁参照）のように、現役引退後も藩の相撲頭取として雇われ続ける場合もあったが、多くが現役引退と同時に抱えを解かれている。抱え相撲は、藩主と短期間の主従関係が結ばれていたものの、実質的には相撲を生業として生活していたのであった（高埜利彦「抱え相撲」）。そして藩の抱え相撲は、藩主の意向にかかわらず、財政などさまざまな理由により制度化されたり廃止されることもあった。八戸藩の場合、大豆などの産物の専売制を広く知らしめるた

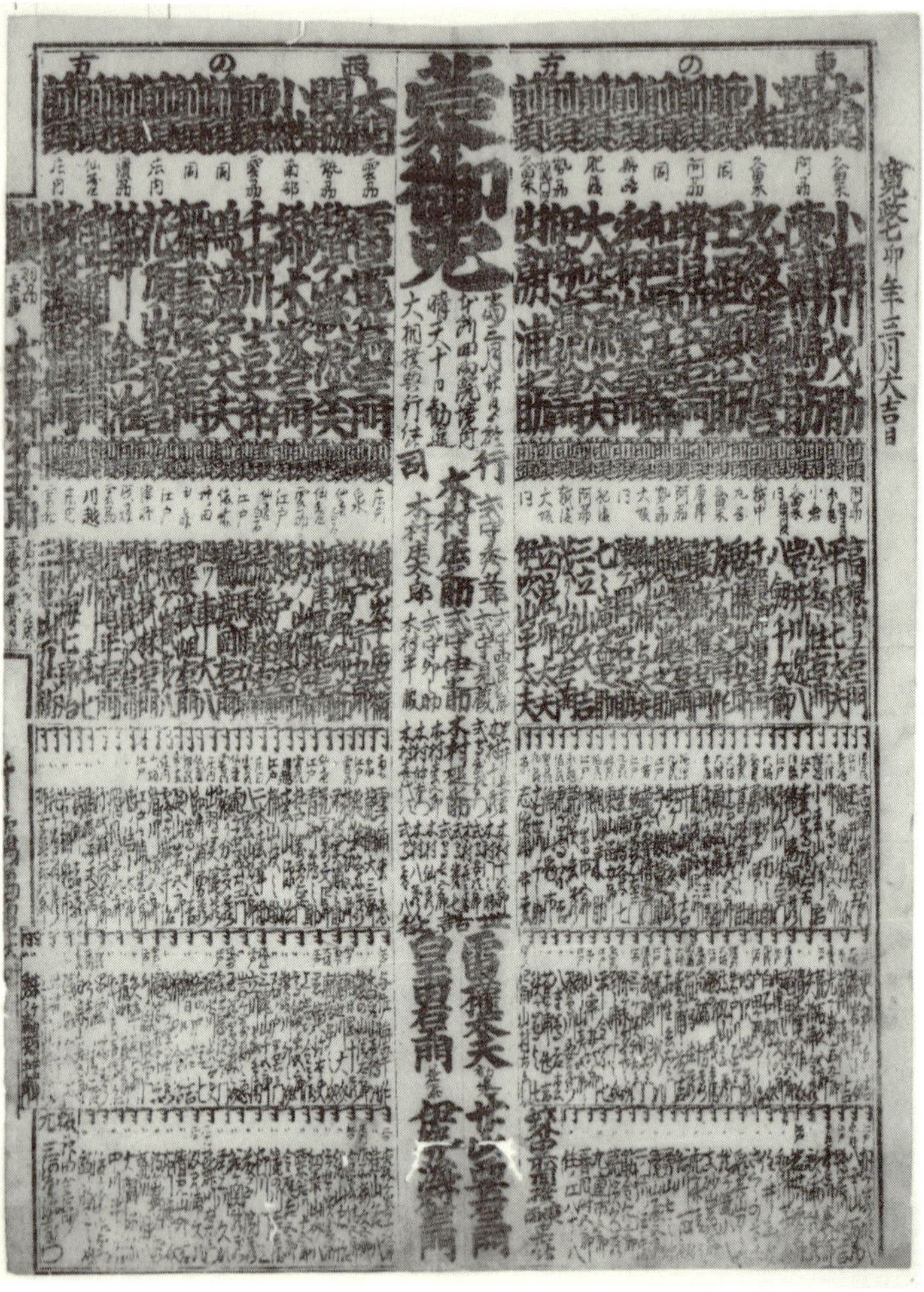

抱え相撲が名を連ねた寛政７年（1795）春の江戸相撲の番付表（日本相撲協会　相撲博物館蔵）。一段目向かって右の東の方は，久留米や阿州（徳島藩），姫路，左の西の方は雲州（松江藩）や南部（盛岡藩）など，藩を示す地名を冠している。

めに、文政一〇年（一八二七）にはじめて力士を召し抱えたという。しかしその後、莫大な経費がかかることなどを理由に、嘉永六年（一八五三）に廃止されている。盛岡藩でも財政難などを理由に、江戸時代を通じて抱え相撲制度の制定と廃止が繰り返されている。このようにさまざまな形の抱え相撲については、藩ごとに検討する必要があろう。

抱え相撲は番付表に出身地ではなく、所属する藩がわかるように地名を記した。先の雷電の場合、番付表には出身地の信州ではなく召し抱えていた松江藩の雲州を冠した。この他、番付表には八戸藩の八戸、盛岡藩の南部、萩藩の長州、久留米藩の久留米などと記された。藩の地名を冠した力士すべてが抱えではないが、番付表を見れば概要を知ることができる。また抱え相撲は印紋《しるしもん》と呼ばれる模様を意匠とした揃いの化粧まわしを用いた。化粧まわしについては第五章で詳述することにしよう。

さて、抱え相撲も現在と同じように相撲部屋に所属していたが、同じ大名家の力士は原則として番付の東西も同じなので、対戦することはほとんどなかった。また勧進元は、勧進相撲に抱え相撲を出場させる場合、藩に願い出る必要があった。藩の意向に従うため、興行に出場しないこともあった。また、抱え相撲は士分なので帯刀が許され、藩によっては屋敷内に限って名字を名乗ることもあった（口絵20）。嘉永二年（一八四九）生まれの鹿島萬兵衛は、大正一一年（一九二二）刊の『江戸の夕栄』で、諸藩の藩士は桟敷に詰めかけ、抱え相撲の取組結果は、場外に繋がれていた馬でその都度江戸藩邸に知らされたと述懐している。抱え相撲同士の取組では、おのずと藩の対抗意識も生まれ、より一層の熱戦が繰り広げられたことであろう。

巡業に際しては、抱え相撲は藩、それ以外の力士は京都の五条家などの名で先触が出され、一定の範囲内は公定の御定賃銭で旅行することができた。抱え相撲の場合、巡業で諸国を旅する他、江戸と藩の国元を往来することも少なくなかった。巡業の旅で全国をまわった抱え相撲は、興行の合間に見聞を広め、多くの情報をもたらした。平戸藩主・松浦《まつら》清（静山）は『甲子夜話』に、天保八年（一八三七）に大坂で起こった大塩平八郎の乱など、抱え相撲から得た情報をたびたび記している。このように抱え相撲にとって、藩は生活の基盤であり、日常であった。

途中で藩が替わる例もしばしば見られる。たとえば幕末に活躍した陣幕久五郎（一二代横綱）は、徳島藩から松江藩、さらには鹿児島藩へと替わっており、人気・実力を備えた力士をめぐって争奪戦が繰り広げられたことがうかがえる。神田で古本屋を営んでいた須藤由蔵が、江戸の事件や風聞などを詳細に記録した『藤岡屋日記』によると、阿武松が文政一一年（一八二八）に横綱を免許された時、抱え主の萩藩毛利家が八〇〇両もの大金を出したとの噂があったという。もっとも横綱として春の興行に出場した阿武松の成績がよくなかったことを揶揄する記述もあるため、八〇〇両の真偽についてはは定かでない。しかし阿武松の抱え主について江戸市中で話題となったことは間違いなく、藩の影響力の大きさがうかがえる。

人気・実力を兼ね備えた抱え相撲は、興行の花形であった。明治二年（一八六九）の版籍奉還、同四年の廃藩置県により姿を消すが、興行の中心を担った抱え相撲が果たした役割はきわめて大きい。

3　スポーツ競技者としての力士

組織の近代化と待遇

以上述べてきたように、江戸時代の力士は相撲を生業として生活していたが、興行によりどれくらいの収入を得ていたかは定かでない。江戸時代には、一興行ごとに収入を精算・分配する形式であったようで、安定した収入が得られるものではなかった。明治時代に入ってもこのような形式が続いたため、明治六年（一八七三）には、相撲年寄・高砂浦五郎が東京相撲に改革を訴え、除名される騒動が起きている。高砂は新たな興行集団として「改正組」を組織し、同一一年に東京相撲に復帰するまで名古屋や関西など、後には東京で興行を続けた。

高砂が復帰する契機となったのが、同年に警視庁から発布された「角觝並行司取締規則及興行場取締規則」である。この規則により相撲を興行する団体は、東京府下に一つしか認めないと定められた。そのため改正組は東京で興行ができなくなり、東京相撲に復帰することになる。また、これより二年前の明治九年、冥加金の上納制度が廃止され、相撲を営業する者は鑑札を受け、税を納めるようにと東京府から申し渡されている。上等・中等・下等と階級が区分され、それぞれに免許税が課せられた。冥加金については、その起源などを含めて定かでないが、東京府知事・楠本正隆の諮問に江戸の町名主・斎藤月岑《さいとうげっしん》が答え、明治一一年以降に成立した『百戯述略』には、相撲は興行の日数に限り、木戸銭による収入の一〇〇分の二を納めるとある。今後も検討が必要だが、冥加金との関連がうかがえる。明治九年以降は、営業税として上等は開業年のみ五円、翌年からは二円五〇銭などが課せられた。鑑札は江戸時代からあり、特定の営業や行為を公認した証拠として、公的機関などが発行するものである。酒造業や薬種業、牛馬を商う者、俳優・芸人など、多くの人々が営業鑑札を受けて活動した。明治九年の鑑札は東京府によるものであったが、明治一一年の「角觝並行司取締規則及興行場取締規則」により、上等一〇銭・下等五銭と規定された警視庁の鑑札も必要となった。風見明が指摘しているように、相撲の場合は俳優などとは異なり、東京府と警視庁の二種類の鑑札が必要だったのである(『相撲、国技となる』)。鑑札制度は、昭和六年(一九三一)の税法改正まで続くが、明治九年の営業鑑札、明治一一年の「角觝並行司取締規則及興行場取締規則」により、東京相撲は明治政府に公認されたといえよう。

このような明治政府の政策を受け、東京相撲も全一二条の「角觝営業内規則」を制定し、年に二度催す大相撲の精算の仕方など、主として相撲年寄の給金について定めた。明治一九年(一八八六)には改訂版「角觝仲間申合規則」を定め、さらに翌二〇年には、東京大角觝(角力)協会と称するようになった。明治二九年には、改正組から復帰後、専横が目立つようになった高砂に反旗を翻した力士が、料亭・中村楼(墨田区)に立てこもる事件が発生した。この事件を受けて「東京大角觝協会申合規約」が制定された。その後も明治四一年には力士に品位を求める「大角力組合新規約」が制定され、翌四二年の国技館開館に際しても条文が追加された。このように明治時代を通じて東京相撲は規約の制定、改正を行い、組織の近代化を図った。

現在も関取に支給されている報奨金は、「持ち給金」とも呼ばれており、勝ち越す度に積み立てられて、たとえ負け越しても減額されることはない。したがって関取の期間が長いと、報奨金が増額されるのである。明治二九年の「東京大角觝協会申合規約」二四条に、力士の給金についての記述が見える。一番の勝越で二五銭、二番の勝越で五〇銭、三番の勝越で一円などとある。この制度がいつ頃誕生したのかは定かでないが、江戸時代以来の慣習を明文化したものであろう。寛政三年（一七九一）の上覧相撲でも、幕府からの褒美を力士の地位に従って分配しており、江戸時代中期には持ち給金のような制度があったことがうかがえる。現在は勝越一番につき五〇銭、優勝三〇円、平幕の力士が横綱を破った場合の金星一〇円などと規定されている。平成二八年現在、実際に支給される金額は四〇〇〇倍であるため、たとえば金星を一個獲得すると、一〇円×四〇〇〇倍で四万円が増額されることになる。

この他、「歩方金」と称し、かつては相撲年寄と関取には、興行収益に応じて給金が支給された。しかし歩方金は収益により変動するため、安定した収入とはいえなかった。こうした制度に対する不満が募り、明治四四年（一九一一）春場所前には、関脇以下の力士が社交場・新橋倶楽部（港区）に立てこもって相撲協会側と交渉した、後に「新橋倶楽部事件」と呼ばれる紛擾事件が勃発する。当初、相撲協会との交渉は平行線をたどったが、概ね力士側の意見が受け入れられた。この結果、力士への歩方金は、収益があった場合だけでなく、はじめから経費に組み込まれるようになり、引退時に支給される養老金の積み立ても行われることとなった。こうして力士の収入は安定化に向かい、昭和三二年（一九五七）に実施される月給制の基礎が築かれた（風見明『相撲、国技となる』）。

大正一二年（一九二三）には力士が日本電解会社工場（荒川区）に立てこもり、待遇改善を求めた「三河島事件」、昭和七年には多くの力士が大日本相撲協会を脱退した「春秋園事件」が起こった。三河島事件の後は、興行日数を一日増やして収入の増加が図られた。春秋園事件は、天竜三郎（関脇）が中心となり、待遇改善や諸制度の改革を相撲協会に求めたものである。天竜らは中華料理店・春秋園（品川区）に立てこもって交渉に臨んだが、要求が叶わなかったため、相撲協会を脱退する。その後、多くの力士は相撲協会に復帰したが、天竜らは関西相撲協会を組織し、昭和一二年（一九三七）まで独自に興行を続けた。天竜や大ノ里万助（大関）らは、最後まで相撲協会に復帰することはなかった。当時、天竜らの改革案はほとんど受け入れられなかったが、後に実現されたものもある。

昭和三二年に相撲年寄・関取・行司には月給が支給されることとなり、後には呼出し・床山なども含め、すべての相撲協会員が月給制となった。関取には本場所の成績に応じて報奨金も支給され、幕下以下の力士は月給制ではなく、本場所ごとに場所手当と成績に応じて幕下以下奨励金が支給されている。

さまざまなルール改正

大相撲が近代スポーツ化を進めた明治時代末期以降、大小さまざまなルール改正が行われた。力士にとって一番影響が大きかったのは、土俵の広さであろう。土俵の円は昭和六年（一九三一）春場所まで、二重であった。勝負は、直径一三尺（三メートル九四センチ）の内側の土俵で争われた。しかし同年四月の天覧相撲で内側の土俵が取り払われ、外側、直径一五尺（四メートル五五センチ）の土俵が使われるようになった。その後、昭和二〇年秋場所で一六尺（四メートル八五センチ）の土俵が採用されたが、力士の間で評判が悪く、翌場所から一五尺に戻され、現在に至っている。

昭和五年夏場所からは、江戸時代以来、四本柱を背にして土俵の四隅で勝負を見つめていた勝負検査役（審判）が、土俵下におりることになった。さらに昭和二七年秋場所には四本柱が撤去され、屋形は天井からつるす「つり屋根」となった。四本柱のかわりに、つり屋根に四色の房を取り付けた。土俵や屋形については第七章で詳述することにしよう。

優勝制度が制定されたことにより取組も改革され、大正一四年（一九二五）一一月、取り直し制度が導入された。江戸時代以来、微妙な勝負については「預り」と称して、文字通り、勝負を相撲会所（相撲協会）が預かるという判定が時折あったが、取り直しが導入され、預りは廃止となった。また江戸時代には、安政年間（一八五四〜一八六〇）頃まで、「無勝負」もあった。これは同体など勝者がどちらかわからない場合の判定である。無勝負は徐々に預りに集約されたようだ。「引分」も江戸時代からある判定だ。現在の引分は、勝負が長くなり水入りを二回繰り返し、一番後に取り直しても勝負がつかない時である。また、取組中に力士が負傷した場合などは「痛分《いたみわけ》」として勝負をつけない判定もあるが、どちらもめったに見られない。

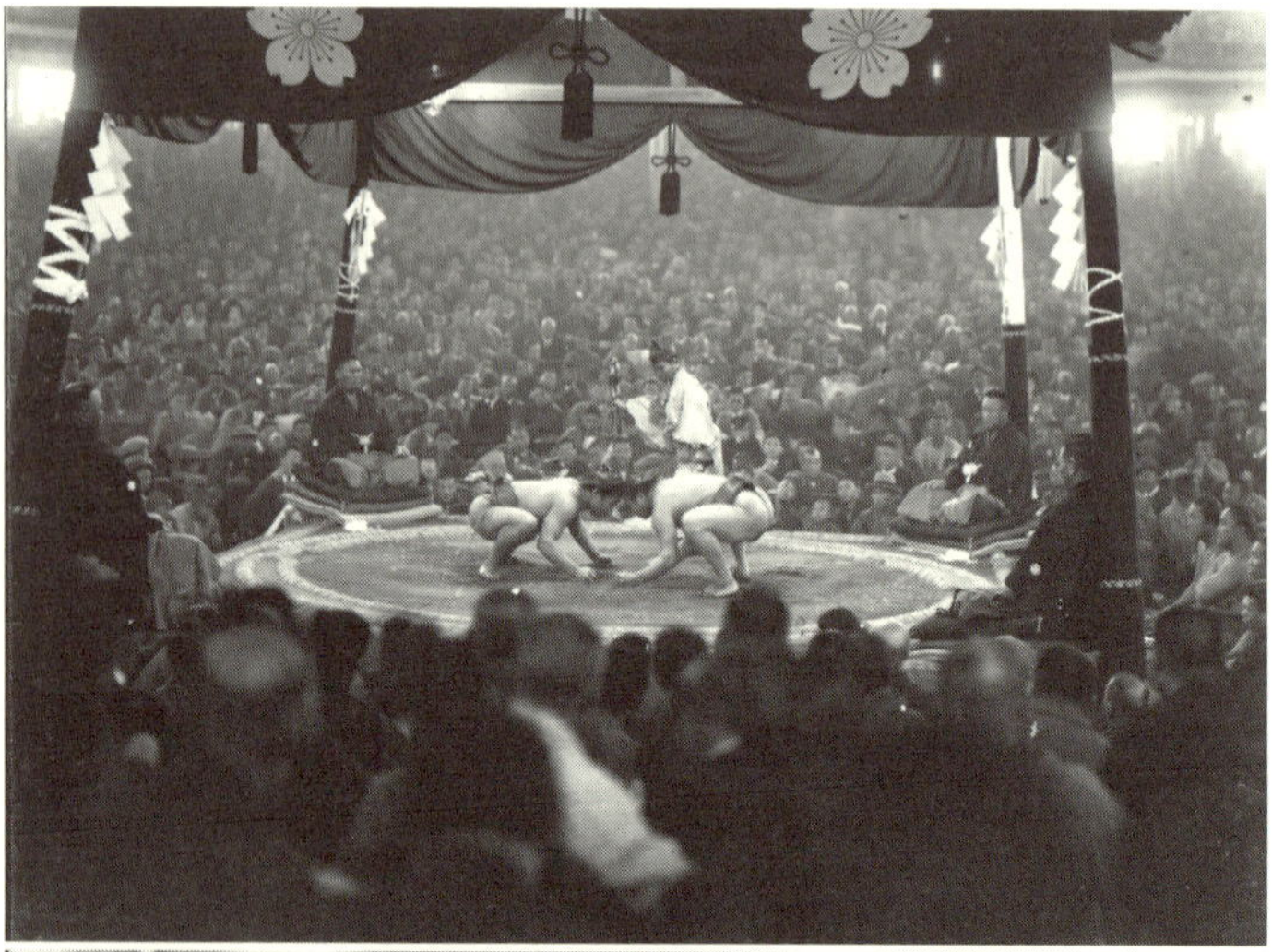

仕切り線は昭和3年（1928）に設けられた。上は仕切り線がない昭和2年夏場所，下は翌3年夏場所の様子（写真提供：日本相撲協会　相撲博物館）。勝負検査役（審判）が土俵の下におりるのは昭和5年である。

微妙な勝負の判定に正確を期すため、昭和四四年五月には、ビデオを参考とすることが決定した。当時、ビデオを参考にしてはどうかと話題になっていたところ、同年三月場所二日目、四五連勝中だった大鵬幸喜（四八代横綱）が、戸田智次郎（後の羽黒岩、小結）に敗れた一番が映像を確認すると明らかな誤審であったため、導入が決定したものである。映像が判定に利用されるようになったのは、プロ野球やテニスなどよりも早い。力士の運命が決まる勝負の判定に正確を期すため、こうした対策も講じられているのだ。

取組前の仕切りには、昭和三年（一九二八）に制限時間が設けられた。それ以前は制限時間がなく、力士の呼吸が合ったところで取組が開始されていた。このため取組がはじまるまでに三〇分以上を要することもしばしばであった。観客から仕切りの時間を短くしてほしいという要望があり、同年にラジオの実況放送が開始されたことも契機となって、幕内一〇分・十枚目七分・幕下五分の制限時間が設けられた。その後、昭和一七年（一九四二）一月に幕内七分・十枚目五分・幕下三分、同二〇年一一月に幕内五分・十枚目四分・幕下以下三分、同二五年九月に幕内四分・十枚目三分・幕下以下二分と短縮され、現在に至る。制限時間とともに、六〇センチ間隔の仕切り線も設けられた。それまでは、頭がぶつかるくらい近づいて仕切る力士もいた。仕切り線の間隔は、昭和四五年五月、七〇センチに広げられた。なお幅は五センチ、長さは九〇センチで、白エナメルペンキで塗られている。

次に対戦方式であるが、江戸時代以来、取組は、一部例外もあったものの、原則として番付の東方と西方が対戦する「東西制」と呼ばれる形式で行われてきた。勧進相撲は、もともと東方の勧進方あるいは元方と称される集団と、西方の寄方と称される集団が対抗する形式だった。勧進方と寄方は、ホームとビジターのような関係である。当初は出場する相撲取が興行ごとに入れ替わることが多かった。江戸時代中期には、徐々に毎回同じ顔ぶれとなるが、東方と西方が対抗する形は変わらなかった。明治四二年（一九〇九）の国技館開館と同時に個人優勝の表彰がはじまり、東方と西方が団体で優勝を競い、勝った側には優勝旗が贈られ、翌場所は勝った側が東方にまわるようになった。東方と西方が対戦する形式は、昭和六年まで継続した。翌七年一月の春秋園事件で多くの力士が脱退したため、東方と西方による対戦方式が維持できず「一門系統別の総当たり制」となった。一門とは、独立して新しく部屋が創設された場合など、縁がある部屋の集まりのことである。この方式だと、師匠が親・子・孫あるいは兄弟の関係になる部屋の力士同士は対戦しない。その後、出羽海部屋の幕内力士が多くなり、一門系統別の取組編成が難しくなったため、昭和一五年（一九四〇）一月に東西制に戻したが、戦後の二二年一一月、再び一門系統別の総当たり制となる。しかしこの制度では上位力士同士が対戦しないなどの不公平が目立つようになり、好取組を増やすために同じ部屋の力士以外はすべて対戦する現行の「部屋別総当たり制」が採用された。昭和四〇年一月のことである。

第一章で述べたように明治四二年（一九〇九）に幕内力士は一〇日間皆勤と定められたが、大正時代までは、横綱や大関も含め幕内力士は、中入り前と中入り後にわかれて出場していた。現在のように番付順に取組が行われるようになったのは、昭和以降である。国技館が開館する前は晴天興行であったため、途中で雨が降ると興行が中止された。このような場合は「入れ掛け」と呼ばれ、中止になった時点で観客には半札（半額券）か丸札（入場券）が渡され、再来場できたという。進行状況により、幕内の取組まで進んでから中止となれば半札となったようだ（相撲趣味の会編『大砲から大鵬まで』）。こうした入れ掛け対策として幕内力士が中入り前と中入り後にわかれて出場していたともいえよう。巡業でも「逆取り」と称して、急な荒天などにより途中で中止されそうな場合は、取組の順を反対にして結びから披露された。天候により人気力士を見ることができない観客の不満を解消するために、さまざまな対策が打たれていたのだ。

力士になるには、体格の基準を満たさなければならない。いわゆる新弟子検査は、明治時代末期以降、大相撲が近代スポーツとしての道を歩みはじめてから行われるようになったようだ。大正四年（一九一五）、二〇歳以上は二〇貫（七五キロ）以上、二〇歳未満は一八貫（六七・五キロ）以上という基準で新弟子検査が実施されている。同一一年には、二〇歳以上は五尺六寸（一六九・七センチ）・二一貫（七八・八キロ）以上、二〇歳未満は身長五尺五寸（一六六・七センチ）・体重一九貫（約七一・三キロ）以上と定められている。その後、幾度か改定され、平成二八年現在、検査を受検できるのは原則として義務教育を終了した二三歳未満の男性で一六七センチ・体重六七キロ以上（三月場所の新弟子検査受験者で、中学校卒業見込みの者に限り身長は一六五センチ・六五キロ以上）となっている。平成一三年から同二四年三月までは、運動能力をテストして基準を満たせば入門できる第二新弟子検査もあった。基準を満たした者は、健康診断を経て正式に力士となり、初土俵を踏む。学生や社会人の大会で優れた成績を残した二五歳未満の者は、幕下や三段目に付け出されるが、その他の者は、序ノ口の下に位置し、番付表に名が載らない前相撲からスタートする。前相撲に出場した者は、本場所の途中で出世力士として土俵上で披露され、千秋楽には表彰式の終了後に手打ち式を行う。

取組前の所作

それでは次に、取組前の所作、立合《たちあい》や四十八手《しじゅうはって》について考えてみたい。花道から入場する場面も含め、土俵上で行われる力士の所作は、大相撲の見所のひとつである。これらの所作にはどのような意味があるのだろうか。まず相撲独特の動きである四股と塵について見ていこう。

力強く地面を踏みしめる四股は、いかにも相撲らしく、足腰の鍛錬になる大変重要な基本動作である。両足を開き、手を膝にあて、左右の足を交互に高々とあげ、力を込めて地面を踏むので「力足」とも呼ばれている。本来は、「醜」の字を用いたともいわれ、地中の悪霊をはらい鎮める神事が起源であり、地鎮の際などにも行われたという。起源は定かでないが、古墳時代の力士埴輪は、いずれも足が太く、逞しく作られており、四股のように地面を踏んで邪悪なものを鎮めたとも考えられている。人物埴輪では省略されることの多い足が表現されていることや、手を上にあげている力士埴輪も存在し、四股のような動作が行われていたことが想像される。また泉崎四号横穴奥壁（福島県西白河郡泉崎村）の壁画や黄金塚二号墳（京都市）出土の盾形埴輪からは、男性と推定される人物が地面を踏みしめる様子がうかがえ、それは地霊鎮撫や悪霊退散、霊魂のすみやかな他界への転生を願う魂振《たまふ》りの儀式すなわち反閇《へんばい》を行う力士《ちからびと》であると指摘されている（辰巳和弘「古代における反閇の呪儀について」）。

反閇は、天皇などの貴人が神拝あるいは外出する際、陰陽師が邪気を払い除くために行う儀式であるが、両足で交互に地面や床を踏む、能や歌舞伎にも見られる「足踏み」と同じような動作と考えられている。祭礼などで催される相撲のなかに足踏みは残されており、相撲は古代より悪霊を鎮め追い払う呪術として発生し、農作物の豊凶を占う年占となって力を競うようになり、次第に競技化が進行したとも指摘されている（山田知子『相撲の民俗史』）。また第一章で述べたように鹿児島県南九州市には、

天保2年（1831）頃に歌川国貞（初代）が描いた四股（日本相撲協会　相撲博物館蔵）。名古屋藩市ケ谷屋敷における藩主の御前相撲でも活躍した鷲ケ浜音右衛門（関脇）。観客は取組前から所作を見て楽しんだ。

豊穣を祈願する「十五夜ソラヨイ」という行事があるが、踊りのなかに四股に似た動作があり、その誕生を考えるヒントになろう。

相撲節では、反閇は相撲人が入場する前、陰陽師によって行われたが、相撲人は足を踏むような動作はしない。相撲以外でも、力を込めた足、または足に力を込めることを力足と呼び、『平家物語』や『太平記』にも用例が見られる。相撲人の所作については文献に残ることが少なく、詳しいことはわからない。陰陽師が反閇を相撲人に伝授し、地鎮の際などに力足が行われるようになったとの説もある（彦山光三『横綱伝』）。鍛錬として相撲人が力足を踏んだとも考えられる。動作が似ているため、力足は反閇から派生したと考えられるが、取組前の所作となったことが確認できるのは、以下に述べるように勧進相撲が盛んとなる戦国時代のようだ。

『義残後覚』には、豊臣秀吉が抱えていた徳猪之丞と毛利輝元が抱えていた入江大蔵が聚楽第で相撲を取った話があり、取組前に「両人互に一礼してちから足をふんたる」と所作の様子がうかがえる。享保年間（一七一六〜一七三六）に木村守直が相撲の歴史や技についてまとめた『相撲伝書』には、相撲の古法について「力足を踏ム事、逆上の気を下に止めて、両足に筋力を顕ス」、「相撲強弱理合書」にも「古今相撲の初発に力足とて、足を挙、地を蹈事、右二ツ左リ一ツ、中興ヨリ三形堅と謂リ」とあり、起源は定かでないものの力足の動作をしていたことがわかる。江戸時代後期の例では『相撲節会銘々伝』初編上に「力が入りし後も、しかうをふミ、腰を落すが肝要なり」と稽古の心得が記されている。「しかう」とあるのが四股のことで、稽古の際にも重要で、腰を落とすことが求められている。遅くとも江戸時代後期には、力足のことを四股とも呼ぶようになったようだ。

チリは、「塵」の字で表記されることが多く、これも相撲独特の所作であり、「塵浄水《ちりちょうず》」あるいは「塵を切る」ともいう。土俵にあがった力士が蹲踞《そんきょ》し、手のひらをもみ、拍手を一回打ち、腕を広げて手のひらを上に向けて返す動作である。武器を持たず、正々堂々と取組に臨むことを表しているのだ。手を清める水がない場合に、草や空中の塵をひねる様を塵手水と呼ぶことから、相撲でもそう呼ぶようになったという。相撲場の風景を山や海にたとえて巧みに描いた弘化二年（一八四五）刊、立川焉馬（二代）の『関取名勝図絵』には所作の解説があり、「塵手洗（塵浄水）」は古くからあるものと記述されている。いつ頃から定着したのかは定かでないが、力足と同じように勧進相撲が盛んになるのに伴い、行われるようになったものであろう。なお一般には塵手水であるが、大相撲では、塵浄水の文字が使われている。

このような意味が込められた四股や塵は大変に美しい。力士の所作には様式美が備わっているのだ。そしてこれらの所作を通じて力士は気持ちを高めて取組に臨む。

立合の形成

相撲の勝敗に大きく関わる現在の立合は、享保年間頃に確立された形式である。相撲節の相撲人は、練合と称し、取組を開始する際、お互いに手をあげ、声をかけ合いながら近づいて組み合った。一八世紀前半までそのまま継承されたが、土俵ができ興行が定期的に催されるようになると、相撲の技術にもさまざまな変化が見られるようになる。

『相撲伝書』には相撲の技とともに、上段の手合《てあい》・中段の手合・下段の手合などが示されており、取組開始の様子がわかる。貞享年間（一六八四〜一六八八）頃になると、一方が「ヤアッ」と声をかけると、相手が「オオ」と叫び、行司が団扇をひく「一声の手合」という形式で取組がはじまるようになった。そして享保年間頃、現在のような腰をおろして相撲を開始する立合が誕生した。創始したのは、和歌山藩徳川家に抱えられていた鏡山沖之右衛門や八角楯之助（大関）を中心とする「紀州流」の一派である。この一派は関口流の柔術を取り入れ、相撲に技術革新をもたらした。なかでも八角は、強豪として知られた谷風梶之助（大関、四代横綱とは別の人物）と対戦する際、相手が「ヤアッ」と叫んでも応じず、腰をおろして待ったを繰り返し、とうとう勝利をおさめてしまった。この八角の立合が、現在まで続く立合の原型である（三田村鳶魚『相撲の話』）。

紀州流の流行以降、腰をおろす立合が力士の間で盛んになった。両者の気が熟した段階で立ち合うことになり、かけ声も徐々に自然消滅したものと思われる。腰をおろした立合には賛否両論があり、過渡期にはさまざまな形が混在していたようである。宝暦九年（一七五九）には、江戸の相撲年寄が、今後は居腰、すなわち腰をおろした立合を改め、中段にするようにと掟を定めている。相撲年寄が明文化するほど、腰をおろした立合が流行していたのだろう。しかし相撲年寄の掟はあまり効力がなかったようで、腰をおろす立合が主流を占めるようになった。新田一郎が指摘しているように立合の変化も、一七世紀後半に成立した土俵と、それに伴う相手を倒さなくても土俵の外に出せば勝ちとなる技法上の変化と無関係ではないであろう（『相撲　その歴史と技法』）。取組開始の視点でとらえると、腰をおろす立合の成立は、相撲の歴史を二分するような画期的なできごとである。

数え切れなかった四八手

四八手は、相撲の技を示す代名詞のような言葉である。取組の際の具体的な技の名称については、相撲節が行われていた平安時代から見られる。藤原明衡《ふじわらのあきひら》が著したとされる『新猿楽記』には平安時代中期の生活が描写されているが、さまざまな職人とともに相撲人も登場する。そこには伯耆《ほうき》権介《ごんのすけ》丹治筋男《たんじのすじお》という相撲人の得意技は、内搦《うちがらみ》・外搦《そとがらみ》・亘繋《わたりがけ》などであったとある。また『源平盛衰記』の「小坪合戦の事」にも、武蔵国の同族武士団綴党《つづきとう》の綴太郎は「相撲の上手四十八の取手」であったと見え、相撲の技が四八手と総称されていたことがうかがえる。

しかし四八は数が多いという意味で、具体的な技の数ではない。江戸時代に入ると、相撲の技を紹介した秘伝や書物が登場する。初期の例では、岩井播磨守による寛永八年（一六三一）の「相撲行司絵巻」には、五八の技が絵図とともに紹介されている。元禄年間（一六八八〜一七〇四）頃と推定される『相撲之図式』の序には「相撲の手相と申ハ、往古ハ四十八手、近代人間さかしくなり、八十八手にくだき、今ハ百六十手の余あり」とあり、実際には多くの技があったことがわかる。このように多くの技があったが、なかには「相撲行司絵巻」の「はりまなけ〔波離間投げ〕」「しもくそり〔撞木反り〕」、『相撲之図式』の「そとがけ〔外掛け〕」「かはづかけ〔河津掛け〕」「すくひなげ〔掬い投げ〕」

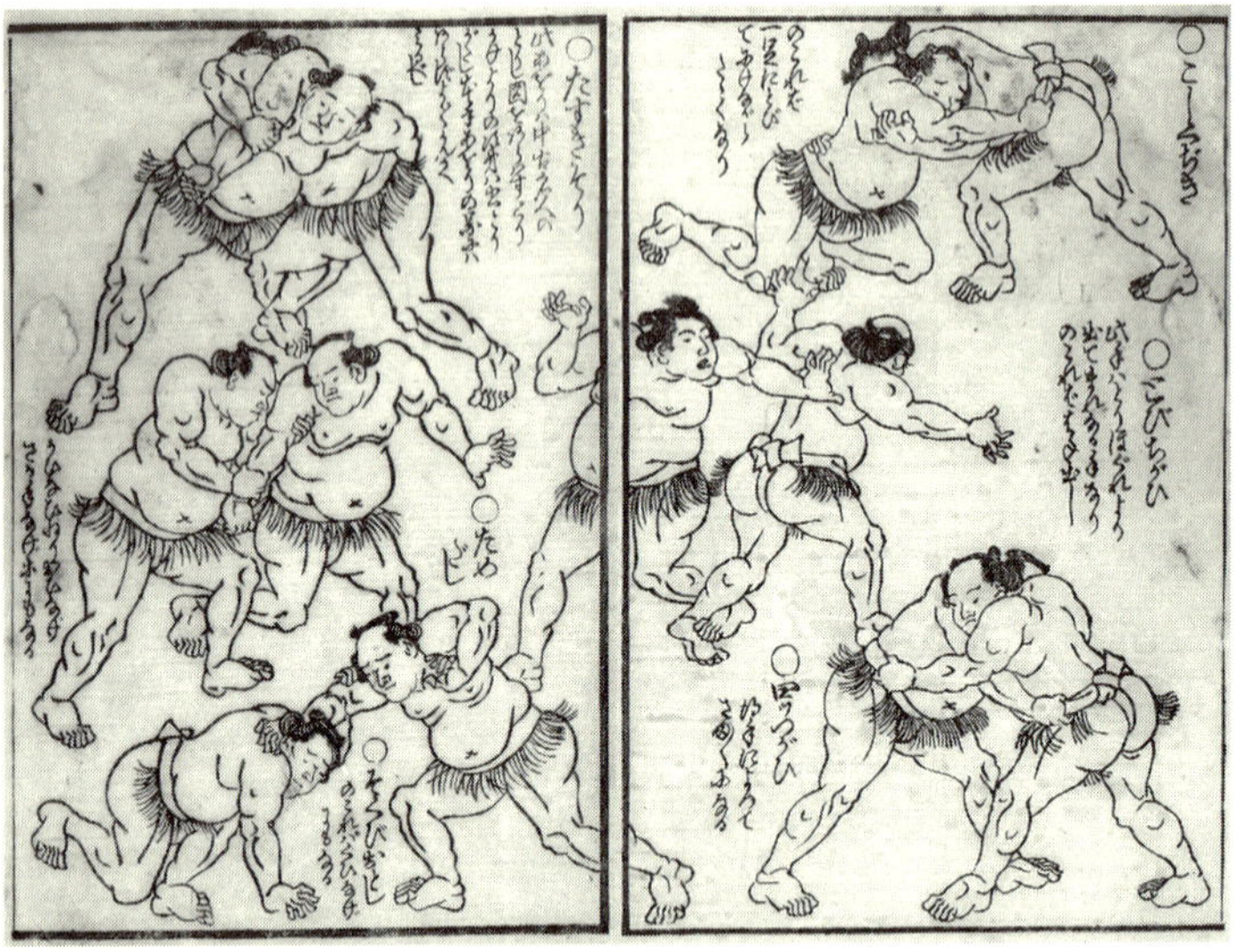

さまざまな技。天保14年（1843）の立川焉馬（2代）撰，歌川国貞（初代）画『相撲取組図絵』より。江戸時代後期には，技を紹介した書物も多数出版された。

など、現在と同じ名称も見られ、技の名称が定まりつつあったこともうかがえる。

『古今相撲大全』巻之下末には、投《なげ》、繋《かけ》、捻《ひねり》、婝《そり》として一二手ずつが紹介されている。江戸時代中期には、腰で行う投げ、足で行う掛け、手で行う捻り、頭で行う反りにそれぞれ一二手をあてはめ、総称して四八手と呼ばれていた。しかし『古今相撲大全』にも四八手の他、紛《まがい》一二手、新手として八二手の手捌《てさばき》、八六手の手砕《てくだき》が紹介されており、合計すると二二八手にもおよぶ。さらに便宜的に分類された四八手は、相手を倒すことを前提とするもので、土俵成立後の技は含まれていない。土俵成立後の事例では、上覧相撲開催時における技の数だけでも一八五手におよぶ（竹内誠「寛政三年の上覧相撲と決まり手書上げの慣例化」）。『新猿楽記』から戦後に制定された決まり手までの技を網羅・分析した真柄浩によると、相撲の技は六五六手である（「相撲技術名称の変遷」）。『古今相撲大全』の二二八手や真柄の数えた六五六手には、使われることがほとんどない技も含まれているが、上覧相撲の一八五手は、実際に使われた技である。

明治時代後期以降、新聞で決まり手の技が報じられるようになった。しかしその名称は統一されたわけではなく、新聞によって異なることも少なくなかった。大正一四年夏場所からは相撲協会の内部記録ではあるものの、勝負結果が記載された勝負付に決まり手が掲載されるようになった。そして公式な決まり手の発表が開始されたのは昭和三〇年五月である。このときの決まり手は六八手で、同三五年一月から七〇手となった。平成一三年一月からは、取組のスピードや力士の体格の変化に対応するため、八二手に増えた。この他、決まり手以外の非技として五種がある。

相撲の技は四八手と総称されているが、実際には数え切れないほどあった。他のスポーツとくらべるとルールは比較的単純で、短時間のうちに決着するが、取組前の所作や技の数からその奥深さがうかがえるのである。

第三章　相撲興行に携わる人々

1　相撲年寄

年寄仲間の成立

現在、現役を引退して相撲年寄を襲名した力士は、親しみも込めて「親方」と呼ばれている。年寄の称は江戸幕府の役人に由来し、初期の職制にもあって、後に老中と呼ばれるようになった役職である。老中に次ぐ重職は若年寄という。また年寄は、主に西日本で用いられた庄屋・名主を補佐した村役人の称でもある。江戸や大坂などには町年寄という役職があり、町政を統括した。親方は、封建的な主従関係で、家来や奉公人・職人・弟子などを支配し技能を伝える人々のことである。相撲の社会も、職人や商人の見習いが、丁稚奉公人などとして親方の家に居住・修行し、一定の期間を経て一人前になる徒弟制度と似たようなところがある。相撲年寄と門弟である力士は、親方と徒弟の関係にあるのだ。幕府や町村の役人が行政に携わるのと同様に、力士を統括する存在として相撲年寄と呼ばれ、門弟を指導したことから親方とも称されたのである。

出羽海・二所ノ関・伊勢ノ海など、現在も継承されている相撲年寄の名跡は一〇五あり、江戸時代前半からあるもの、明治時代に創設されたもの、一度途絶えたが再興されたものなど歴史はさまざまである。相撲年寄の誕生は、禁止だった勧進相撲が再開される一七世紀末頃のことのようだ。力士や行司が現役を退き、興行を統括する役職となったのがはじまりである。大名家に抱えられている間は士分だが、相撲年寄になると身分上は浪人となる。

江戸時代の相撲年寄は、番付表に勧進元・差添《さしそえ》として名を連ね、興行の中核を担った。一七世紀末には、一五〜二〇名ほどの相撲年寄が年寄仲間を形成しており、なかには雷・中川・大竹（大嶽）など、現在まで続いている名跡も見られる。さらに貞享二年（一六八五）には、年寄仲間の法度が作成されている。その内容は、相撲興行の日は一日も欠かさず勤め、喧嘩口論をしない、相撲取を抱えている大名との間に支障のある者は仲間に入れない、観客が相撲場に入場する木戸は年寄が担当し、素人はおかない、勧進元や差添は三〇歳以上の者が務める、などである。年寄仲間内の定め事が作られたことで、以後、興行がスムーズに開催できるようになった。なお「年寄」の称は江戸相撲に限られ、京都相撲や大坂相撲では「頭取」と呼ばれた。大坂相撲では、力士以外の者が頭取となることも少なくなかった。

相撲年寄の数は、興行が安定する一八世紀前半を通じて徐々に増加する。『古今相撲大全』巻之下本には、江戸は三〇名の相撲年寄、京都と大坂は一〇名ずつの相撲頭取が明記されている。当初は一代限りで姿を消す名跡も多かったが、江戸時代中期には、名跡が師匠から弟子などへ代々受け継がれるようになった。上覧相撲の開催時、幕府に提出した書類には、力士の他、行司や相撲年寄の名も記載されており、そこに見られる年寄名跡の総数は六一である。年代によって差があるが、江戸時代後期、相撲年寄は六〇名前後おり、そのほとんどが、現在も受け継がれている名跡である。

年寄名跡は多くの場合、もともと力士の時にしこ名として名乗っていたものである。国名が想起される出羽海や武蔵川、富士山を連想させる富士ケ根、萩の阿武の松原から名付けられた阿武松をはじめ、地名や名勝などに起因するものも多い。荒磯・雷《いかづち》・陣幕・山響などいかにも力強い名や、反対に九重・花籠など優雅なイメージのものもある（小池謙一「年寄名跡の代々」）。なお立行司の木村庄之助と式守伊之助は、江戸時代以来、昭和三三年までは相撲年寄でもあった。このような歴史があるため、庄之助と伊之助は、慣例的に現在でも「親方」と呼ばれている。また現在も受け継がれている式守秀五郎・木村瀬平は、行司の名に由来する名跡である。番付表の版元であった三河屋治右衛門は相撲年寄でもあり、相撲会所では帳元という重職に就いていた。三河屋と番付表は第六章で紹介することにしよう。なお江戸時代後期には、相撲年寄のなかに筆頭・筆脇・組頭などの役職が設けられていた。

名跡は師匠から弟子、あるいは養子へと受け継がれることが多かった。襲名の際、現在のように現役時代の成績が問われることはなく、途中で名跡が変わることも少なくなかった。鍬形条蔵（三段

歌川国芳画「相撲年寄雷権太夫」（日本相撲協会　相撲博物館蔵）安政５年（1858）。体に油を塗って雷電に勝ってしまう落語「鍬潟」のモデル。

目）は文化六年（一八〇九）に玉ノ井を襲名したのを皮切りに、立田川・粂川と名跡を変え、天保九年（一八三八）に雷となった。雷襲名後は相撲会所の筆頭を務め、江戸相撲で中心的な役割を果たしている。現役時代の最高位は三段目であったが、相撲年寄を襲名した後に大活躍したのであった。晩年の姿は歌川国芳に描かれており、注目される存在であったことがうかがえる。このように現役時代には力士として大成しなかったが、引退後に活躍した相撲年寄も数多い。

門弟とのかかわり

相撲年寄は、勧進元や差添などを務め興行の運営をする一方で、弟子を育成した。年寄仲間の存在が確認できる一七世紀後半以降、徐々に弟子を育成する態勢も整えられたものと思われる。三都での興行の合間、相撲年寄や力士・行司らは諸国を巡業していたが、江戸滞在中に日常生活の拠点としていたのが、相撲年寄の宿所稽古場である。現在は相撲部屋と呼ばれているが、江戸時代には、力士らは一年の多くを巡業で旅していたので、宿所稽古場の名がふさわしい。

相撲年寄は江戸の町家に住み、店借の場合も多かった。江戸時代後期については文政五年（一八二二）の『活金剛伝』下（相撲砂子録）、同一三年（天保元、一八三〇）の『相撲金剛伝』寅改下、弘化四年（一八四七）の『相撲改正金剛伝』西、嘉永六年（一八五三）の『相撲細見起解』西、安政五年（一八五八）の『相撲金剛伝』西の巻などから宿所稽古場の所在地をうかがうことができる。これらの出版物は、上位力士の出身地や師匠などのプロフィールを紹介した、いわば江戸時代の力士名鑑で、稽古場の情報も読者にとって有益だったのだ。

宿所稽古場の数は、文政五年が三六、同一三年が三五、弘化四年が五二、嘉永六年が四七、安政五年が四〇である。江戸時代後期には概ね四〇前後の稽古場があったことがわかる。所在地は日本橋・京橋・神田・湯島・四谷・芝・品川などもあったが、特に多かったのが本所・深川・浅草である。開催地が回向院に固定された天保年間（一八三〇〜一八四四）以降は、本所に集中する傾向が強まっている。安政五年には四〇の宿所稽古場があったが、両国橋東西のいわゆる両国地域に半数近い一八軒があった。回向院の周辺に相撲年寄が居を構えるようになり、両国は相撲の街としてのイメージをますます強めたのである。大坂相撲や京都相撲の稽古場も興行地の周辺にあった。京都相撲の場合、明治初年刊行と推定される『関取部屋鑑』に、相撲頭取の稽古場として三条河原町・烏丸夷川・島原などとある。

こういった刊行物で師弟関係も知ることができるが、上位の力士に限られる。しかし上覧相撲の開催時に幕府に提出した書類から、出場した全力士の師弟関係がわかる。雷・伊勢ノ海・玉垣といった相撲年寄は、特に門弟が多く、四〇名を超える時期もあった。逆に門弟がわずか一名の場合もあった。

大坂相撲や京都相撲の師匠は頭取が務めた。寛政一一年（一七九九）序の『綽号《しゃくごう》出処記《しゅっしょき》』も出身地や師匠などの上位力士のプロフィールを紹介したものであるが、ひとりの力士に江戸・大坂、さらには伊勢や尾張を冠した師匠が記されていることもあり、師匠が複数いるのは珍しくなかったことがうかがえる。力士は一年のほとんどを巡業の旅で暮らしていたので、各地に師匠がいても不思議ではなかった。また大名の抱え相撲の場合は、相撲年寄と藩の両方に帰属していたが、相撲年寄よりも大名家への帰属意識が強かったようだ。たとえば戊辰戦争に際し、陣幕久五郎は当時抱えられていた鹿児島藩島津家と行動をともにしている。

一方で相撲年寄は、相撲を生業とする力士の他、全国各地の草相撲集団の人々も門弟として配下においた。相撲年寄は、草相撲に携わる人々に「故実門弟」「相撲世話人」「相撲目代」などの免許状を発行し、門弟としていたのだ。また土俵に櫓や四本柱を設ける免許を出すこともあった。このような免許状は、江戸時代後半から明治時代にかけて東日本を中心として各地に見られるが、発給する際、相撲年寄は吉田家の門人であると明記していることが多い。江戸時代後期には相撲の家元的な存在である吉田家を頂点に、相撲年寄―門弟―草相撲という階層が構成されていた（高埜利彦『近世日本の国家権力と宗教』）。

相撲年寄は、草相撲を門弟とすることに大きなメリットがあった。第一に、巡業の際に便利であった。地方に門弟がいれば、その地域で巡業を催す時にスムーズに行うことができた。地方の門弟が取り仕切って準備を進めたのである。第二に、草相撲は将来有望な若者の供給源となり得た。草相撲に見込みのある若者がいれば、江戸相撲に出場させることもあった。地方の門弟はスカウト的な役割を果たしたのだ。このような事情から、相撲年寄は各地に門弟をおき、自身のテリトリーを築いた。そのテリトリーは時期によっても異なるが、たとえば浦風は、信濃国に多くの門弟を抱えており、雷電為右衛門の入門につなげている。

一方の草相撲にとっても、門弟となることは意義があった。江戸相撲とのつながりができ、櫓や四本柱を使う許可が得られれば、正式な相撲であることが認められたからである。もちろん江戸相撲を招いての巡業も可能であった。そして免許を受けて門弟や世話人となれば、草相撲集団の中心人物として、地域の人々から一目おかれたようである。

興行の統括者として

明治九年（一八七六）、相撲年寄・力士・行司は、警視庁の営業鑑札を受けることになった。以降、師匠の急逝などにより、現役の力士が相撲年寄を襲名した場合、「二枚鑑札」と呼ばれるようになる。力士と相撲年寄の両方の鑑札が必要だったからである。営業鑑札の制度は昭和六年（一九三一）に終了するが、二枚鑑札の名称はそのまま残り、昭和三三年まで存続した。また現役時代のしこ名がそのまま名跡となった例が多いため、江戸時代から明治時代にかけては、相撲年寄の名で相撲を取った力士も多かった。しかし明治時代後半から徐々に相撲年寄と力士は分業されるようになる。相撲年寄の名で力士として出場したのは、昭和五年に現役を退いた東関楯右衛門（前名は蔵ケ嶽、前頭筆頭）が最後である。また明治一一年の「角觝営業内規則」には、「歩持年寄」という名称が見られる。歩持年寄は、本場所の勧進元となる権利を持った年寄のことである。加入金を負担し、興行終了後に収益が出れば分配される（逆に損失が出た場合は負担した）。歩持年寄以外の年寄とは待遇に差があったが、後には加入金を負担する年寄が増え、区別がなくなった。

相撲年寄の数は、明治二二年に八八、大日本相撲協会が誕生した昭和二年に大阪相撲の頭取一七が加わり一〇五となった。同四年に、大阪の頭取であった荒岩と鏡山が廃家となったが、同一七年に、同じく大阪の猪名川・藤島・北陣・不知火・西岩が再興され一〇八に増加した。この際、猪名川と藤島は、東京にすでに稲川と藤島が存在したため、それぞれ安治川・大島と名を改めている。戦後の昭和二六年に江戸時代以来の番付版元である根岸治右衛門家が名跡を返上、同三四年には行司の木村庄之助と式守伊之助が除外され、一〇五となった。

この他、一代に限って務めることができる「一代年寄」がある。昭和一六年（一九四一）、横綱は引退後に一代年寄とするという制度ができ、男女ノ川登三《みなのがわとうぞう》（三四代横綱）は現役名のまま相撲年寄となった。しかし男女ノ川は昭和二〇年に相撲界を去り、この制度自体もすぐに廃止された。現在は相撲協会に著しい貢献のあった者へ一代年寄が贈られている。昭和四四年の大鵬幸喜をはじめ、北の湖敏満（五五代横綱）と貴乃花光司（六五代横綱）も一代年寄となっている。平成二八年現在、相撲年寄を襲名できるのは日本国籍を持つ者で、原則として最高位が小結以上、幕内通算二〇場所以上、幕内・十枚目通算三〇場所以上（相撲部屋を継承する場合は、幕内通算一二場所、幕内・十枚目通算二〇場所以上）である。

2　興行を彩る人々

行司

烏帽子《えぼし》・直垂《ひたたれ》姿で取組を裁く行司は、大相撲になくてはならない存在である。鮮やかな色の装束は、厳しい勝負が繰り広げられる土俵に彩を添えてくれる。行司は、力士が土俵にあがってから勝負を終えて土俵をおりるまでの進行一切を取り仕切る。力士が取り組んでいる間は「ハッキヨイ」または「残った」のかけ声を発する。「ハッキヨイ」は両力士が動かない場合、「残った」は動いて技をかけ合っている場合に用いる。「ハッキヨイ」(発気揚々)は、組んだまま動かない両力士の奮起を促すという意味がある。また「残った」は、勝負はまだついていないことを知らせているのだ。勝負が終わると、行司は、東西どちらかに軍配をあげる。時に審判委員や控え力士から物言いが付くことがある。物言いの協議の際、行司は意見をいうことはできるが、最終的な判定は審判長が行う。判定がくつがえり、行司差し違えとなる場合もある。なお、取り直しとなった場合は行司の責任とはならない。

行司は、もともとある物事を取り仕切る責任者や世話役などを意味する「行事」から派生した言葉である。相撲節には相撲人を対戦させる立合《たちあわせ》という役職があったが、行司が登場したのは、勧進相撲が行われるようになった室町時代後期である。早い例では一六世紀前半に近江国の僧・明誓が著した『本福寺跡書』に、門徒「イヲケノ慰(尉)」が「スマイノギヤウシ」として出てくる(新田一郎『相撲の歴史』)。『信長公記』の天正六年(一五七八)二月二九日には、行事として木瀬《きのせ》蔵春庵《ぞうしゅんあん》と木瀬《きのせ》太《た》郎太《ろうだ》夫《ゆう》が登場する。ここでは「行事」と記されているが、徐々に行司が一般化した。

江戸時代に入ると、吉田家・岩井家・長瀬家・吉岡家などの行司の名が見られるようになり、現在まで続く木村家・式守家も登場する。たとえば公家で熊沢蕃山の高弟・北小路俊光の『大江俊光記』には、元禄一二年(一六九九)六月の山城国愛宕郡岡崎村(京都市)の興行に出場した行司の名が列記されており、吉田追風・岩井団右衛門・木村茂助などが見られる。また南部相撲の長瀬家も独自の故実を備えた家柄として南部地方を中心に行事を務めた。行司の最高位である立行司・木村庄之助の初代は、寛永年間(一六二四~一六四四)の人物とされているが、実態は明らかではない。木村庄之助を名乗る行司が確実に実在したのは、一八世紀以降のことである。同じく立行司・式守伊之助の初代は、明和四年（一七六七）春、江戸相撲の番付表にはじめて登場する。

江戸・東京では江戸時代後期には木村家と式守家が大半を占め、明治時代以降は木村家と式守家のみである。大坂（大阪）では、江戸時代には岩井家・木村家の行司が多い。岩井家は大正時代末期まで取組を裁いたが、東京相撲と合併した昭和二年以降は、木村家と式守家のみとなった。

文政一〇年（一八二七）に江戸町奉行が力士・相撲年寄・行司の身分について尋ねた際、木村庄之助（九代）が江戸相撲を代表して回答している。この回答によると行司の身分は、相撲年寄や抱え以外の力士と同様に浪人である。また木村庄之助は、寛永年間から続く自身の家の由緒も述べている。現在でも「由緒正しい家柄」とよくいわれるが、江戸時代には、武家から農民まで、将軍家などの権力者との関係が盛んに語られ、地位や他者に対する優位性が主張された。木村庄之助も行司の家としての正統性を主張したのであった。江戸時代には木村庄之助・式守伊之助以外にも、木村庄太郎・木村庄三郎・式守勘太夫などの名跡が誕生し、以後、代々受け継がれていく。入門したての行司は、まず木村や式守に本名の名をつけて名乗り、幕内格や十枚目格などに昇進する際に由緒ある名跡に改名する場合が多い。また木村家と式守家は別の行司家であったが、明治四四年（一九一一）から両家の交流がはじまった。以降、それまで木村だった行司が式守に、式守だった行司が木村に改名できるようになった。

力士や相撲年寄だけでなく、行司も観客の興味・関心の的であった。行司のみが描かれた錦絵もあ

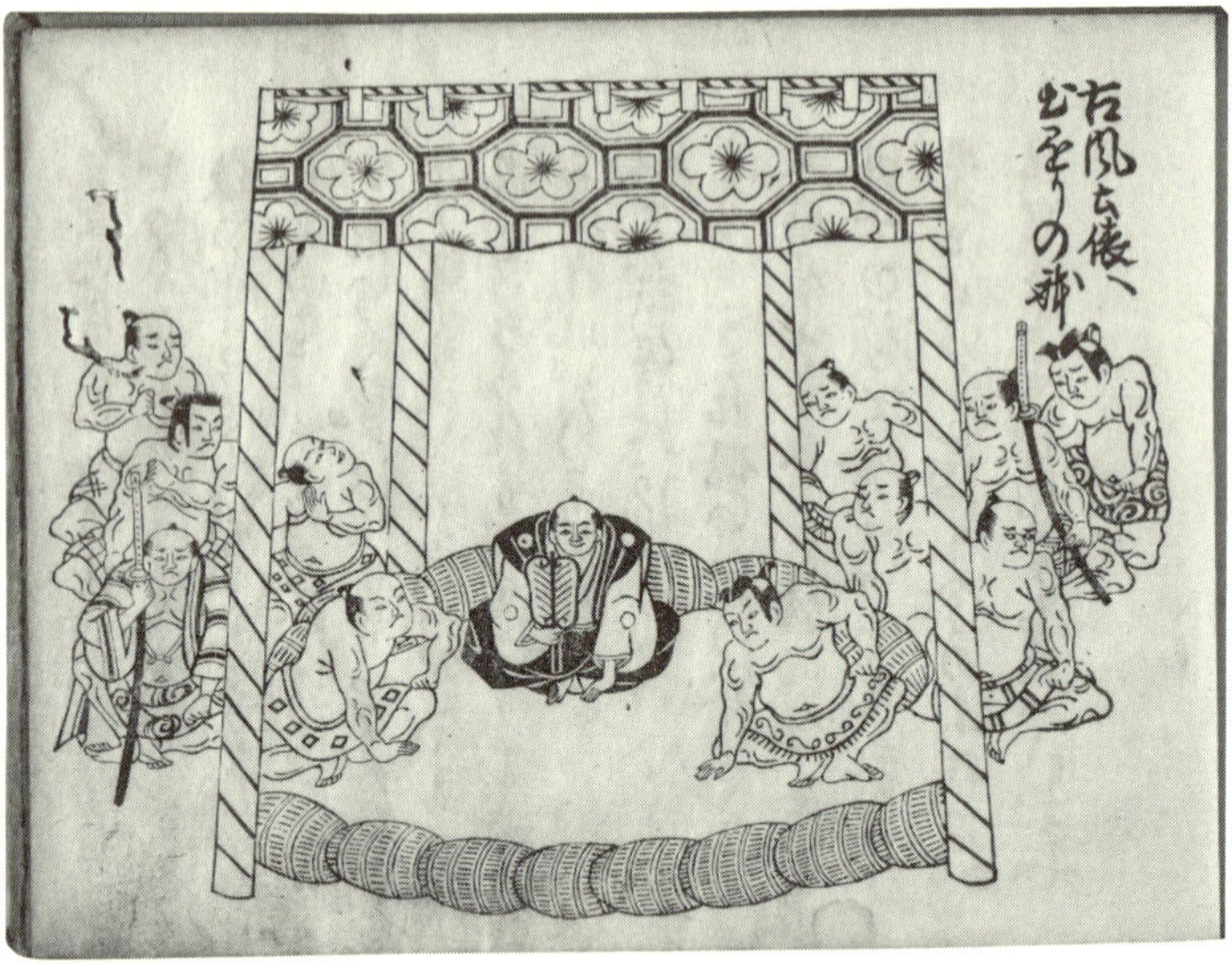

能見角氏『すまふ評林』宝暦6年（1756）には「古風土俵へ出懸りの体」として取組開始前の様子が描かれ，裃姿の行司も登場する。

り、力士のプロフィールを紹介した出版物にも経歴が詳述され、軍配も描かれている。土俵に登場する行司も観客を魅了する存在であった。

『古今相撲大全』巻之下本には、行司の装束は、もともと侍烏帽子《さむらいえぼし》に素袍《すおう》であったが、烏帽子を取り、茶筌髪《ちゃせんがみ》で陣羽織にたっつけ袴姿となり、さらに享保年間（一七一六〜一七三六）に着流しの小袖に裃、たっつけ袴の股立を取った姿となったとある。一七世紀の風俗画に描かれた行司を見ると、着物姿、陣羽織姿などであるが、一八世紀前半に、裃姿が定着したようである。能見角氏による『すまふ評林』の挿絵に見られる行司や、勝川春章が天明年間（一七八一〜一七八九）頃に描いた「行司　木村庄之助」も裃姿である（口絵21）。以後、江戸時代から明治時代を通じて裃姿で土俵にあがっていたが、散髪した頭に裃は似合わないという理由で、明治四三年夏場所から烏帽子・直垂姿で勝負を裁くようになった。

現在、行司は番付表などに使用される相撲字を書き、本場所会場の場内放送も担当している。入門した行司は、土俵上の所作を覚えると同時に、相撲字の稽古にも励む。土俵上になくてならない行司は、土俵をおりても重要な役割を担っている。

烏帽子直垂姿の行司。木村庄三郎（6代，後の17代木村庄之助）。明治43年（1910）頃の絵はがき（日本相撲協会　相撲博物館蔵）。

軍配

行司の階級には、立行司の木村庄之助・式守伊之助を頂点に、三役格・幕内格・十枚目格・幕下格・三段目格・序二段格・序ノ口格がある。各階級には定められた軍配の房や装束の紐と菊綴《きくと》じ（縫合せ目に綴じた菊の花に似た飾りのこと）の色、あるいは身に着ける装飾品に差があり、力士と同様に明確に区分されている。軍配の房や装束の紐と菊綴じの色は、木村庄之助が総紫、式守伊之助が紫白、三役格は朱、幕内格は紅白、十枚目格は青白、幕下格以下は黒または青である。また土俵上で足袋に草履を履くことができるのは三役格以上だけであり、幕内格・十枚目格は足袋のみ、幕下格以下は素足。土俵上で履く草履は「上草履」と呼ばれ、幕内格・十枚目格は、行司部屋と土俵を往復する時に「通い草履」を履くことができる。さらに立行司は短刀を差し、三役格以上は腰に印籠を提げて取組を裁く。立行司の短刀は、横綱・大関の取組を裁く責任がある立場であるため、もし差し違いがあったら、実際に切腹した者はいないが、切腹する覚悟を示している。短刀は立行司の権威と責任を象徴する「もの」である。

房の色などによる行司の階級の違いは、江戸時代から見られる。早い例では、寛延二年（一七四九）に、一六世吉田善左衛門が六代木村庄之助に対し、「無事〈無地〉之唐団扇并紅緒方屋之内上草履」すなわち、無地の唐団扇と紅の房の使用、土俵上で草履を履くことを許している。江戸時代中期以降、現在の色とは異なるものの、慣習として房などで行司の地位を表すようになったようだ。

いうまでもなく軍配は、行司そして大相撲に欠かせない。たとえ勝負が微妙な場合でも、行司は必ず東西いずれかに軍配を差しあげる決まりになっている。相撲のみならず、スポーツや売りあげ競争などに決着がついた際にも「軍配があがる」ということも多い。軍配といえば行司、そして大相撲が連想されるほどである。

軍配はもともと、中国風の団扇である唐団扇を、戦国時代に武将が軍を指揮する時に使ったもので「軍配団扇《ぐんばいうちわ》」あるいは単に「団扇」と呼ばれることもある。永禄四年（一五六一）の川中島の合戦で、上杉謙信の太刀を武田信玄が軍配で受け止めたという逸話は、小説やドラマによく登場する。相撲の行司が軍配を用いるようになったのも戦国時代のようだ。江戸時代初期と推測される洛中洛外図の相撲の場面にも、軍配を持った行司が頻繁に登場する。また江戸時代初期の下鴨神社周辺を描いた「京都鴨川糺ノ森の図屛風」の相撲の場面や（三一頁参照）、岩佐勝重が描いたと伝えられる「相撲風俗図屛風」にも、軍配を持つ行司が描かれている。このように江戸時代初期の風俗画から、軍配を手にする行司の姿を確認できる。なお菱川師宣による寛文～延宝年間（一六六一～一六八一）の「相撲の図」には、扇子を手にする行司が描かれている（口絵8）。本来、団扇と扇子は、どちらも扇ぐものであるため、このような例も不思議ではない。大相撲では団扇（軍配）だが、各地の奉納相撲では扇子が用いられる場合もある。

これらの風俗画から判断すると、軍配のサイズは現在とほとんど同じである。行司・木村喜平次による正徳四年（一七一四）の「相撲家伝鈔」には、行司の団扇は柄まであわせると長さ一尺八寸（五四・五センチ）・幅八寸（二四・二センチ）とある。軍配の形や重さに規定は設けられていないが、江

岩佐勝以（又兵衛）の子・岩佐勝重が描いたと伝えられている「相撲風俗図屛風」（福井県立美術館蔵）にも軍配を手にした行司が登場する。まだ土俵がない江戸時代初期の様子がよくわかる。

戸時代以来、サイズはほぼ変わっていないようである。素材は、木枠に紙を貼ったもの、鉄製などもあるが、江戸時代後期には木製が主流を占めるようになったようだ。江戸時代前期には、竹などを編んだものに紙を貼って漆を塗る一閑張《いっかんばり》の製法で作られることもあった。一閑張は、寛永年間（一六二四〜一六四四）の中国からの帰化人・飛来一閑《ひきいっかん》の創案ともいわれ、食器やお盆などにも用いられている。一八世紀後半の式守伊之助（初代）が使用した軍配の面は、麻布に紙を貼ったもので、漆が塗られている。枠は薄い木製で、二枚重ねて間の麻布を挟んでいる。

木村庄之助・式守伊之助など、由緒ある行司には代々受け継がれる軍配があり、「譲団扇《ゆずりうちわ》」と呼ばれる。木村庄之助の譲団扇は、嘉永六年（一八五三）に襲名した一三代が木村市之助と名乗っていた天保年間（一八三〇〜一八四四）頃から現在まで受け継がれている（口絵22）。この軍配は、面は東南アジア原産のマメ科の高木・鉄刀木《たがやさん》、柄は紫檀《したん》で作られ、薄い漆が塗ってある。現在の軍配は、紫檀・けやき・樫・桐・檜などを素材とし、重さは、七五〇グラムから一キロほどである。形は、「たまご型」と「ひょうたん型」に大別される。

軍配には、心に迷いがなく公平に勝負を裁くという意味が込められた文字や絵が書かれたものが多い。木村庄之助の譲団扇には、表に「知進知退　随時出処」、裏に「冬則龍潜　夏則鳳挙」とある。知進知退は、儒教の経典である五経《ごきょう》のひとつに数えられている『易経《えききょう》』にある「知進而不知退」（進むを知りて退くを知らず、やみくもに進むだけで、状況を見て退くことを知らないこと）に由来する。進む場面、退く場面を理解し、時々に応じて対応するという意味で、土俵上の行司や力士の心得に通ずる。

随時出処は、社会に出て官に就く時、退いて家に居る時をその場で判断するということであり、意味は知進知退に近い。「冬則龍潜　夏則鳳挙」は、冬に竜はじっと耐え、夏に鳳は大空にはばたく、辛抱するときは辛抱し、時がきたら思い切り前に出る、という相撲の勝負にもあてはまる言葉である。この他、「天下泰平」という字や月と太陽がデザインされたものなどがある。なお力士を呼びあげる時、木村家は軍配を持つ手の甲を上に向ける「陰」、式守家は甲を下に向ける「陽」の型を用いると伝えられている。

呼出し

行司と並んで土俵上に欠かせないのが、呼出しである。白扇を広げて取組前に力士を呼びあげるだけでなく、力士の土俵入りなどは、すべて呼出しが入れる柝《き》の音で開始される。柝は力士に土俵の進行を知らせるために支度部屋でも打つ。歌舞伎でも幕開きの時などに柝が入るのは周知の通りだ。また呼出しは、取組前に土俵を掃き清め、塩を準備し、懸賞を披露するなど、土俵周囲の一切を取り仕切っている。相撲の開催を知らせる触太鼓や櫓太鼓、本場所開催前の土《ど》俵築《ひょうつき》（土俵を構築すること）も呼出しの仕事である。かつては呼びあげ・太鼓・土俵築をそれぞれ別の呼出しが担当していたが、昭和四〇年以降は、全員が土俵で呼びあげを行うようになった。立呼出し・副立呼出し・三役呼出しなど、力士や行司と同じように階級がある。

『古今相撲大全』巻之下本には、「前行事」または俗に「ふれ〔触〕」と称する者が、勝負の前に相撲取の名乗を触れ流すとある。勝負前の行いを取り仕切るので前行事と呼ばれ、贔屓からの花（祝儀）も読みあげて披露した。しかし装束は美服ではないため、本名がわかる人は少なかったという。天明五年（一七八五）序の子明山人による『相撲今昔物語』にも、「前行司」あるいは「触」「名乗揚」と呼ばれていたとある。贔屓からの花を披露する役割は、懸賞旗を持って観衆に披露する姿に通じるものがある。寛政三年（一七九一）の上覧相撲では、呼びあげる役割を「名乗言上行司」と称する者が務めているが、力士や行司のような個々の名は詳らかではない。

それでは呼出しとは、いつ頃いうようになったのだろうか。早い例では、明和七年（一七七〇）の『誹風柳多留』五篇に「呼出しハ　晴天八日　きやくかふえ」とある。勧進相撲が晴天八日興行であった頃、興行中に客が増えたという意味である。文政年間（一八一八〜一八三〇）に入ると、番付表にも呼出しの名が登場する。たとえば文政六年に毘沙門天（仙台市の満福寺と思われる）で催された勧進相撲の番付表には、中央部分に相撲年寄や行司と並んで呼出しとして平治郎と左吉の名が書かれている。また文政一一年七月二二日、浅草寺で、寛永寺の貫首・公猷法親王（浅草寺の別当）の養子・菊宮（公紹入道親王）が相撲を観覧しているが、その際には力士や行司、相撲年寄などとともに二名の呼出しが務めたと『浅草寺日記』にある。以上のことから呼出しの称は、江戸時代中期から使用され、文政年間以降に定着したと考えられる。なお上覧相撲では、江戸時代を通じて名乗言上行司と呼ばれた。

相撲の開催を知らせる太鼓は呼出しが叩く。明治四四年（一九一一）に刊行された若月紫蘭の『東

まだ呼出しではなく「名のり上ケ」と称されている。能見角氏『すまふ評林』より。

京年中行事』には「呼び出し奴等四人乃至十人ずつ一団になって、江戸太鼓、新山太鼓、本所太鼓、浅草太鼓、品川太鼓、四谷太鼓の六組に分かれて、いわゆる六柄の触れ太鼓が市中を回りあるく」とある。しかし江戸時代の文献では、呼出しが太鼓を叩いていたという事実は確認できない。想像の域であるが、江戸時代中期以降、力士を呼びあげる人や太鼓を叩く人が興行集団に加わり呼出しと呼ばれるようになったものと思われる。名称が定まり、番付表にも名が記され、呼出しは大相撲に欠かせない存在となったのだ。

　呼出しの衣装である着物にたっつけ袴は、その称が登場する前に定着していたようだ。『すまふ評林』には「勧進すまふ名のり上ケの体」として、羽織にたっ

白扇を持つ呼出し栄次（左）と柝を打つ呼出し小藤。歌川国輝（2代）画「勧進大相撲土俵入之図」（日本相撲協会　相撲博物館蔵）慶応3年（1867）より。

つけ袴で扇子を用いて呼びあげる人物が登場する。現在は土俵では羽織は着用せず、おどけた仕草も異なるものの、呼びあげの様子がわかる。さらに「行司　木村庄之助」には、着物とたっつけ袴に白扇と取組表と思われる紙を持つ呼出しが描かれている（口絵21）。『相撲今昔物語』にも上方では浴衣姿の場合もあったが、江戸ではたっつけ袴を着用していたとある。また歌川国輝（二代）画「勧進大相撲土俵入之図」では、呼出しとして柝を打つ小藤と白扇を持つ栄次が相撲場を盛りあげている。白扇と柝は、江戸時代以来、呼出しに欠かせない「もの」であった。現在の白扇は日本舞踊で用いられている舞扇と同じ形だが、一般のものより大ぶりだ。柝の材質は主に桜で、歌舞伎で使用されている樫のものなどよりもやや大きい。

呼びあげだけでなく、太鼓や柝の音により相撲場の雰囲気は一層盛りあがる。土俵築も含め、呼出しは熟練の技を発揮して大相撲を支えている。

力士の髷と床山

髷《まげ》は力士に欠かせないシンボルだ。関取が取組の際に結う髪形が、「大銀杏《おおいちょう》」である。大きく広げた髷の先が銀杏の葉に似ているため、この名称で呼ばれている。幕下以下の力士は「ちょん髷」なので、大銀杏を結うことは大相撲に入門したすべての若者の目標である。髷を結うと頭の毛がきりりと引き締まって全身に力がみなぎるという。土俵下に転落した際に頭部が保護されるという利点もある。

大銀杏が関取のみに許されるようになったのは大正時代末期で、それ以前は厳密な決まりはなかった。江戸時代までさかのぼると、さまざまな髷が存在していたことがわかる。相撲の技を紹介した『相撲之図式』を一瞥しただけでも、元禄年間（一六八八～一七〇四）には月代の有無なども含め、十人十色が過言ではないほど、バラエティに富んだ髷、髪型が見られる。また、この頃には『相撲之図式』にも描かれているように「相撲櫛」が流行した。強豪として知られた両国梶之助（大関）が前髪に櫛を挿したのがはじまりで、他の力士もまねをするようになった。後には鬼勝象之助も二枚櫛を挿したという。その理由について、戯作者・山東京伝は、文化元年（一八〇四）の『近世奇跡考』で、元禄年間頃に、頭を相手の胸などに着ける「前つけ」という技が流行したが、それは拙い手なので行わないことを示すために櫛を挿したのだろうと考察している。享保年間（一七一六～一七三六）頃から、腰をおろし、頭から当たる立合が主流となり、相撲櫛も姿を消したようだ。

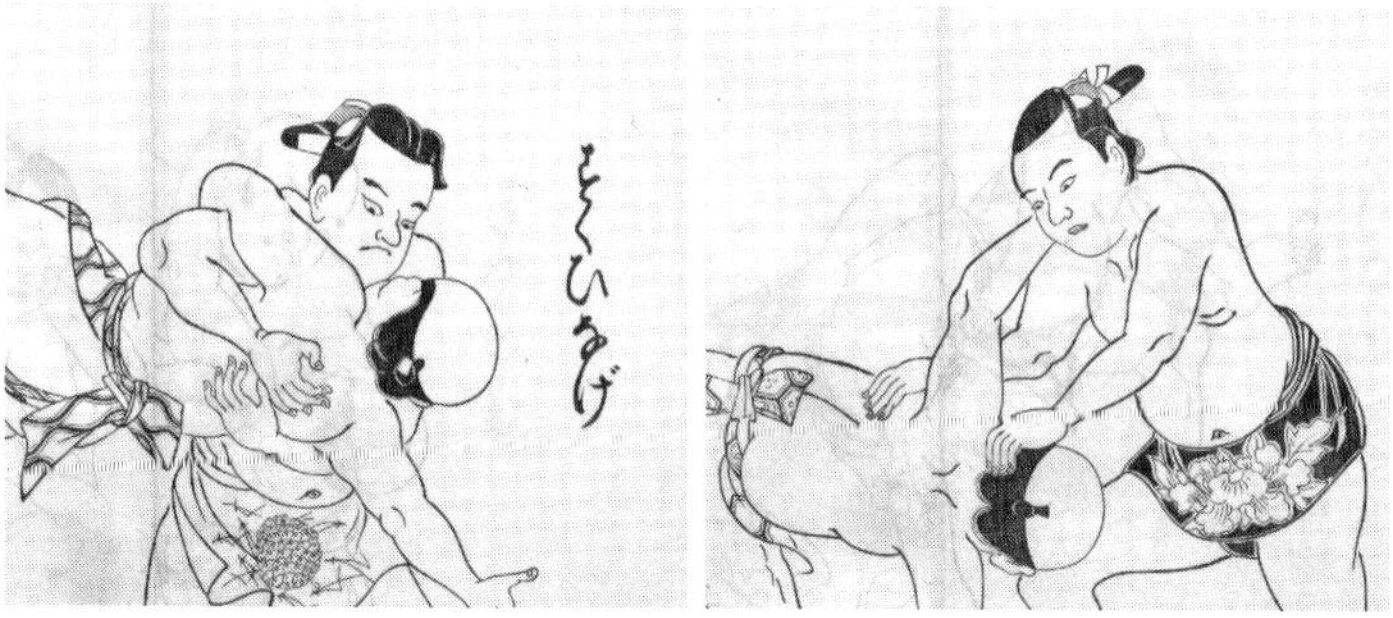

相撲櫛も見られるさまざまな髷の形。『相撲之図式』より。

江戸時代の髪型をひとまとめに説明するのは不可能に近い。髪は、前髪、左右側面の鬢《びん》、後方に張り出した髱《たぼ》、頭頂の髷から構成されるが、大変複雑で種類も多い。力士の髷も、流行に左右された。たとえば明和〜安永年間（一七六四〜一七八一）頃は、当時流行していた、中剃りを大きくし、髷を細く、高く結った本多風の髪型が多い。また一九世紀以降、鬢と髱を十分に三方に張り出し、ひらたくさげて結う「櫓落とし」が多く見られるようになる。江戸時代から明治時代にかけての髪結について詳述した前田太吉は、「大銀杏」「小銀杏」などの形を列挙し、相撲界の髷として「三角髷《ひらいちょう》の櫓落とし」を紹介している（『髪結の由来』）。櫓落としは、力士の髷として広く知られており、明治時代にも多く見られた。

大銀杏は、江戸時代中期以降に流行した銀杏髷の一種で、もともとは武士の髪型であった。鬢と髱を張り出した後頭部を上から見ると、銀杏の形に似ているからそう呼ばれたようだ。大相撲の大銀杏は髷の先が広がっていることが理由なので、名の由来となる部位は異なる。天明〜寛政年間（一七八一〜一八〇一）頃から大銀杏の力士も見られるようになる。しかし髷の先端は銀杏の形ではなく、月代を剃っている場合もあるため、現在の大銀杏とはだいぶ趣が異なる。写真を見ると、髷の先を銀杏のように広げる現在の大銀杏が誕生したのは明治時代中期のことのようだ。江戸時代からあった髷の一種である大銀杏の名称は、明治時代以降、一般には忘れ去られてしまったが、由来となる部位は後頭部から髷の先へと変わり、大相撲で生き続けているのである。

この他、下位力士の髷として「本中鬢《ほんちゅうびん》」「栗髷《くりまげ》」などもあった。本中鬢の形は定かでないが、櫓落としより鬢や髱を小さくした髪型であるといわれ、名称は番付外の地位である本中に由来し、幕末から大正時代まで存在したという。栗髷は序二段以下の力士で、髷の根元を栗のように束ねたものであったが、大正時代末期にほとんど見られなくなった。大正時代初期までは三段目以上が大銀杏、序二段以下は栗髷かちょん髷というおおよその区別があったという。しかし大正時代末期以降、関取は大銀杏、幕下以下はちょん髷となっていった。また現在の大銀杏は、明治時代とくらべると鬢と髱が小さく、実用的である。

明治四年（一八七二）の散髪脱刀令および欧化政策の影響で、多くの人々が髷を落とした。しかし大相撲の力士は、髷のまま土俵にあがり、相撲を取り続けた。力士の髷が存続した理由は、明治政府の高官に相撲愛好者がいたためと伝えられているが、一番の理由は、力士に髷がないと似合わなかったからであろう。頭の毛が引き締まり、勝負に臨む気持ちを整えるためにも、髷を結うことが必要だったと思われる。

支度部屋の様子。まわしや化粧まわしの他、中央上部には髷を結っている人物も描かれている。歌川国郷画「江戸両国回向院大相撲之図」（日本相撲協会相撲博物館蔵）安政3年（1856）より。

力士の髷を結うのが床山《とこやま》と呼ばれる人々で、それぞれ相撲部屋に所属している。多くの時間、行動をともにするため、興行に関わる人々のなかでも力士に一番身近な存在である。歌舞伎では式亭三馬著、享和三年（一八〇三）刊の『劇場《しばい》訓蒙図彙《きんもうずい》』に「床山」の称が見られる。役者の髪を結う、あるいはかつらの手入れをする人々が床山と呼ばれた。また髪を結う部屋のことも床山と称した。大相撲では、上覧相撲の際に寛政三年は四名、同六年は六名の「髪結」が力士に帯同している。また歌川国郷が九つの場面から大相撲の一日を描いた「江戸両国大相撲之図」には、支度部屋でまわしを締める力士らとともに、髪を結う人物も描かれている。しかし上覧相撲では、床山ではなく、髪結と呼ばれており、大相撲で床山という言葉がいつ頃から用いられていたかは定かでない。それでも江戸時代中期には、力士の髷を結う仕事をする人々がいて、興行集団の一員として活動していたと思われる。明治時代以降、社会に髷姿の男性が少なくなると、力士の髷を結う床山の技術が注目さ

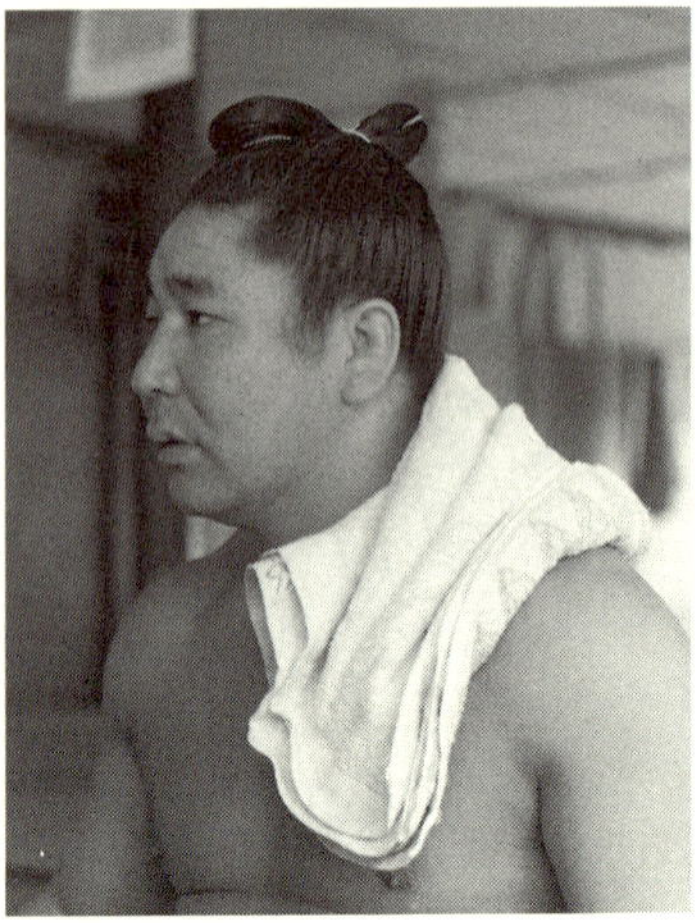

ちょん髷の初代若乃花幹士（45代横綱）。昭和33年に横綱昇進，引退は37年。「土俵の鬼」と呼ばれた名横綱。栃錦とともに「栃若時代」を築いた。いずれも写真提供：日本相撲協会　相撲博物館。

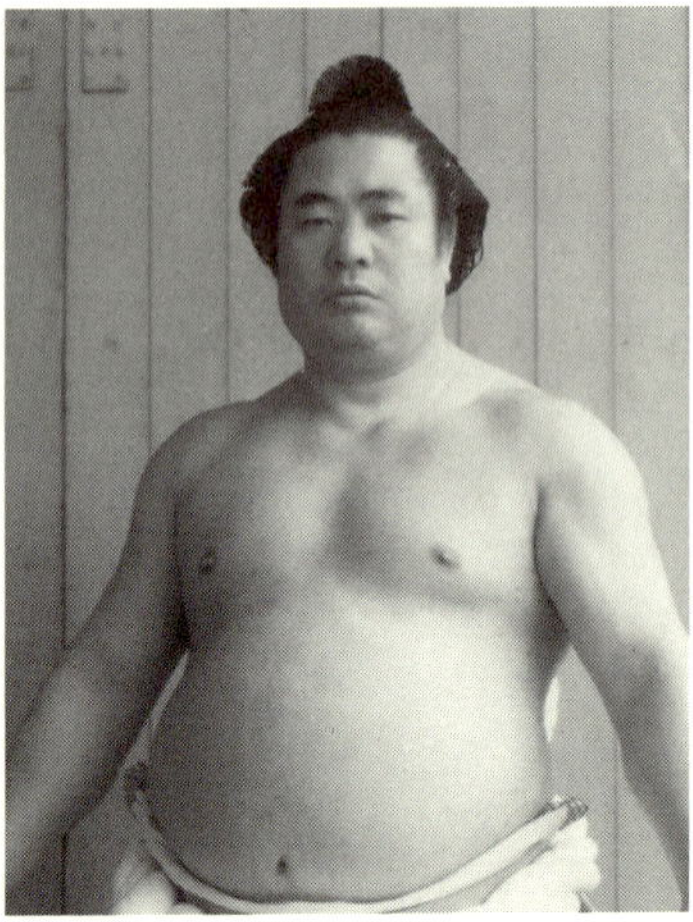

大銀杏を結った栃錦清隆（44代横綱）。昭和29年（1954）に横綱昇進，引退は35年。技能力士として活躍，後には正攻法の相撲で人気を博し，「名人横綱」と評された。

れるようになったのだろう。

床山は、いろいろな種類のくしを使って髷を結うため、高度な技術が必要である。すき油のついた髪をとかすため、じょうぶな黄楊《つげ》でできたものを用いる。大銀杏が立派に結えるようになるまでには、少なくとも一〇年を要する。床山の階級も特等・一等から五等までわかれており、それぞれ修行を積む。行司や呼出しのように本場所で土俵に登場することはなく、観客の目に触れる機会は少ないが、床山は職人芸で大相撲を支えている。

第四章　さまざまな相撲

1　伝承のなかで

演じられる神事

相撲の起源はしばしば神事に求められる。これまで主として民俗学の分野で、相撲は農耕儀礼の神事から起こったもので、綱引きや競馬などと同様に、農作物の豊凶を占う年占の一種ととらえられてきた。神事として演じられる相撲の多くは、競技ではなく、一勝一敗や引分として決着をつけずに終わるものや、水や田の神（精霊）が勝って豊作となるように演じられるものが多い。

牟呂《むろ》八幡宮（愛知県豊橋市）では毎年四月の例大祭で「相撲神事」が行われている。筵と榊の葉で設えた祭庭（神域）で、奉行ひとり、行司ひとり、力士ふたりが相撲を披露する。力士は立烏帽子《たてえぼし》に白丁《はくてい》姿で、四股や塵などの所作の後に取り組む。取組は二番あり、勝った力士は二番目の勝ちを相手に譲る。東の力士は干地（畑）、西の力士は福地（田）の精霊とされ、勝った方の土地が五穀豊穣になると伝えられている。

三上山《みかみやま》を神体とし近江国を代表する式内社である御上神社《みかみじんじゃ》（滋賀県野洲市）には、鎌倉時代、一三世紀の作とされる木造の相撲人形が現存する。組み合う相撲人と行司のような人物の彫像である。大瀧神社（滋賀県東近江市）にも室町時代の力士像や行司像などがあり、相撲神事の雛形として奉納されたものと考えられている。御上神社では、一〇月の「ずいき祭り」で、「若宮殿相撲御神事」が演じられている。ずいきとは芋の茎のことで、祭りでは、ずいきで作った御輿が神社に奉納される。相撲は夜の神事で、化粧まわし姿の子どもがかけ声とともに組み合うが、勝負をつけない形式的なものである。近江では祭礼の相撲が盛んで、概ね夏から秋に集中している点が特徴である。秋祭りに多いのは、豊凶を占うためではなく感謝の意味が強いためで、相撲は神へ奉納されたものと考えられる（行俊勉「相撲と神事」）。

奈良県桜井市で二月一一日に開催される「お綱祭」では、男性と女性を象徴する大綱が素盞鳴神社《すさのおじんじゃ》で合体する神事を行う。大綱を運ぶ途中、田圃で泥相撲が催され、力士の体に土が多く付くほど豊作になるという。大和川の上流から素盞鳴尊《すさのおのみこと》と奇稲田姫《くしなだひめ》が流されてしまい、離ればなれになった二人の神を助けたのが由来といわれ、子孫繁栄と豊穣を祈願する神事である。

周防国一宮である玉祖神社《たまのおやじんじゃ》（山口県防府市）では、春の「玉の祭」と九月二五日頃に「占手《うらて》神事」で相撲を演じる（口絵23）。現在は日中だが、古くは旧暦八月一四日か一五日のいずれかの丑の刻（午

奈良県桜井市で2月11日に催されている「お綱祭」の泥相撲（平成12年2月11日，相撲博物館・中村史彦撮影）。

前一～三時頃）に催され、「夜相撲」とも呼ばれていた。羽二重のふんどしを締めた行事所役と呼ばれるふたりの力士が、まず太刀と円座《わろうだ》を宮司に捧げ、続いて前進後退しながら所作を繰り返し、最後に両手を組み合って地面を一二度（閏年は一三度）叩き、最後に神前に向かって「ワア」と叫びながら両手をあげる。土俵は存在せず、ほとんど無声であり、勝負をつけないばかりか取組もない。この神事は社伝によると、神功皇后の征西に際し、出陣の吉凶を占ったことが起源というが、旧暦八月であることから、秋の実りの豊凶を占う神事と考えられる。

　瀬戸内海のほぼ中央に位置し、景勝地としても知られる大三《おおみ》島《しま》の大山祇神社《おおやまずみじんじゃ》（愛媛県今治市）で、旧暦五月五日の「御田植祭」と旧暦九月九日の「抜穂祭」に催されている「一人角力」は、境内に設けた土俵で、力士・一力山《いちりきざん》と行司により演じられる。一力山は、目に見えない稲の精霊と相撲を取る。最初の一番は精霊が勝ち、二番目は一力山が勝ち、三番目は精霊が勝って終了する。見えない相手に押しや突きなどの攻防を演じ、派手に転ぶ姿に観客が喝采を送る。精霊が勝つことにより豊作が約束されるのだ。

わずかな例ではあるが、神事として演じられる相撲を紹介した。これらの相撲の所作には、それぞれ意味があり、相撲の起源を考えるうえでも示唆に富み、農耕儀礼とのかかわりを今に伝えてくれる。

奉納相撲

奉納とは神仏を慰めるため、社寺に物品などをお供えすることである。神社では、生きた馬の代用品として奉納されるようになった絵馬の姿をよく見かける。物品以外にも、芸能などを奉納することも多く、和歌や神楽などがその代表である。相撲も奉納される芸能のひとつとして、現在も全国各地に見られる。大相撲でも、伊勢神宮や明治神宮、靖国神社の奉納相撲は恒例の行事である。また富岡八幡宮や熱田神宮、住吉大社など、取組はないが、横綱が土俵入りを奉納する場合もある。先述した神事の相撲も、広義には奉納相撲に含まれる。

朝廷を中心とする国家儀礼としての奉納相撲は、聖武天皇の神亀三年（七二六）が早い例である。その前年の旱魃で凶作となったため、天皇は伊勢神宮など全国の二一社に勅使を派遣し、神明の加護を祈らせた。祈りが通じて翌三年は豊作となったので、聖武天皇は各地の神社に幣帛《へいはく》を奉り、神前で相撲を奉納させたという。そして平安時代以降、京都や奈良などの大規模な神社で、奉納相撲が催されるようになる。たとえば石清水八幡宮では万寿四年（一〇二七）、賀茂神社の「賀茂祭」では天永二年（一一一一）、春日大社の「春日若宮おん祭」では保延三年（一一三七）に奉納相撲がはじまった。鎌倉幕府が開かれる頃になると、文治五年（一一八九）からは鶴岡八幡宮の放生会でも相撲が奉納された。これらの奉納相撲は相撲節《すまいのせち》の様式を模したものであり、神事の相撲よりも娯楽性が強い。奉納相撲は、祭礼に奉納されたり参加者の娯楽に供される、芸能の一種であったと位置づけられている（新田一郎『相撲の歴史』）。また政治の中心地であった京都・奈良・鎌倉以外でも鹿島神宮・諏訪大社・宇佐八幡宮などで相撲が奉納された。

仏教の不殺生思想に基づき、捕らえた魚や鳥獣を放って感謝する儀式である放生会や、雨乞のために相撲が奉納されることも少なくない。八幡古表《はちまんこひょう》神社《じんじゃ》（福岡県築上郡吉富町）と古要《こよう》神社《じんじゃ》（大分県中津市）は県境をはさんでほど近くにある。八幡古表神社では四年に一度、八月初旬に、古要神社では三年に一度、一〇月一二日に、「傀儡子《くぐつ》の舞」と「神相撲」が奉納されている。傀儡子と呼ばれる操り人形が演じる大変珍しいもので、もともと宇佐八幡宮の放生会における芸能のひとつであった。祇園大神が率いる東軍と、住吉大神が率いる西軍の神々が相撲を取り、最後は住吉大神が勝つというストーリーで、養老四年（七二〇）の隼人の反乱とその鎮魂のためにはじまったと伝えられている。

奉納相撲の内容は神社や地域によってさまざまで、相撲節や勧進相撲の影響を受けつつ、室町時代から江戸時代にかけて、全国各地に広まった。鎌倉時代後期以降、自治的な共同体として惣村が形成され、村の鎮守社は宗教的な紐帯として機能した。こうした鎮守社の祭礼は、江戸時代にも村落共同

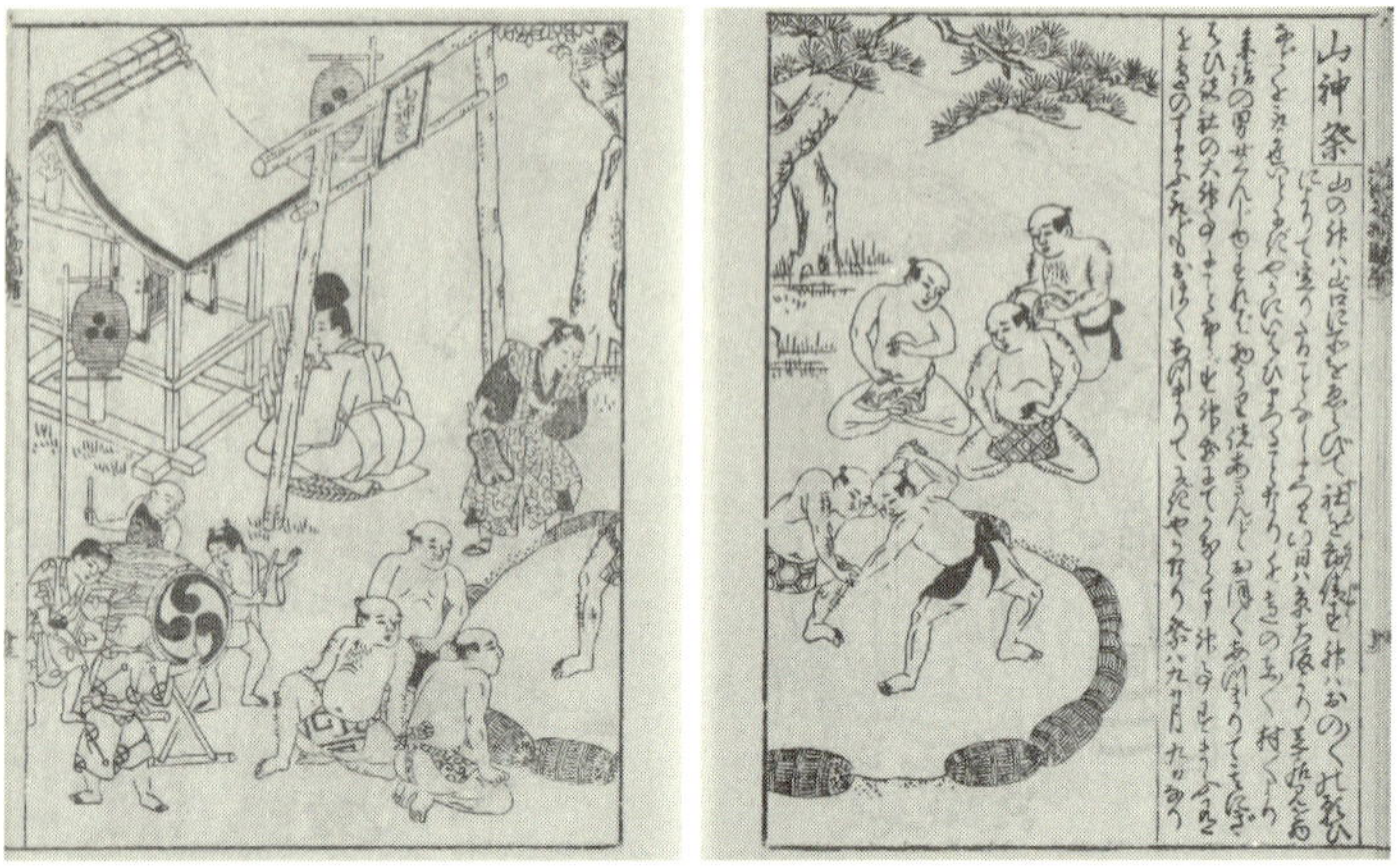

山神祭の神事相撲。平瀬徹斎著，長谷川光信画『日本山海名物図絵』1巻，宝暦4年（1754）より。

体を維持する際に重要な役割を果たした。鎮守社の祭礼という非日常、ハレの場では、神楽や獅子舞などと並んで相撲も催された。奉納相撲は、村の人々にとって最も重要である豊作を祈願・感謝する神事であると同時に、大変楽しみな娯楽でもあった。平瀬徹斎著、長谷川光信画の『日本山海名物図絵』一巻には、山で生活する猟師や林業者が山の神を祀る「山神祭」の様子が描かれている。近辺の村々から参詣の人々や物売りの商人が大勢集まり、その賑わいはまるで神社の大神事のようで、神前にて必ず神事相撲があり、相撲取がたくさん参加して賑やかであったと説明されている。このような奉納相撲が全国各地で見られたのだ。

江戸時代後半、風俗統制を強化した幕府は、興行としての勧進相撲は相撲を生業とする人々のみに許可し、祭礼などの奉納相撲では木戸銭を取ることを禁じた。しかし実際には祭礼の奉納相撲に雇われて出場する力士も存在し、必ずしも幕府の狙い通りにはいかなかった。奉納相撲は、力士たちにとっては生業の場でもあったのだ。

奉納相撲は現在も全国各地で見ることができ、その起源や由来、形式はさまざまだ。内容についてはここでは触れないが、十二番角力式泣き相撲（岩手県花巻市・三熊野神社、口絵24）・信願相撲（埼玉県秩父市・千手観音堂）・団子相撲（群馬県吾妻郡長野原町・王城山神社）・延方相撲（茨城県潮来市・鹿嶋吉田神社）・八朔相撲（長野県小諸市・小諸八幡宮）・唐戸山相撲（石川県羽咋市・羽咋神社）・ねってい相撲（兵庫県養父市・水谷神社）・乙亥《おとい》大相撲《おおずもう》（愛媛県西予市・愛宕神社）などがある。

奉納相撲のなかには、単純に勝負をするだけでなく、古来の形式を維持し、先に紹介したように神事として演じる独特のものもある。その一方で勧進相撲の影響を受け、土俵を設けたり四本柱を立てるなど、変容した場合も多い。また戦後の高度経済成長による社会生活の著しい変容や、過疎化・少子化の影響で途絶えてしまった行事も少なくない。現在も続いている奉納相撲は、神事とのかかわりの深さ、そして人々の生活に相撲文化が浸透していたことを物語ってくれる。

草相撲

休日の運動公園では、草野球を楽しむ人々の姿をよく見かける。また、農村などで行われる小規模な競馬のことを、公営の競馬に対して草競馬と呼ぶこともしばしばある。これらの例のように、「草」には、本格に準ずるという意味がある。相撲の場合、特に江戸時代から昭和二〇年代まで草相撲が盛んであった。「草相撲」とは、生業としての大相撲に対して民間で楽しむ相撲、あるいは草原などで遊びとして取る相撲を意味する言葉である。神事として演じる相撲や、奉納相撲などの主体となったのが草相撲に携わる人々だ。

折口信夫は草相撲について、古い相撲では、遠くからやってくる草を着けた異人が土地の精霊を征服するという神と精霊の争いを表し、実際に草を着けるところもあると説明している。そして農村にとって重要な初秋の相撲は、もともと演劇的な要素が豊かだったが、神と精霊が争う原義が忘れられ、後には相撲節の影響もあり年占だけを考え、力くらべに興味が傾いていったという（「草相撲の話」）。折口の説明を受けた宇佐美隆憲は、草相撲は「神事相撲」「祭儀相撲」「奉納相撲」「競技相撲」「演じられる相撲」など、地域社会のなかで現在も続けられている相撲の総称であり、本来何らかの形で信仰とかかわり、土地と強く結びつき、主として素人の相撲である、とまとめている（『草相撲のスポーツ人類学』）。草相撲は大変幅広い概念であり、これまで体系的に研究されることがなかったが、その範疇が明確に示された。

草相撲という言葉がいつ生まれたのかは定かでないが、たとえば『川柳評万句合』の明和二年（一七六五）には、「草角力　荷こぶあるのか　関と見へ」とあり、法華信者の金子直徳が高田馬場や雑司ケ谷周辺の名所や故事などをまとめた寛政一〇年（一七九八）の『若葉の梢』下巻、法明寺（豊島区）の項には「当山角力も例年七月十五日の夜より十八日迄草角力」と説明されている。これらの事例から草相撲という言葉は、遅くとも江戸時代中期には用いられていたことがわかる。

草相撲集団は、奉納相撲を催す神社の氏子が単位となって組織される場合が多かった。草相撲にも大相撲のように師弟関係や、代々受け継がれるしこ名もあり、先に述べたように故実門弟や世話人などの免許状を受け、相撲年寄とかかわりを持つ者もいた。そして草相撲で活躍し、大相撲に挑んだ若者も少なくなかった。草相撲は祭礼で相撲を奉納する主体であると同時に、大相撲の予備軍でもあった。

組織としての草相撲は、明治時代以降、アマチュアスポーツとして相撲が楽しまれるようになると、大学や高校の部活動、地域の道場・クラブなどに収斂されていく。祭礼の奉納相撲でもアマチュアの選手たちが活躍している場合が多い。草相撲という言葉も、現在はあまり使われない。しかし草相撲で活躍した人々を顕彰する碑が全国各地に現存する。これらの碑は、かつて相撲が盛んであったことを示すだけでなく、地域社会における草相撲の地位を物語っている。草相撲の有力者は、地域の発展に貢献したとして顕彰されることも少なくなかった。

女相撲

思い切り相手とぶつかり合う立合を見ただけでもわかるように、相撲は非常に激しく、他のスポーツとくらべても怪我をすることが多い。しかし相撲を取ってきたのは男性だけではない。近年では日本女子相撲連盟を中心に、独自にルールを定めて全国大会や国際大会も開かれており、海外の女性たちも相撲をスポーツとして楽しんでいるようだ。このように女性たちもアマチュアスポーツとして相撲を楽しみ、技を競い合っているが、これとは別に興行あるいは民俗芸能としての「女相撲」の歴史もある。

興行としての女相撲は、勧進相撲が定期的に催されるようになった延享元年（一七四四）頃にはじまったと考えられている。その後、明和年間（一七六四〜一七七二）に流行し、女性と盲人を対戦させる取組もあった。しかし江戸幕府は風俗上好ましくないとみなし、江戸や上方で女相撲や女性と盲人の取組を禁止した。この禁令により寛政〜文化年間（一七八九〜一八一八）には女相撲の興行はなかったようだが、文政九年（一八二六）以降、再び見られるようになった。女性と盲人の取組があったことからもわかるように、女相撲は観客の好奇の対象、見世物的な興行であった。

明治政府は軽犯罪を取り締まるために明治六年（一八七三）七月に「違式詿違条例《いしきかいいじょうれい》」を布告し、男性と女性が相撲を取ることを禁じた。この布告からは当時、男性と女性による相撲が見世物として行われていたことがうかがえる。このような明治政府の政策があったものの、女性だけによる女相撲は明治時代中期以降盛んになり、昭和三〇年代まで存続した。なかでも高玉女相撲・石山女角力・平井女相撲といった興行集団は有名で、いずれも山形県を本拠として全国を巡業した。石山女角力は昭和五年（一九三〇）に二五名の力士でハワイ巡業を実現するなど好評を博した。女相撲の興行では、髷姿で取組を見せるだけでなく、腹の上に臼をのせて餅をつく、土俵《つちだわら》を口にくわえて歩くなど怪力を披露するものや、相撲甚句、手踊りなども催され、観客は喝采を送った。昭和二六年の石山女角力の場合、力士は三二名で東北の他、静岡県・大阪府などの出身者も含まれていた。このように人気を博

石山女角力の興行風景。腹部に米俵をのせて餅をつく力士たち。昭和５年（1930）のハワイ巡業後には絵はがき（日本相撲協会　相撲博物館蔵）が発行されており，人気ぶりがわかる。

した女相撲であったが、昭和三八年に平井女相撲が興行を催したのが最後となった。女相撲は特に明治時代に盛んだったが、その理由は人々が女性の裸体鑑賞のみを目的としただけではなく、怪力を披露する姿に魅了されたからであろう。しかし興行としては、アジア・太平洋戦争後の娯楽の多様化に順応できずに衰退に向かったのであった（金田英子「女相撲」）。

一方、興行ではなく地域の女性たちによる生業ではない「女相撲」もある。亀井好恵によると、興行や競技としてではなく地域社会で活動する女性たちによる女相撲は、北海道・岩手県・秋田県・山形県・岡山県・福岡県・佐賀県・長崎県・熊本県で確認でき、現在も続いているものもある。東北と九州に多いが、関東や西日本にかけてはほとんど見られない。これらの女相撲も取組だけでなく、横綱土俵入りや相撲甚句、怪力などが披露される場合もある。そして江戸時代にまでさかのぼる事例は少なく、秋田県や佐賀県などのように雨乞のためという伝承はあるものの、明治時代以降に宗教の儀式ではなく余興としてはじまったものが多い。東北は興行としての女相撲の本拠地であり、九州は巡業が盛んであったため、その影響で催すようになったと考えられる（『女相撲民俗誌』）。本書の冒頭でも述べたが、世界各地には女性が相撲を取る地域もある。女相撲が行われる地域はもともと相撲が盛んだったものと思われる。女相撲も相撲を伝承してきたもうひとつの相撲である。

2　芸能・文学・遊び

芸能の世界で

奈良時代以前に中国から伝来した散楽は、歌舞的あるいは軽業的な雑芸であるが、宮廷では相撲節や神楽の余興となった。後には民間からも雑芸や滑稽技を専業とする芸能者が現れ、猿楽が誕生した。さらに猿楽は、能や狂言へと発展する。一一世紀末の世相・職業・芸能を描いた『新猿楽記』には、「田楽」「傀儡子」など、猿楽として二九にもおよぶ曲目が列記されており、「独相撲」も見られる。独相撲という文字から推測すると、本来ふたりで取る相撲を、ひとりで演じる芸能であったと考えられる。大山祇神社の神事に「一人角力」があるが、これとは別に一一世紀末には、娯楽として猿楽で独相撲が演じられていたのだ。以後、独相撲（一人相撲）は、さまざまな芸態で続けられたと思われる。喜田川守貞による江戸時代の風俗史『守貞謾稿』巻之七にも三都に一人相撲があったと記されており、『江戸の夕栄』も「一人角力は御蔵前、浅草門跡の広場、筋違その他の広小路にて、年頃五十ばかりの色の黒き瘠形の小男、元来角力道楽から思ひ付いたものか、〆込をなし充分力士を気取り、まづ呼出しの真似して東西の幕の内を呼び出し、塵手水をなし行司の真似より取組合ひの得手を見せる」と具体的に描いている。力士だけでなく、呼出しや行司までもひとりで演じる場合もあり、物まねの要素を含めた滑稽な芸能であった。

一人相撲だけでなく、相撲は多くの芸能のなかで演じられてきた。南北朝時代に誕生し、江戸時代には武家の式楽として保護された狂言にも相撲の演目がある。「蚊相撲」「鼻取相撲」「文相撲《ふずもう》」は同じ趣向の狂言で、新参者を抱えようとする大名が相撲を取る姿がユーモラスに演じられる。「唐相撲」「唐人相撲」では、日本の相撲取が滞在先の中国で皇帝やお供の者と相撲を取る（口絵5）。「能狂言」と称されるように、どちらも猿楽から発展したものであるが、能が古典を題材に幽玄美を求めた歌舞芸であるのに対し、狂言は庶民の日常などを描いた喜劇であり、社会を風刺した話も多い。「文相撲」は永禄二年（一五五九）に、「唐相撲」は天文五年（一五三六）には演じられており、相撲が庶民の日常生活に広く受け入れられていたことがうかがえる。もちろん勧進相撲の隆盛と無関係ではないであろう。

「相撲物」と総称される相撲を題材とした人形浄瑠璃や歌舞伎の作品も多い。人形浄瑠璃では享保一〇年（一七二五）、大坂の竹本座で初演された西沢一風《にしざわいっぷう》・田中千柳《たなかせんりゅう》作「昔米万石通《むかしごめまんごくどおし》」に相撲取の濡髪長五郎と放駒長吉が登場する。この作品を元に浄瑠璃作者・二世竹田出雲らの合作による「双《ふたつ》蝶々曲輪日記《ちょうちょうくるわにっき》」（寛延二年（一七四九）、竹本座で初演）が誕生し、歌舞伎でも同じ年に京都の嵐三右衛門座で演じられた。外題の「双蝶々」は、関取の濡髪長五郎と駆け出しの放駒長吉の「長」をかけたものである。贔屓のために身を犠牲にする濡髪を中心に人間模様を描いた作品だ。二段目の「角力場」には、濡髪が贔屓のために放駒に勝負を譲る場面がある。それを知った放駒は激怒するが、後にふたりは義兄弟となる。近松半二らの合作「関取千両幟《せきとりせんりょうのぼり》」は、人形浄瑠璃として明和四年に竹本座、歌舞伎も同六年に江戸の森田座で初演された。この作品に登場する力士は、江戸や大坂で活躍し、当時人気を博していた稲川政右衛門（前頭筆頭）と千田川吉五郎（前頭二枚目）がモデルである。この他、八民平七《やたみへいしち》らの合作「関取二代勝負附《せきとりにだいのしょうぶづけ》」もある。このように相撲物は、江戸時代に人形浄瑠璃や歌舞伎の人気演目の座を確立した。明治二三年（一八九〇）には、東京の新富座で初演の竹柴其水《たけしばきすい》作「神《かみ》明恵和《のめぐみわ》合取組《ごうのとりくみ》」は通称で「め組の喧嘩」と呼ばれており、文化二年（一八〇五）、実際に起こった力士と鳶の喧嘩を題材にしている。明治三三年には、谷風梶之助が孝行者の鈴鹿山仙吉（モデルは二段目の力士と思われる）にわざと勝ちを譲る同じく竹柴其水作「櫓太鼓出世取組《やぐらだいこしゅっせのとりくみ》」、昭和六年（一九三一）には長谷川伸作の「一本刀土俵入」が初演されて人気を博した。

　落語や講談にも相撲を題材としたものが多い。落語の「花筏」は、提灯屋が病気で相撲が取れない人気大関・花筏の代役を務める話で、巡業の情景が活写されている。「阿武松」は、横綱になった阿

通称「め組の喧嘩」と呼ばれる「神明恵和合取組」では派手な立ちまわりが演じられる。明治 19 年（1886），月岡芳年画「新撰東錦絵　神明相撲闘争之図」（国立国会図書館蔵）もこの喧嘩を題材にした作品。

武松緑之助の出世物語で、講談や落語の他、浪曲にもなっている（一五九頁参照）。「相撲風景」では、熱狂する観客の様子が演じられる。この他、「半分垢」「千早振る」「鍬潟」（九〇頁参照）「大丸相撲」「大安売り」「幸助餅」など、人気演日として現在も時折高座にかかる。「寛政力士伝」は、先の谷風や小野川喜三郎、雷電為右衛門を中心に描いた作品で、もともとは講談であるが、落語で演じられることもある。

甚句とは全国各地に分布する民謡のことで、江戸時代から明治時代に流行した。秋田県・宮城県・新潟県などの東日本に多く、日本の民謡の約七割は、甚句とその変形であるといわれる。詩の形式は、七七七五調二六文字で共通するが、歌詞や旋律には共通する特徴は見られない。名称の由来には諸説あり、土地の歌を意味する「地ン句」、歌舞を神に奉納する「神供」、「甚九」という人名、順番に歌うことを意味する東北地方の方言「ジンコ」が訛った、などである。その名称が使用されはじめたのは天保年間（一八三〇〜一八四四）以降のことであるという（竹内勉『続・民謡のふるさとを行く。』）。

秋田甚句・越後甚句・米山甚句・木更津甚句・名古屋甚句など地名を冠したものが多いが、相撲甚句は、幕末から明治時代にかけて流行した二上がり甚句を力士が巡業先や酒宴の席などで余興として歌ったのがはじまりである。花づくしや山づくしなど名前を並べて歌うづくし甚句、各地の名所を歌った名所甚句、横綱を称える横綱甚句などさまざまな歌詞があり、「ドスコイ　ドスコイ」と囃子詞が入る点が特徴である。現在も巡業先の土俵で力士により披露される他、全国に多数の愛好家がいる。酒宴やお祝いの席などで歌われ、新たに作詞されることも多い。相撲甚句は、歌で相撲を伝承しているといえよう。

俳句・川柳の題材として

江戸時代に文芸の一ジャンルとして成立した誹諧にも、相撲を取りあげた作品が数多くある。第一章で述べたように、相撲は秋の季語だ。松尾芭蕉は、元禄二年（一六八九）八月に「月のみか　雨に相撲も　なかりけり」と詠んでいる。『奥の細道』の紀行で敦賀を訪れた際の句で、雨のために、月を見ることができなくなっただけでなく、相撲も開催されなくなってしまった情景が見事に詠まれている。また、「むかしきけ　ちゝふ殿さへ　すまふとり」も芭蕉の句である。「ちゝふ（秩父）殿」とは、第二章にも登場した畠山重忠のこと。大変な怪力としても知られた重忠が、大力の長居と相撲を取って肩の骨を砕いたという『古今著聞集』にある説話をモチーフにしている。

江戸時代中期の与謝蕪村も、負けた相撲を嘆く、あるいは翌日の相撲に勝ちたいという気持ちを詠んだと思われる「負《まく》まじき　角力を　寝物がたり哉」など、相撲を題材とした作品を残している。「やはらかに　人分ゆくや　勝相撲」と、取組後の情景を見事に詠んだのは門弟の高井几董《きとう》だ。江戸時代中期から後期の小林一茶にも、「べつたりと　人のなる木や　宮角力」や「宮角力　蛙も木から声上る」などがある。宮角力は祭礼などで行われた相撲のことで、解釈は不要であろう。明治時代以降も後述する正岡子規の句をはじめ、相撲を題材とした作品は枚挙に暇がない。

力士のなかでは、横綱の稲妻雷五郎が俳句を嗜んだことで有名だ（一五二頁参照）。現役時代から引退後の晩年にかけて、多くの句を残している。「青柳の　風にたをれぬ　力かな」「あわそわぬ　風に柳の　相撲かな」は相撲の極意を詠んだ句であり、この他にも「唐迄も　匂ふや梅の　朝ほらけ」「春なれや　名もなき山の　朝霞」「四方山に　錦きせたき　秋の夢」などの作品がある。なお稲妻は、俳句を嗜む他にも力士としてのあり方を「相撲訓」としてまとめるなど、風流人として知られた。

明和年間（一七六四〜一七七二）頃から流行した川柳は、季語や「や」「かな」などの切れ字を必要としないため制約が少なく、人情や風俗が描かれ、自由で滑稽なものや風刺性が強い点が特徴である。江戸時代中期以降の川柳句集『誹風柳多留』には、相撲を題材とした作品が数多く見られる。たとえば安永九年（一七八〇）の一五篇には土俵入りする力士を描写した「土ひやう入　まけるけしきハみへぬ也」とあり、短い言葉で相撲の様子を伝えてくれている。文化一一年（一八一四）頃の六五篇にある「村角力　鉢にさゝれて　勝負なし」は、村相撲ののどかな情景を描いたもので、おかしみをさそう。

本書で紹介したのはわずかだが、これらの作品を通じて、実際の取組とは異なる視点から相撲文化の広がり、奥深さを感じることができる。

遊びのなかで

相撲は土俵の上以外でも行われる。大相撲の巡業では山稽古と称して、グラウンドや野原などで稽古することがある。幼少時に布団の上や砂場で相撲を取った経験がある方も多いことだろう。このようにどこでもできることは、相撲の魅力のひとつだ。さらに相撲は、さまざまな遊びのなかにも登場する。

遊びに取り入れられた相撲の代表に腕相撲がある。ふたりが肘を机や床に着け、手を握り合って力を競う。相手の手の甲を机や床に着けると勝ちである。また、腕相撲に似たアームレスリングもある。昭和六二年、シルベスター・スタローン主演で公開された映画『Over the Top』でもよく知られており、国際大会も開催されている。腕相撲は、肘を比較的自由に動かすことができるが、アームレスリングは、肘を動かせる範囲が限られるなどルールが異なり、競技としては別種のものである。

元禄年間（1688〜1704）頃と推定される「相撲尽くし」（部分，日本相撲協会相撲博物館蔵）に描かれた腕相撲を楽しむ人々。現在も手軽な遊びとして親しまれている。

腕相撲はもともと「腕押し」と呼ばれていた。延文〜応安年間（一三五六〜一三七五）成立と推定される『異制庭訓往来』には、片足をからめて力を競う「膝挟」や、一指を曲げて引き合う「指引」などと並んで「腕推」とあるが、説明がないため、どのような遊びかはわからない。しかし寛永八年（一六三一）の「相撲行司絵巻」には五八の技があり、五三番から五八番までは、「うておし（腕押し）」「すねおし（臑押し）」「くひひき（首引き）」「こしひき（腰引き）」「ゐすもふ（居相撲）」「ひたいおし（額押し）」で、その様子がわかる。これらは技というよりも、余技であった。

腕押しは、膝に肘を着けているものの腕相撲そのものである。また『日葡辞書』に「腕相撲」は、「技はまったく知らないで、ただ腕力だけで相撲をとる」こととと見え、「腕押し」は「両手を締めつけたり、片方の手を捻じったり、どの指かを折り曲げようとして力を込めたりなどして行なう力試し」、「腕押しをする」

は「一方の人が手や腕を動かされないようにがんばり、相手の人が、力ずくでそれを動かそうとして争って、上述のような力試しなり、競技なりをする」と記述されている。

腕相撲の用例についてはなお検討を要するが、当初は腕力だけで相撲を取ることを意味していたのが、後に腕の力くらべの遊びをそう呼ぶようになったらしい。加賀国の篤農家・土屋又三郎による享保二年（一七一七）の「農業図絵」には、田植えを終えて束の間の休日を楽しむ農民が描かれており、腕相撲を楽しんでいる姿も見られる。このように腕相撲は、手軽な遊びとして楽しまれたのである。また、ふたりが親指を立てて手を握り合い、相手の親指を自分の親指で押し伏せたら勝ちになる「指相撲」も、腕相撲と並んで相撲を冠した遊びの代表である。

葛飾北斎が人物や動物、植物から江戸の風俗や文化、全国の名勝などを描いた『北斎漫画』の一一編には、相撲の稽古や力士の風俗とともに「さぎすもふ〔鷺相撲〕」「三尺すもふ〔三尺相撲〕」「しりすもふ〔尻相撲〕」「すわりすもふ〔座り相撲〕」「足すもふ〔足相撲〕」が登場する。鷺相撲は、片足を片手で持ち、もう片方の手で相手と押し合い、倒れたり、持っている足が地面に着いたりすると負けになる。一本足で立つ鷺のようだとしてそう呼ばれているが、「片足相撲」とも称する。同じような遊びに、ふたりが向かい合って立ち、手で突き合う「突き合い相撲」もある。尻相撲は読んで字の如くであるが、ふたりが背中合わせに立って、尻と尻で押し合って、相手を一定の枠から出すか倒せば勝ちとなる。座り相撲は「居相撲」とも呼ばれ、座ったままで相撲を取り、膝が離れる、あるいは倒れたら負けになる。三尺相撲も腰をおろして競う。足相撲は、向かい合って座ったふたりが一方の足

遊びのなかのさまざまな相撲。『北斎漫画』11 編より。

を互いにからめ、相手を転がす遊びだ。

草花を使った遊びにも相撲の名が付けられている。医師・寺島良安の図入り百科事典『和漢三才図会』巻第九四之末には、「角觝草（すまふとりくさ・ちからくさ）」が掲載されている。茎を銭さしのように結んだものを二つ作り、一方をもう一方の結び目に入れて互いに引き合い、切れた方が負けとなる。小児がこのようにして遊ぶので、俗に相撲取草と名付けられたという。また自ら繁茂して農地を妨げ、根が強く張ってなかなか抜けないので力草とも呼ばれているとある。『和漢三才図会』に描かれた角觝草は、ともにイネ科の一年草である雄日芝《おひしば》・雌日芝《めひしば》のことだ。実際に遊んでみたが、引き合って遊ぶには雌日芝よりも丈夫な雄日芝が適している。根は非常に強くてなかなか抜けず、かなりの力で引き合わないと勝負がつかなかった。同書にはスミレ科の多年草・菫《すみれ》も収録されており、鉤《かぎ》（曲がった部分）と鉤を引き合って花が落ちたら負けとする小児の戯れがあるので、角力草と呼ばれているとある。この遊びは「菫相撲」の名で親しまれている。この他、結ばずに互いの花茎をからませて引き合う遊びは、大葉子《おおばこ》でも行われる。また「松葉相撲」「松葉切」という名の、ふたりで松葉を持ち、引っかけて互いに引っぱり、切れた方が負けになる遊びもある。

町中でもよく見かける雄日芝。雌日芝との見わけ方は，公益社団法人東京生薬協会の山上勉氏にご教示いただいた。

雄日芝の相撲。ともに筆者撮影。

勝負を挑む河童

相撲を取ったのは人だけに限らない。昔話「金太郎」のなかで、金太郎が熊と相撲を取る場面はよく知られている。小動物を擬人化し、世相を風刺したといわれる平安時代後期の「鳥獣人物戯画」甲巻には、兎と蛙の相撲が描かれている。投げる蛙は台頭してきた平家の武士、投げられる兎は藤原氏の姿ともいわれる。前後には射礼《じゃらい》や騎射《うまゆみ》も見られ、朝廷の年中行事である相撲節の影響を受けて描かれたものと思われるが、平安時代後期には相撲が広く普及していたことがうかがえる。

民話や伝説のなかで相撲を取った代表は妖怪・河童だ。キュウリを好み、仏飯や金物を嫌うとされる河童は、川辺や沼などに生息し、人や馬を水中に引っ張り込む悪戯をすることで知られる。河童は伝承のなかで、相撲の心得がある力自慢の人々にしばしば勝負を挑んでいる。『和漢三才図会』巻第四〇には、河童の異称である「川太郎」が紹介されており、「性相撲を好みて、人を見れば則ち招きて之れに比するを請ふ、健夫有りて之れに対するに、先づ俯仰《ふぎょう》して頭を揺すれば、乃《すなわ》ち川太郎も亦た覆《うつむ》き仰むくこと数回、頭の水流れ尽くることを知らず、力竭《つ》きて仆《たお》れる、如し水有れば則ち力は勇士に倍す」と説明されている。これは中村禎里によると河童が相撲を好むことを伝えるはじめての文献であり（『河童の日本史』）、水があると強いが、頭の水皿が空になると力を失ってしまうという特徴があげられている。この他にも江戸時代の考証随筆や地誌には、河童について言及したものが数多くある。『絵本龍門の瀧』続編には、相撲を取る河童と猿の姿が描かれている。馬の守り神とされる猿は河童と不仲であるといわれるが、この絵本では川太郎が、「すもふハつねにわれらがゑもの、ひきずりこむがこちのかち」と、自分たちは相撲が得意で、水中に引きずり込めばこちらの勝ちだといっている。河童の相撲好きは、江戸時代中期には子どもたちも含めて広く知られていたのである。

河童と人が相撲を取った逸話は、九州地方に多い。河童が勝つこともあれば、負けることもあり、相撲を取った人は後に高熱を発する、あるいは河童が腕を抜かれるなど、内容はさまざまである。引き抜いた河童の腕を返してやると、人は河童秘伝の膏薬や大力を授かったとする話もある。

河童は妖怪であり伝承のなかで生き続けているが、なぜ相撲を好む話が創造されたのであろうか。まず考えられるのが、河童は水の精霊、水の神とされているからである。起源が農耕儀礼に求められることもあり、相撲と水の神とのかかわりは深い。水の精霊と相撲を取る姿は、大山祇神社の「一人角力」にも見られる。河童と人が相撲を取る姿も、まわりの人からは見えない、すなわちひとりで相撲を取っているように見えるという話も伝えられている。一人角力と河童の相撲は、水の精霊を相手にする点では同じである。さらに河童が挑む相手は、相撲の心得がある者である場合が多い。この意味で河童による相撲の話が創造された地域は、もともと相撲が盛んであったといえるだろう（中村禎里『河童の日本史』）。なお高橋玉手神社（鹿児島県南さつま市）では、毎年八月二二日に「ガラッパ踊り」（高橋十八度踊り、ヨッカブイ）という水神を祀る神事が行われている。ガラッパと呼ばれる河童に扮した子どもが町内を走りまわり、甚句の他、型を披露する「型相撲」や取組などが催される。水の精霊である河童による相撲は、農耕儀礼とのかかわりを伝えてくれている。

新潟県や奄美大島などに伝わる昔話「ねずみの相撲」からも、農耕儀礼とのかかわりが想起される。

貧乏な家の痩せた小さなねずみと金持ちの家の太った大きなねずみが相撲を取るが、小さなねずみは、はじめは負けてばかりだった。それを知った貧乏な家の老夫婦が小さなねずみに餅を授けると、次の相撲ではたちまちに力を得て、大きなねずみを負かしてしまう。そして大きなねずみも餅を食べるようになり、代わりに老夫婦のもとに金を運んでくるという話である。餅は豊穣の象徴であり、相撲とのかかわりが想起される。このように伝承のなかでも相撲は語られてきた。相撲が庶民そして子どもたちにまで広く浸透していたからこそ、これらの伝承が創造されたのである。

不仲とされる河童と猿の相撲。安永 8 年（1779）の清水徐徠『絵本龍門の瀧』続編より。

第五章　相撲を取るための「もの」

1　唯一の「もの」

たふさぎ

相撲を取る際、唯一身に着ける「もの」がまわしである。古来、日本で男子が使用してきたふんどしを、相撲の用具として使用したのがまわしのはじまりだ。ふんどしは陰部を覆い隠す布で、まさしく下着である。なぜ力士はまわしだけで相撲を取るのかという素朴な疑問に答えることはできないが、力士埴輪が身に着けているのもふんどしそのものであり、早くも古墳時代には相撲を取る出で立ちが確立していたのだ。

　ふんどしの名称が広がったのは江戸時代以降で、それまでは、たふさぎ（とうさぎ）と呼ばれていた。たふさぎには、しばしば「犢鼻褌」の文字があてられる。これはふんどしを漢字では褌あるいは

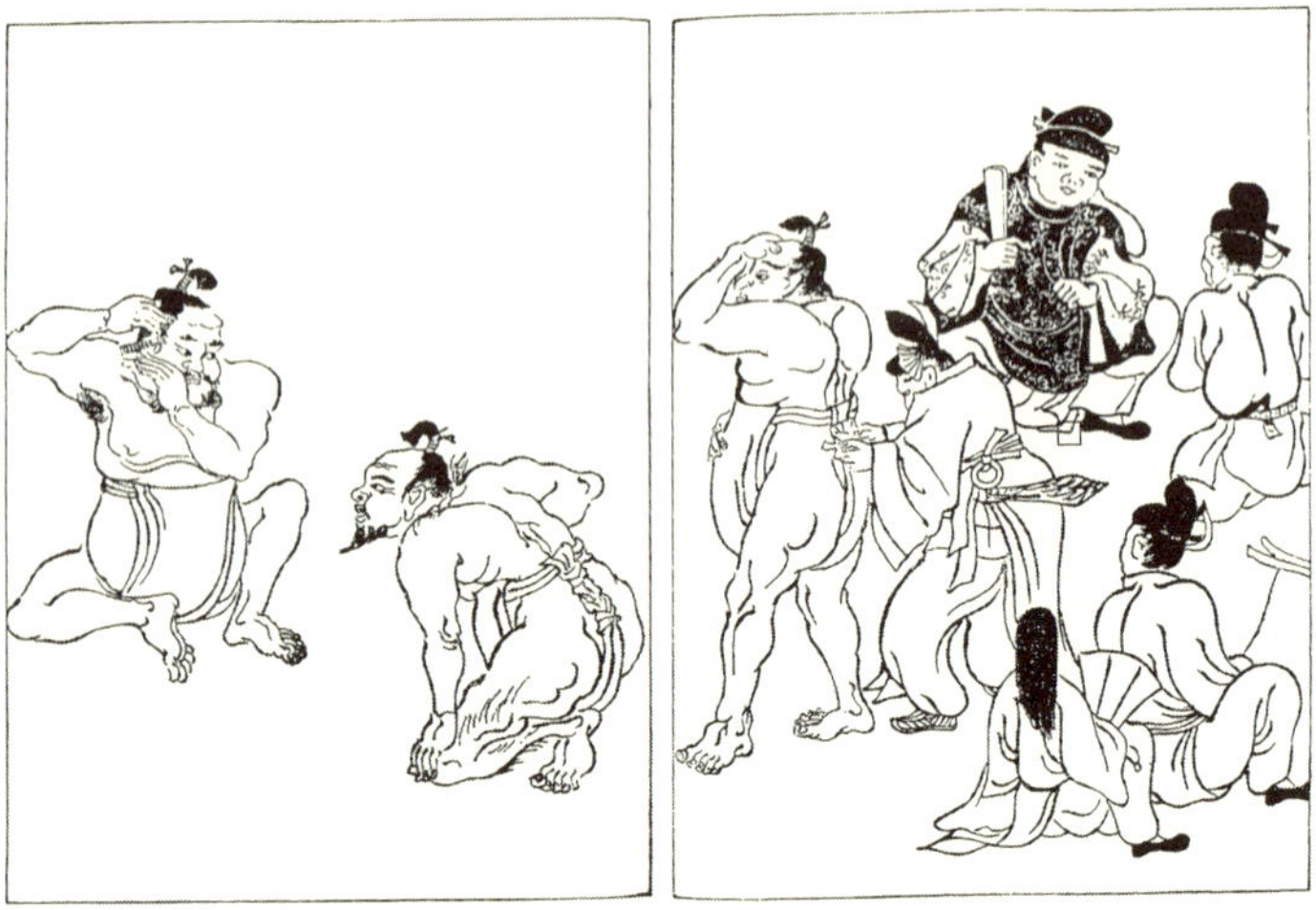

まわしより前が広いたふさぎ。享和元年（1801）の伴蒿蹊『閑田耕筆』巻4より。

犢鼻褌と書くからであろう。しかし中国で犢鼻は、短いパンツあるいは猿股のようなものを指し、日本のふんどしとは異なる。中国には少数の例外を除いて、日本のような帯状のふんどしは存在しないと考えられている。つまりたふさぎに無理に漢字をあててしまった結果が犢鼻なのであり、本来は別々のものと考えてよい（長谷明『相撲の誕生』）。

　相撲節の相撲人たちが使用したたふさぎの特徴は、まわしと異なり、前を覆う部分が幅広で大きくなっていることである（二五頁参照）。伴《ばん》蒿蹊《こうけい》による考証随筆『閑田耕筆』巻之四の挿絵からも明らかなように、たふさぎは、前を覆う部分が広い。ふんどしにはさまざまな種類があり、六尺ふんどし・越中ふんどし・もっこふんどしがよく知られている。たふさぎは、帯状の布を捻って締めるもので、形状、締め方とも六尺ふんどしに近い。まわしにくらべると、たふさぎはまさしく下着であり、相撲人が組んだときにしっかりとした手がかりにはならない。よって相撲節では、たふさぎを摑んで技をかけるよりも、相手の胴体を抱えたり、腕を摑んだりすることが多かったと考えられている（新田一郎『相撲　その歴史と技法』）。このように相撲の取組方までも特徴づけていたのがたふさぎであった。

まわし

たふさぎを締めての相撲は、室町時代頃まで行われていたようだ。しかし戦国時代から江戸時代初期にかけて、たふさぎとは異なるふんどしを締めた相撲取が登場する。たとえば慶長一〇年（一六〇五）頃の「相撲遊楽図屛風」では、まるでエプロンのように前を垂らしたふんどしを締めている（口絵6）。このような姿は「相撲風俗図屛風」（一〇二頁参照）や『すまふ評林』（九八、一〇六頁参照）にも見られる。たふさぎに替わるまわしは、ちょうど勧進相撲が盛んになる時期に、歩調を合わせるかのように出現したと考えてよい。やがて前垂れの部分には模様が描かれるようになり、なかでも和歌山藩徳川家が抱えていた相撲取のものは大変豪華で、「紀州下帯」と呼ばれて話題となった。『相撲今昔物語』には「御拝領の下帯、金銀にあかせて御物好あつて織せられ、花美眼をおどろかす、結構言語に延べがたし、世に紀州下帯と称するなり」と記述されている。この前に垂らしたエプロンのような部分が、化粧まわしとして明和～安永年間（一七六四～一七八一）に独立することになる。ひとまず化粧まわしは後に譲り、まず、まわしについて見ていこう。

当初、相撲取が身に着けるものは『相撲今昔物語』にあるように、「下帯」と呼ばれていた。下帯はふんどしのことであり、相撲以外の場面でも用いる言葉である。それではまわしの称はいつ頃から使われていたのか。南部相撲では延宝年間（一六七三～一六八一）には「まわし」と呼ばれており、元禄一四年（一七〇一）刊の笑話や小話などを集めた『露五郎兵衛新はなし』に収録された「すまひ取のはなし」にも「銀のまハしの事といへば、それハ何として重うてなりますまい」とあるのが早い例であろう。銀の単位である貫目と重さを表す貫目をかけた笑話であるが、遅くとも相撲取が締めるふんどしを一七世紀後半にはまわしと呼んでいたことがうかがえる。『相撲伝書』には、相撲取が締めるものは帯とあるものの、『屠《と》龍工《りょうこう》随筆《ずいひつ》』には「赤沢山にて河津三郎が角力を取時の手綱二筋よつてしめしと曾我物語に書たるは、手綱にはあらず、直に今のまはしなるにや」とある。また文政九年（一八二六）の『誹風柳多留』九〇篇には、「ふんとしの　つよいハ　やがて幕に成」とある。以上の例から、下帯あるいはふんどしなどの名称も併用されてはいるものの、江戸時代中期には、相撲を取るための用具の名称としてまわしが広く用いるようになったことがわかる。

語源については読んで字の如くで、江戸時代後期の国学者・考証家である喜《き》多《た》村信節《むらのぶよ》が『嬉遊笑覧』巻四で「まはし　是をまはしと云事は幾重もまはす故の名なるべし」と述べているように、布を身体に何重にもまわして締めるからであろう。現在、関取が本場所で使用するまわしは正式には「締め込み」と呼ばれている。『相撲節会銘々伝』初編下に「中昔の頃までハ前のたれ膝の上までかゝりしが、夫もいつしか下りばかり〆込の間へはさむ也」とあり、江戸時代後期には「〆込〔締め込み〕」

とも称するようになっていたようだ。

次に素材や長さを考えてみよう。現在、関取は稽古では雲斎木綿の白いまわし、本場所などの取組ではつやのある博多織の絹繻子でできた締め込みを使用する。幕下以下の力士は、稽古・本場所とも雲斎木綿のまわしである。関取が使う雲斎木綿のまわしは白だが、幕下以下の力士は黒または紺に染めて用いる。それでは江戸時代はどうか。江戸幕府は慶安元年（一六四八）に武士の屋敷内で相撲を取る際、下帯には絹ではなく木綿を用いるようにと触れている。この触は風俗統制の一環であるが、江戸時代初期には絹の下帯が用いられていたことがうかがえ、同時に木綿の下帯も使われていた模様である。享保一七年（一七三二）頃、京都の三宅也来《みやけやらい》が、当時流通していた商品や商取引の単位を記述した『万金産業袋《ばんきんすぎはひぶくろ》』には、相撲の下帯の素材として純子（鈍子・緞子）と繻子があげられている。『嬉遊笑覧』巻四にも、元亀〜天正年間（一五七〇〜一五九二）頃までは麻布であったが、後には純子（鈍子）・綸子・綾・繻子などになったと記されている。いずれも絹織物で、繻子は現在も締め込みの素材である。現存するものでは最古の部類に入る、江戸時代中期の寛保〜寛延年間（一七四一〜一七五〇）に上方で活躍した根津ケ関岡右衛門（関脇）や荒見崎荒右衛門（関脇）、文政〜天保年間（一八一八〜一八四四）の稲妻雷五郎が使用したまわしも絹製である。

長さは力士の体格によって異なるが、現在は九〜一〇メートル・幅八〇センチほどで、六つに折って締める。『万金産業袋』には、一丈二尺（三メートル六四センチ）とある。根津ケ関のまわしは三メートル三センチ、荒見崎も三メートル七七センチで、幅はいずれも七〇センチほどと、『万金産業袋』

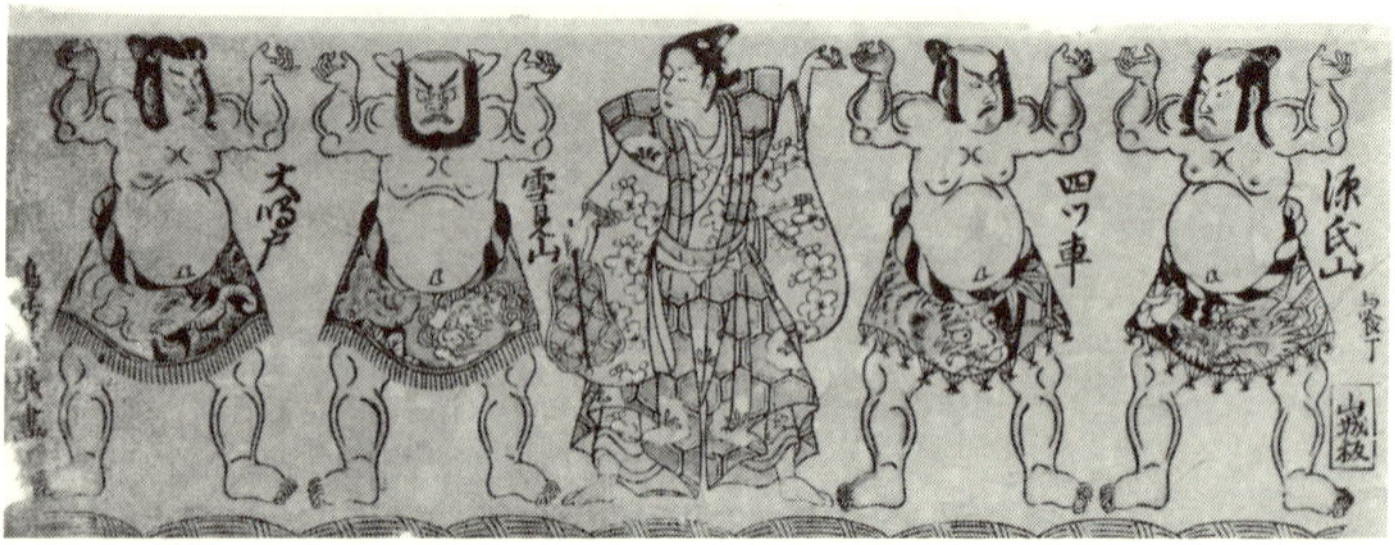

鳥居清広が描いた宝暦年間の力士（日本相撲協会　相撲博物館蔵）。化粧まわしが独立する前の姿がよくわかる。

の記述を裏付ける。以上は土俵入り専用の化粧まわしが登場する前の話である。化粧まわしの登場後は稲妻のものが長さ五メートル九五センチ・幅七〇センチとなり、次に紹介するさがりと一体化しているものの形状は現在に近い。明治時代後半を中心に活躍した常陸山谷右衛門（一九代横綱）のものは長さ六メートル、昭和一〇年代の双葉山定次のものは七メートル九〇センチ、幅はいずれも七五センチほどである。

遅くとも江戸時代初期には登場した絹のまわしは現在も受け継がれており、締め込みとも呼ばれて関取のステータスになっている。黒や紺系統が多いが、近年はさまざまな色のまわしが使用されており、観客を楽しませてくれる。

さがり

さがりとは、まわしの間に挟んで前に垂らす飾りのことで、取組中にはずれてしまう場面もよく目にする。関取用は、締め込みと同じ織物の縦糸だけを布海苔で固めて作る。長さは四〇センチほどで、本数は力士の体格によって異なるが、一七・一九・二一本など、縁起を担いで奇数である。幕下以下の力士は関取のものとは異なり紐状で、部屋の先輩から譲り受ける場合もあるそうだ。

さがりには、前を隠す意味があると伝えられているが、その役割は、本来、まわしが果たしていたようである。式守蝸牛《かぎゅう》（初代式守伊之助）が、相撲の歴史や技を詳述し、寛政五年（一七九三）に刊行した『相撲隠雲解《すもういんうんかい》』には「陰嚢隠ト名附テ廻シノ垂モ一尺モ下タリ、今ハ少モ下ズ」とある。まわしの前に三〇センチほどエプロンのように垂らした部分は、前を隠すものとも考えられていたことがうかがえる。「今ハ少モ下ズ」とあるのは、土俵入り専用の化粧まわしが独立したことを意味するのだろう。また先の『万金産業袋』には、「さがりに金糸いろ糸にてぬいもん、あるひは竹に虎等を見事にぬふなり」と記述されており、まわしの前に垂らし、金糸などで模様が描かれた部分自体を「さがり」と称することもあった。前にさげてある部分なので、さがりと呼ばれていたとしても不思議ではない。

どうやらさがりの誕生は、化粧まわしの独立と関係がありそうだ。鳥居清広が描いた宝暦年間（一七五一〜一七六四）頃の力士は、それ以前の姿である。よく見るとまわしの裾に紐状のものが付けられており、現在、この部分は馬簾《ばれん》と呼ばれている。さがりは、続く明和〜安永年間（一七六四〜一七八一）に化粧まわしが独立し、取組の際に前に垂らした部分がなくなったので、前を隠すために紐状のものを付けるようになり、誕生したのではなかろうか。その際に、裾の馬簾がヒントになったのだと思う。そして本来、まわしが果たしていた前を隠す役割は、さがりが受け継いだのだ。江戸時代後半には、まわしにさがり姿で取り組む力士の様子が数多く描かれている。

稲妻のまわしを見ても明らかなように、文政～天保年間（一八一八～一八四四）頃までのさがりは、まわしと一体であった。長さは二〇センチほどで、現在よりだいぶ短いが、幅が広い。歌川国貞（初代）の錦絵には、体の後ろ側にまでおよぶさがりが描かれている（口絵19）。名称については、『相撲節会銘々伝』初編下に「下リ糸へ手のかゝる時に下リばかりとれてたぐりつかれぬため也、此はさミ

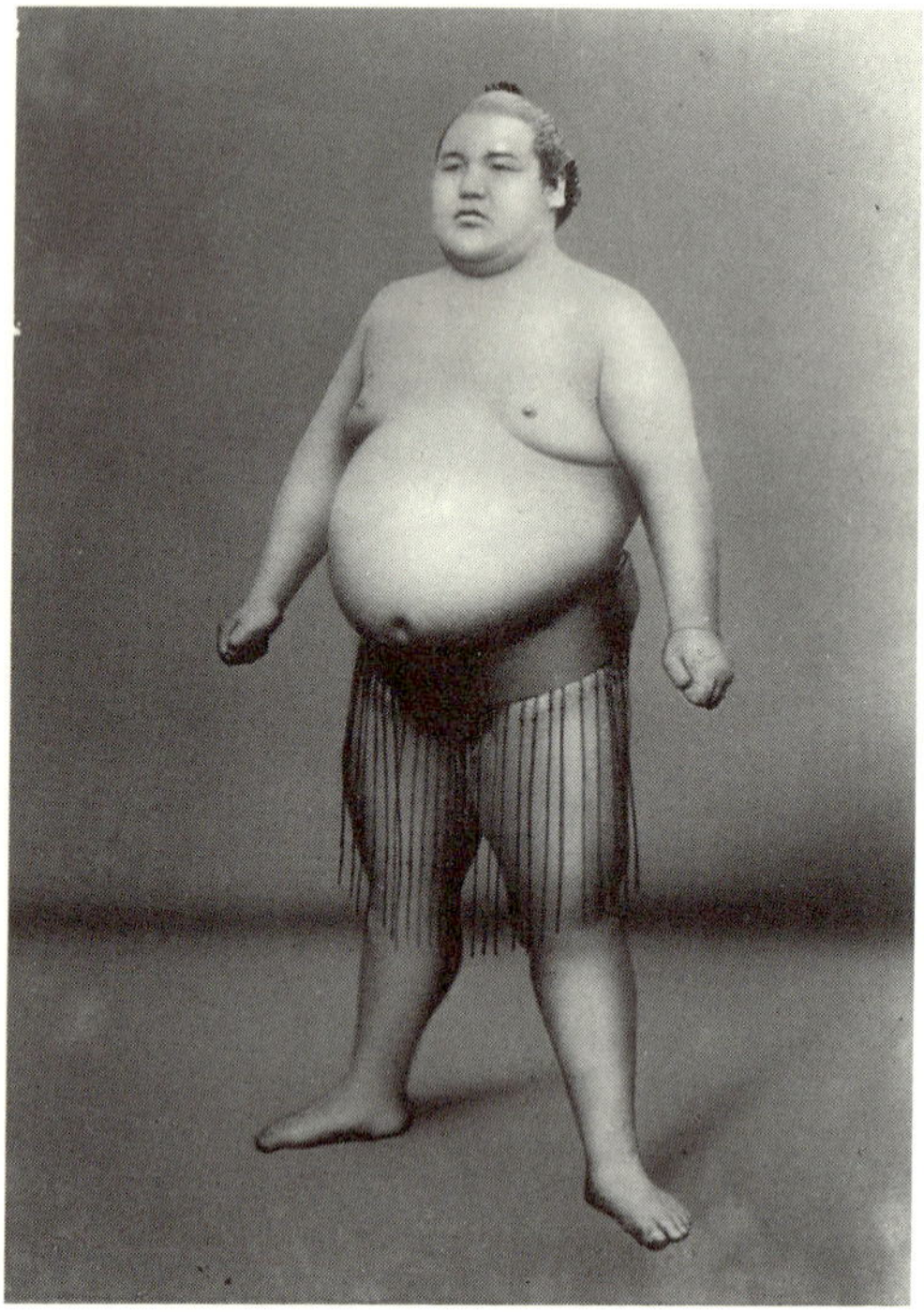

長くなった明治時代のさがり。2代梅ケ谷藤太郎（写真提供：日本相撲協会　相撲博物館）。

下リハ近年の事にて、上方のミなりしが、今ハ江戸相撲人も用るやうに成りぬ」と見え、「下リ」あるいは「はさミ下リ」などと呼ばれていた模様である。そしてさがりに手がかかった際に、さがりだけが取れるとある。取組の途中ではずれる「はさミ下リ」と呼ばれる、まわしから分離したさがりが、弘化年間（一八四四～一八四八）には、上方のみならず、江戸にも登場したようである。

明治時代初期の錦絵を見ると、さがりの長さは江戸時代と変わらないが、大正時代初期まで活躍した二代梅ケ谷藤太郎（二〇代横綱）は、膝下ほどまでのさがりを使用している。さがりは明治時代中期から後期にかけて現在のように長くなり、布海苔で固めるようになったようだ。

化粧まわし

関取は取組の前に化粧まわしを締め、土俵入りを披露する。土俵入りは、関取だけに許された晴れ舞台である。現在、化粧まわしの生地は博多織や西陣織で、長さは六～七メートル。先端の一メートルほどの部分には、金糸や銀糸などで刺繡が施され、裾には馬簾が付いている。横綱は露払いと太刀持ちを従えるため、三人で一つの図柄になるように作り、「三つ揃いの化粧まわし」とも呼ばれる（口絵18）。化粧まわしは、相撲を取る際の締め込みの上にエプロンのようにつけていると思われがちだが、締め込みと同じで帯のように長い。締め込みの先端に模様が描かれていると考えるとわかりやすい。デザインは力士の出身地にちなんだ山や海などの景色、竜や虎、あるいは著名人による揮毫が施されたものもあり、勝負の世界の厳しさとは違ったきらびやかな美しさがある。

化粧まわしは、相撲を取るためのまわしから独立して誕生した。慶長一〇年（一六〇五）頃の「相撲遊楽図屏風」には、まわしの前部を垂らした相撲取が描かれている（口絵6）。さらに前垂れの部分には模様が描かれ、紀州下帯のような大変豪華なものもあった。

このように江戸時代前半には、まわしの前部をエプロンのように垂らしたまま相撲を取っていた。しかし前に垂らした部分が徐々に長くなり、取組の際に手に絡んだりして邪魔になったようである。このような理由から土俵入りと取組で別々のまわしが使用されるようになった。『嬉遊笑覧』巻四にも「紀州まはし出来しより、後土俵入に用る事として取に用るは別物となれり」と「紀州まはし」すなわち紀州下帯が登場し、後に土俵入りの際には別のまわしが作られるようになったとある。

現存する最古の部類である戸田川鷲之助（前頭二枚目）の化粧まわしは、膝下二〇センチほどまで垂らして使用されたと考えられる。戸田川が活躍した明和～安永年間（一七六四～一七八一）に、まわしと化粧まわしはわかれたようだ。その後も模様の部分は長くなり、天明～寛政年間（一七八一～一八〇二）の谷風梶之助が使用したものは足首あたりまであり、現在と変わらない（口絵17）。分離する過渡期には、前の部分に模様を描いたまわしのままで相撲を取っていた力士もいたようだ。寛政三年（一七九二）に上覧相撲を開催する前に相撲年寄は、相撲を取る際に土俵入りのまわしで出場する者と、通常のまわしに締め替える者がいると町奉行に伝えている。しかし併用された期間はわずかであり、前を隠す役割は、さがりが果たすようになった。こうして化粧まわしはまわしから独立し、土俵を彩る「もの」としてなくてはならない存在となった。

土俵入りが行われるようになった時期は、土俵が誕生した一七世紀後半と考えて大過あるまい。元禄七年（一六九四）刊の誹諧集『炭俵』には、服部嵐雪の「相撲取　ならぶや秋の　からにしき」が収録されている。「からにしき（唐錦）」とは、舶来の錦、多彩色の織物のことであり、相撲取が並んでいる様を詠んだものである。化粧まわしの独立を待たずに、土俵入りが行われていたことがうかがえる。『古今相撲大全』巻之下末にも、「誠に土俵入の時、打揃ひ出並びたる景色、筆に書取がたし」ときらびやかな土俵入りの様子が描写されている。起源やその形態についてはなお考察を要するが、化粧まわしは土俵入りに欠かせない「もの」である。

戸田川鷲之助の化粧まわし（日本相撲協会　相撲博物館蔵）。乱舞する蝶が金糸で刺繡されている。

さて化粧まわしの称が定着したのはいつか。相撲年寄は寛政三年の上覧相撲では「土俵入廻し」、天保一四年（一八四三）の上覧相撲では「化粧褌」と呼んでいる。天保七年刊の好華山人『大相撲評判記』大阪之部上には、「土俵入の褌をけしやう褌といひならハせ、箱書付・目録・文通などにも化粧の文字を書ハ大なる誤なり（中略）潔装褌の訳をしらす化粧褌と書ハ笑へき事なり」とある。化粧の文字は間違いで、潔く装うまわし、すなわち「潔装褌」と書くのが正しいと述べたものである。好華山人の主張についてはここでは深く立ち入らないが、当時すでに化粧の文字が用いられていたことがわかる。なお潔装褌の使用例は少なく、江戸時代後期には化粧まわしの称が定着したようだ。

次に素材について見ていこう。戸田川の化粧まわしは絹地に乱舞する蝶が刺繍されており、谷風のものは白のビロード地に黒繻子でしこ名が大きく縫ってある（口絵17）。雷電為右衛門の化粧まわしは、抱え主であった松江藩主・松平治郷《はるさと》から拝領した、江戸時代には貴重だったベッチン（綿ビロード）の生地に金糸で雷文を浮き立たせた豪華なものである。見る方向によって金糸の輝き方が変わるように大変凝った刺繍が施されている（口絵16）。稲妻の化粧まわしは、地に麻布、模様の部分は羊毛で地が厚く密な毛織物である羅紗《らしゃ》が用いられている。室町時代末期頃、日本にもたらされた羅紗は防寒や防水に優れ、陣羽織や火事装束の他、文化～文政年間（一八〇四～一八三〇）以降、化粧まわしの生地にも用いられた。文政年間に活躍した越ノ戸浜之助（前頭五枚目）の化粧まわしも羅紗だ。天保一四年（一八四三）の上覧相撲の時、相撲年寄は町奉行に、贅沢を厳しく禁じた天保改革の最中に、土俵入りで羅紗のものを用いてよいのかと尋ね、許可を得ている。明治時代にも、たとえば常陸山が使用した金糸で出身地を治めていた水戸藩徳川家の「三つ葉葵」を刺繍したものなど、羅紗が多く用いられた。その後、徐々にまわしと同じように絹製になり、博多織や西陣織となった。

抱え相撲の化粧まわし

江戸時代の化粧まわしを語るとき、欠かすことができないのが、抱え相撲の「印紋《しるしもん》」である。抱え相撲については第二章で紹介したのでここでは繰り返さないが、観客は化粧まわしを見るだけで、どこの藩に所属する力士か知ることができた。すなわち、野球やサッカーのユニフォームのように、抱え相撲は揃いの模様の化粧まわしで土俵入りを披露していたのだ。

まわしを大名から拝領することは江戸時代前半からあった。『古今相撲大全』巻之下末にも享保年間頃に抱え相撲が盛んとなり「其御抱の角力人、彼殿より拝領の下帯を花やかに結び立出けるより、他の角力人も、是におとらじと伊達を専にしける、此時の御抱の角力取の拝領のまハしを、世に紀州まハしと称ける」とあり、藩主から下帯を拝領し、抱え以外の者も、伊達すなわち派手さを競っていたことがわかる。そして紀州まわしは、和歌山藩徳川家の抱え相撲が拝領したものだけではなく、抱え相撲が拝領したものすべてを含める称となっていたようである。俗説ではあるが紀州まわしが転化して化粧まわしになったともいわれる。

江戸時代中期には、抱え相撲の揃いの化粧まわしが登場する。寛延二年（一七四九）に前橋から姫路に移ってきた酒井家は多くの力士を抱えていた。安永元年（一七七二）に没するまでの藩主・酒井忠恭《ただずみ》の抱え相撲は、黒繻子に「金の子持ち筋」を意匠とするまわしを締めた。これは印紋の早い例である。江戸時代後期には、相撲を好んだ大名が競って力士を抱えたこともあり、印紋が広範に見られ、錦絵からその意匠を知ることができる。代表的なものには、松江藩松平家の「瓢簞つなぎ」、久留米

松江藩の印紋は「瓢箪つなぎ」。勝川春英が描いた本書に時折登場し，俳句を嗜むなど風流人として有名な稲妻雷五郎（7代横綱）の若き日の姿。

姫路藩の印紋は「市松格子」。歌川国貞（初代）が描いた相生松五郎（前頭2枚目）は天保～弘化年間（1830～1848）に活躍。いずれも日本相撲協会　相撲博物館蔵。

藩有馬家の「知恵の輪」などがある。姫路藩酒井家の印紋は、江戸時代中期には「金の子持ち筋」であったが、後には歌舞伎役者・佐野川市松の衣装から名付けられ大流行した「市松格子」となった。市松格子は、藩の船の帆にも用いられた。この他にも藩や大名家ゆかりの印紋として鶴岡（庄内）藩酒井家の旗印「三ツ星」、高知（土佐）藩山内家の裏紋「白黒一文字」、中津藩奥平家の輿丁《よてい》が着用していた仕着の意匠「大童子格子《おおどうじこうし》」などがある。

先の『大相撲評判記』大阪之部上には「相撲御好の御大名さま、御抱の関取中揃の褌をしめ大勢揃て出たるを御覧なされ、御機嫌に叶ひ、見事なる力士ども潔装褌の能々揃ふたり々々」と、揃いの印紋で登場した抱え相撲を見て満足する大名の姿が描かれている。文政一一年（一八二八）の『誹風柳多留』九八編には「殿さまの　ふんどしでとる　いゝ角力」とあり、観客も化粧まわしの印紋を熟知していたのである。市松格子など印紋は概してシンプルで粋な柄が多く、このようなデザインは抱え相撲が姿を消す明治時代以降は少なくなった。印紋は江戸時代の代表的なデザインであるといえよう。

明荷

大相撲の力士が相撲を取るための「もの」は、まわしとさがりだが、化粧まわしも含め、これらを収めておく行季のような入れものが明荷《あけに》だ。本場所や巡業の旅にも持ち歩くので、力士にとっては旅行鞄のようなものである。開荷とも書くが、大相撲では、縁起を担いで明の字が用いられることが多い。竹で編んだ箱に和紙を何重にも貼り、渋、さらには漆を塗って作られる。渋は、竹の腐食を防ぐためである。化粧まわしを締めて土俵入りを披露する関取と十枚目格以上の行司が使用し、蓋には大きくしこ名や行司の名が書かれる。力士が使用するものは、縦四五センチ・横八〇センチ・深さ三〇センチほどある。行司のものは、力士よりやや小さい。なかには化粧まわしや締め込みの他、稽古後、体に泥が付いたまま着るため泥着《どろぎ》と呼ばれている浴衣なども入れる。力士が十両に昇進すると、同期に入門した他の力士たちが明荷を贈ることが現在も慣習になっている。

明荷は葛篭《つづら》の一種で、歌川広重の「東海道五拾三次之内　三島」にあるように、一般にも旅行などで広く用いられた。江戸時代の力士たちも、巡業で諸国を旅する機会が多かったので、その際に使用した。しかし江戸時代の明荷で現存するものはほとんどなく、先に登場した文政年間（一八一八～一八三〇）頃の越ノ戸が使った明荷は、最古の部類である。竹と和紙に漆が塗られ、現在のように大書されてはいないもののしこ名が書かれており、基本構造は大差ない。また式守伊之助（六代）が明荷を担いだ力士を従えている姿が、歌川豊国（三代）によって描かれている。

このように明荷は江戸時代から力士や行司が使用していたようである。しかし管見の限りでは江戸時代の相撲の明荷が見られる綿絵は、式守伊之助（六代）を描いた歌川豊国（三代）の作品が唯一である。支度部屋や力士の場所入りを描いた錦絵にも見あたらない。この点を考慮すると、大相撲で江戸時代に明荷が広く用いられていたとはいえないようだ。明荷を使用するようになったのは、幕末から明治時代初期の両国梶之助（関脇）からとも伝えられている。両国がはじめてしこ名を大書した明荷を使い、他の力士もまねをするようになったのではなかろうか。また菊池貴一郎（四代歌川広重）が江戸の年中行事や市井の雑事を語った明治三八年（一九〇五）刊の『絵本江戸風俗往来』には、抱え相撲の場所入りの際に弟子の力士が化粧まわしの入った葛篭を担っていると記されており、相撲年寄・境川浪右衛門が明治時代中期に用いたらしい現存する明荷にも「境川」と大書されている。これらの例から明荷は、幕末から明治時代中期には広く用いられるようになったものと思われる。

一般で使う人は少なくなったが、大相撲では本場所や巡業地などで、関取の付け人が明荷を運ぶ姿

万延元年（1860）の歌川豊国（3代）画「行司　式守伊之助」（日本相撲協会　相撲博物館蔵）は，江戸時代の明荷を描いた大変珍しい錦絵。

を目にすることがある。支度部屋の光景にも明荷は欠かせない。使用できるのは関取に限られるため、明荷を持つことも、化粧まわしと同様にステータスでもある。

2　横綱

はじめての土俵入り

横綱が力士の最高位であることは、世界中によく知られているといっても過言ではない。大関以下の力士とは別に、太刀持ちと露払いを従える横綱の土俵入りは大相撲のハイライトであり、横綱の威光を知らしめている。ここでは、大相撲の土俵で使用される「もの」であると同時に、力士の最高位、そして横綱本人をも意味する横綱の誕生と制度的な確立について考えてみたい。混同を防ぐため「もの」を指す場合は、綱と記述する。

現在、綱は年三度東京で行われる本場所ごとに、横綱が所属する相撲部屋で新しく作られる。ぬかで麻をよく揉み、芯となる銅線に巻き付け、さらし木綿でつつんだ同じ形状のものを三本作る。この三本を三つ編みの要領で撚り、体にあわせて完成だ。麻もみからはじめて、完成するまでには四～五日を要する。長さや重さは力士の体格により異なるが、四～五メートル・六～八キロのものが多い。

現存する江戸時代の谷風梶之助（四代横綱、口絵14）・稲妻雷五郎（七代横綱）・秀の山雷五郎（九代横綱）の綱は、いずれも木綿製で、細くて軽い。錦絵や写真で比較すると、明治時代後期の常陸山谷右衛門（一九代横綱）、二代梅ケ谷藤太郎（二〇代横綱）以降、現在のような太い綱が使用されるようになったものと考えられる。

次に横綱の起源や制度を探っていこう。江戸時代の番付表を見ると、最高位は大関で、関脇・小結が続く。つまり番付表に横綱の文字は見られない。江戸時代の横綱は最高位ではなく、あくまでも綱を締めての土俵入りを免許された強豪力士を意味する、いわば称号のようなものであった。横綱の起源については、荒唐無稽なものまで含めるとさまざまな説がある。地鎮をする際に、注連縄《しめなわ》に似た綱を締めて地面を踏んだことから生まれたともいわれている。延享〜安永年間（一七四四〜一七八一）には、上方の力士の間で黒と白の綱を締めることが流行した。しかしこの綱は黒と白であり、現在の白一色の綱とは別に考えた方がよさそうだ。

はじめて綱を締めての土俵入りが行われたのは、寛政元年（一七八九）冬、富岡八幡宮における興行の時で、披露したのは谷風と小野川であった（口絵13）。興行中に突如登場した横綱に、観客は好奇の目を向けた。勝川春英が描いているように綱は土俵上で披露され、横綱土俵入りは七日目から行われた。興行六日目の取組結果を記録した勝負付には、「明日より横砂伝有之候」、すなわち横綱ではなく、「横砂」と記されている。『よしの冊子』にも「且又まハしニ注連を張、土俵入ニ出させ候由」、喜多村信節の『きゝのまにまに』にも、横綱免許について「聞も及ばぬ事なり」とある。当時の観客にとって、化粧まわしの上に締めたものが横綱の綱ではなく、注連縄のように見えたのは当然のことであり、横綱という言葉がいかに新鮮であったかがよくわかる。

横綱の土俵入りは、寛政三年の上覧相撲を取り仕切る吉田家の一九世当主が考案した。一九世吉田善左衛門は、谷風と小野川をまず自身の故実門弟とし、そのうえで横綱を免許している。谷風や小野川には、綱とともに故実門弟の証状と横綱の免許状が与えられた。横綱免許と上覧相撲の開催により、吉田家は相撲の家元としての地位を確固たるものにした。

横綱土俵入りが披露され、興行の人気が高まったことも事実である。『よしの冊子』には「此間中角力甚不当り候へ共、右しめを張申候抔評判御ざ候て、見物も少々増候よしのさた」とある。横綱土俵入りは当時の日記や随筆に頻繁に登場しており、江戸市中で大変な評判を呼び、集客効果も絶大であった。

力士の最高位へ

大変な人気を呼んだ横綱であったが、谷風・小野川以降、暫く免許される力士はいなかった。次に吉田家から免許されたのは阿武松緑之助（六代横綱）で、寛政元年（一七八九）から三九年後の文政一一年（一八二八）であった。吉田家の当主は一九世から二〇世に替わっている。当初、横綱免許は、寛政元年一度きりと考えられていたようだ。権威の確立を図る吉田家と、集客を期待する江戸相撲の思惑が一致し、一度限りの企てとして実現したのであろう。ゆえに寛政元年以降、実現する機会がないまま四〇年近くも経ってしまったのだ。それでは、なぜ文政一一年に横綱は復活したのか。

横綱復活の背景には、吉田家と五条家による相撲の家をめぐる争いがあった。一八世紀後半以降、

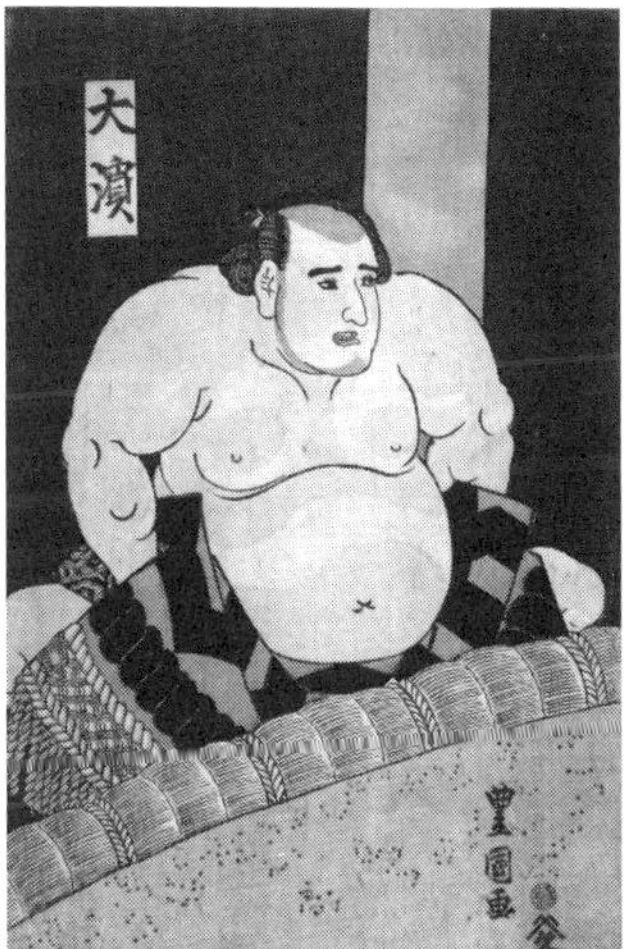

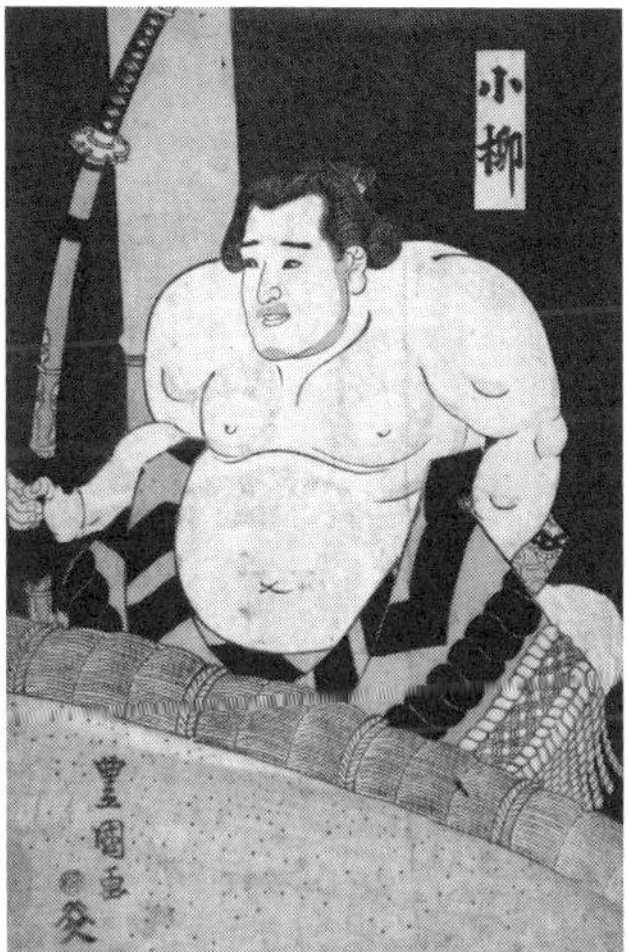

歌川豊国（2代）が描いた阿武松緑之助（6代横綱）の横綱土俵入り（日本相撲協会　相撲博物館蔵）。横綱は文政11年（1828）に復活し，太刀持ちと露払いを従えた土俵入りは，大相撲のハイライトとなる。阿武松は落語や講談の世界でも活躍している。

家職をめぐる動向として、権威を幕府よりも朝廷に求める傾向が見られるようになる（高埜利彦『近世日本の国家権力と宗教』）。江戸時代に公家は、たとえば和歌は二条家、蹴鞠は飛鳥井家など、さまざまな家職により生計を立てていた。公家も家領を有し、年貢米や給禄によって生活を支えていたため、大名家などと同様に財政は厳しく、家職による収入増を図っていたのである（高埜利彦『江戸幕府と朝廷』）。相撲でも同様に、野見宿禰の末裔にあたる五条家が相撲の家を名乗るようになる。五条家は文政六年（一八二三）の大坂興行に際し、土俵入りは実現しなかったものの、柏戸利助（大関）と玉垣額之助（大関）に横綱を免許した。さらに文政一一年の大坂興行では、稲妻へ紫の化粧まわしと注連縄（見かけは横綱と同じもの）を免許している。五条家は、上方を中心に相撲の家を自称し、京都相撲や大坂相撲を配下にしようと目論見たのであった。

このような五条家の動きに対し、吉田家も黙ってはいなかった。文政一〇年、江戸に出府した二〇世吉田善左衛門は、まず、江戸町奉行に願い、江戸相撲を取り締まることを認めてもらい、翌一一年には相撲年寄を故実門弟とする。そして阿武松への横綱をはじめ、力士・行司らにも免許を与え、江戸相撲の支配の強化を図ったのだった。文政一二年には、五条家から紫の化粧まわしと注連縄を免許されていた稲妻へも横綱を免許している。そして熊本藩の留守居を通じて五条家とかけ合い、以後、五条家は横綱免許にはかかわらないこととなり、吉田家の支配策は一段落する。そして阿武松の横綱免許に際し、相撲年寄は吉田家に、故実後学のため、そして渡世繁盛のためにも横綱を免許してほしいと願い出ている。横綱の免許は、もちろん、強豪力士のみに許され、吉田家の権威を示すものだったが、集客の手段でもあったのだ。こうした経緯で、横綱は復活したのである。
以後、幕末に向け、天保一一年（一八四〇）の不知火諾右衛門（八代横綱）、弘化二年（一八四五）の秀の山雷五郎（九代横綱）、文久～慶応年間（一八六一～一八六八）の雲龍久吉（一〇代横綱）・不知火光右衛門（一一代横綱）・陣幕久五郎（一二代横綱）と立て続けに横綱が免許される。文政年間以降、横綱は興行上、なくてはならない存在となったのだ。文久元年（一八六一）六月、柏崎の諏訪神社で江戸相撲の興行が催された。この興行に相撲年寄として同行していた秀の山は嘉永三年（一八五〇）に現役を退いているが、なんと横綱土俵入りを披露している。観客の要望に応えて土俵入りを務めたのだろう。横綱土俵入りを見たいと熱望する観客の様子が目に浮かぶ。横綱が定期的に誕生するようになった背景には、取組を見るだけでは満足しないほど成熟した観客の存在があった。

　なおいったん横綱免許から手を引いた五条家であったが、京都相撲・大坂相撲には、依然として大きな影響力を有していた。相撲については、たとえば陰陽道の土御門家のような全国を支配する体制は形成されず、文政～天保年間頃には、江戸は吉田家、京・大坂は五条家の配下にあった。幕末における五条家の動向については定かでないが、明治時代初期には、大阪相撲の八陣信蔵・高越山谷五郎《こうずざんたにごろう》などに横綱を免許している。また大阪相撲の八陣調五郎は、明治三〇年（一八九七）に教派神道の一派である神理教から横綱を免許されている。このように大阪相撲や京都相撲には、歴代横綱に含まれない力士もいた。しかし五条家が免許した横綱は明治三二年の京都相撲の大碇紋太郎が最後であった。また八陣の成績がおもわしくなかったこともあり、神理教からの横綱も一度限りで終わった（小池謙一「大阪相撲入門」)。このようにかつてはさまざまな横綱が存在したが、明治時代末期以降は、吉田家が横綱を免許する権限を独占した。

そして称号に過ぎなかった横綱が制度的にも確立される。まず明治二三年(一八九〇)からは免許された力士が番付表に横綱を冠するようになった。はじめて冠した力士は西ノ海嘉治郎(初代、一六代横綱)である。さらに明治三三年には、自身も一二代横綱である陣幕の尽力により、富岡八幡宮に横綱力士碑が建立され、横綱の代数が確定した。現在、碑は本殿の東側にあり、高さ三・五メートル・幅三メートル・奥行き一メートル、重さ二〇トンの白御影石で、日本一の大石碑といわれている。現在まで続く横綱の代数はこの碑に基づく。平成七年の曙太郎(六四代横綱)と貴乃花光司(六五代横綱)の時から「刻名奉告祭」が行われるようになり、平成一〇年の若乃花勝(六六代横綱)からは、土俵入りも奉納されるようになった。

横綱力士碑には、はじめて横綱土俵入りを行った谷風・小野川の前に明石志賀之助・綾川五郎次・丸山権太左衛門の名が、初代〜三代として刻まれている。建碑に際し、陣幕が横綱の代数を定め、横綱の土俵入りを行ったという記録は残っていないものの、初代〜三代の名を加えた。なお初代横綱明石は、従来はその存在すら疑問視されていた。しかし寛文元年(一六六一)に、上山藩主・土岐頼行の前で相撲を披露したことや、宝井其角の俳句に詠まれたこともあって、実在の力士であることが確認された(中村弘『日下開山初代横綱明石志賀之助』)。横綱が力士の最高位と定められたのは、国技館が開館した明治四二年のことである。第一章で述べたように相撲が芸能から近代スポーツへと変容を

横綱力士碑。富岡八幡宮と相撲のかかわりを雄弁に物語っている。なおこの碑には歴代横綱の他，「無類力士」として雷電為右衛門の名も刻まれている。

遂げるなかで、横綱の地位も力士の最高位として明文化されたのであった。

昭和二五年には、日本相撲協会の諮問に答申・進言する機関として横綱審議委員会が設置された。吉田家が横綱を免許する制度は、明治時代以降も続いていたが、昭和二六年に相撲協会が推挙する形となった。吉田家による横綱免許授与式は、先に東京・小石川の細川邸で仮に行い、後に熊本の吉田家で催していたが、昭和二六年からは、明治神宮で横綱推挙状授与式と奉納土俵入りが行われる形式となった。

なお横綱土俵入りの型には雲龍型と不知火型がある。雲龍型は背中の輪がひとつ、せりあがりのときに右手を広げ、不知火型は、背中の輪がふたつ、せりあがりのときに両手を広げる。幕末に活躍した一〇代・一一代横綱の雲龍と不知火の土俵入りが大変華麗で評判を呼んだため、土俵入りの型にその名をとどめているのだ。しかし江戸時代や明治時代の横綱は、決まった形で土俵入りを行っていたわけではなかったようだ。現在のような形になったのは明治時代末期のことで、雲龍型は二代梅ケ谷藤太郎（二〇代横綱）、不知火型は太刀山峰右衛門（二二代横綱）が確立したとされている。太刀山は雲龍の型を踏襲したともいわれているが、写真で確認すると輪がふたつの綱を締め、せりあがりのときは両手を広げており、現在の不知火型であったことがわかる。

3　土俵で使用する「もの」

力水と力紙

相撲は、まわしひとつで対戦する競技である。身に着けるのはまわしとサポーターくらいで、他に用具は必要としない。しかし大相撲の場合、取組前にはさまざまな所作を行う。力士は、土俵にあがると、四股を踏み、水で口をすすぎ、紙で拭いてから塩を撒く。また控えの力士は、土俵上の力士に水を付け、紙を差し出す。土俵下には水桶と柄杓があり、水桶の上には紙がおかれる。この水と紙は、力水・化粧水、力紙・化粧紙と呼ばれている。これらを使えるのは原則として関取のみだが、取組の進行が早いと幕下の力士も使う場合がある。取組前に力士は自身を清めるのだ。また力水は稽古でも用いられる。

菱川師宣が寛文～延宝年間（一六六一～一六八一）に描いた「相撲の図」には、土俵の傍らに二つ

盃で力水をつける力士。弘化5年（嘉永元，1848）の歌川豊国（3代）画「大相撲繁栄之図」（日本相撲協会　相撲博物館蔵）。

の水桶と柄杓、一つの桶の上には茶碗があり、水が使われていたことがうかがえる（口絵8）。また延宝三〜四年にまとめられた南部相撲の作法には水を用いていたという記述がある。『古今相撲大全』巻之下本にも、桶に水を入れ、力者、すなわち相撲取に与えるので、俗に力水と称されるとある。また、相撲節が行われていた奈良〜平安時代から水桶は使われており、勧進相撲では清浄な水を汲み新しい水桶に入れて東西におき、相撲取は喉を潤すと続き、化粧水とも呼ばれていると記されている。相撲節の記述は首肯できないが、菱川師宣の作品にもあるように、力水は遅くとも一七世紀後半には使われていたようだ。弘化二年（一八四五）の『関取名勝図絵』には、土俵は山にたとえられており「力水の井、土俵山の麓にあり」と、力水の井戸が土俵という山の麓にあり、稽古場でも力水が使われているとある。

　力水を口に含む際、歌川豊国（三代）が「大相撲繁栄之図」に描いているように、江戸時代後期には盃が用いられていた。明治時代以降も同様であったが、衛生面に問題があるため、昭和一六年（一九四一）から柄杓に替わった。また江戸時代には全力士が使っていたが、明治時代中期に関取のみとなったようだ。

力紙についても起源は定かでないが、南部相撲では紐で柱に付けていたようで、遅くとも延宝年間には使われていた。『古今相撲大全』巻之下本には化粧紙と記され、勧進相撲が盛んになってからのもので四本柱に取り付けられており、相撲取が使う、とある。寛政三年（一七九一）の上覧相撲を記録した「大徳院御上覧相撲一件」には「力紙」とあり、『関取名勝図絵』には「化粧紙」と記されている。江戸時代以来、力紙・化粧紙の両方が用いられていたようだ。力紙は、江戸時代以来、四本柱につるされていたが、昭和二七年に四本柱が撤廃されると、水桶の上におかれるようになった。

塩

塩は「清めの塩」とも呼ばれ、取組前に土俵に撒き、土俵そして力士自身を清める意味がある。土俵の邪気を払い、正々堂々と取組に臨むことを誓うのである。現在も店先などで見られる「盛り塩」は奈良〜平安治時代にはすでにあったと伝えられており、厄除け・魔除けなどの意味があるとされる。神事につきものである塩を大相撲でも用いるようになったのだ。怪我をした際には消毒に使えるという利点もある。力士が竹製の塩篭に入った塩をつかんで土俵に撒くと、観客の熱気は一気に盛りあがる。昭和三〇年代に活躍した若秩父高明（関脇）や、昭和から平成にかけて活躍した水戸泉政人（関脇）などの豪快な塩撒きは、観客の注目の的であった。現在、本場所では一日三〇〜四〇キロ、一五日間で六〇〇キロもの粗塩が使用されている。

このように塩は取組前に欠かせない「もの」である。しかしいつ頃から塩を撒いていたかは、実のところはっきりしていない。『古今相撲大全』や『嬉遊笑覧』あるいは上覧相撲の記録などには、力水や力紙については記述があるが、取組前に塩を撒いていたという言及はない。取組前の塩が確認できる早い例は、修好通商条約締結のため、文久三年（一八六三）に首席全権としてスイスから来日したエーメ・アンベールの『日本図絵』である。アンベールは、日本の歴史・地理・風俗などを詳しく調査した。回向院で見物した相撲についても非常に細かく観察し、四本柱の一本に塩を入れた紙の袋が付けられており、力士はひとつかみ手に取り、悪運を払うために土俵に撒く、と取組前の様子を描写している。紙の袋に入っていた点は検討を要するものの、アンベールの記述から力士が明らかに塩を撒いていたことが判明する。また森芳雪による明治七年（一八七四）の東京相撲と大阪相撲の合併興行を描いた錦絵に、四本柱に付けられた塩籠がはっきり描かれている。また『関取名勝図絵』には、稽古場の様子が描写されており、「清めの塩・力の水むらかる鳥是をいたゝく」とある。この記述からは、塩や水を「鳥（取）」すなわち力士たちが使用していたとも読み取れる。以上から、塩を撒く所作は幕末には広く行われるようになっていたと考えて差し支えないであろう。昭和一四年（一九三九）から二七年までは、芳雪の錦絵のように四本柱に取り付けられたが、原則として、塩籠は東方と西方の土俵隅にそれぞれおかれた。また戦後の一時期は、塩籠に替わってゴム製のものが使用された。

なお土俵に撒いていたかどうかは不明だが、大相撲で塩が用いられるようになったのは、幕末より前である。寛政三年の上覧相撲では、取組前に一九世吉田善左衛門による儀式が行われ、神酒とともに少々の塩が三宝におかれた。この儀式は土俵祭のことだが、詳しくは第七章に譲りたい。また怪我などがあった際は引分とし、塩で清めてから取組を再開した。現在の大相撲でも、激しい取組により土俵に血がついてしまった場合、呼出しが塩を盛り、箒で掃いてから再開される。土俵は神聖な場所と考えられているため、江戸時代以来、血がついた場合は塩で清めているのである。

森芳雪が明治７年（1874）の東京と大阪の合併相撲を描いた錦絵（部分，日本相撲協会　相撲博物館蔵）。四本柱に塩籠が取り付けられている。

関取の稽古がはじまる前には、土俵に清めの塩が撒かれ、若い力士たちは稽古が終わるまで、土俵の清めと傷口の消毒や止血のため塩籠と紙を持って土俵際に控える。また稽古終了後にも土俵は掃き清められ、中央に砂が盛られる。盛られた砂は整形され、御幣《ごへい》が立てられる。そして最後に徳俵から土俵の内側に向けて清めの塩が撒かれる。このように塩は、本場所だけでなく稽古でも使用される大変重要な「もの」なのだ。

弓

大相撲の一日は、結びの一番終了後の弓取式で幕を閉じる。毎日になったのは昭和二七年春場所からで、それまでは江戸時代以来、千秋楽のみであった。弓は本来、千秋楽の「是より三役」における最後の勝者に贈られるもので、弓取式は結びに勝った力士が行う儀式であるが、専門の力士が務めている。さまざまな作法があり、勝った力士の代わりに行うので、万一弓を落としてしまっても、土俵に手を付けることは負けに通じるため、手を使わずに足の甲に乗せるなどして対処する。

起源については、『古今相撲大全』巻之下末に、元亀元年（一五七〇）に相撲を観覧した織田信長が、当日無敵だった宮居《みやい》眼左衛門《がんざえもん》という者に重藤の弓を賜ったことがはじまりであると書いてある。だが『信長公記』には弓の記述は見られず、戦国時代にさかのぼるという確証は得られない。それでも『古今相撲大全』には故実に詳しい者が勝ち力士に代わって弓取をするとあり、遅くとも江戸時代中期には、弓取式をしていたことがうかがえる。特殊な例ではあるが、寛政三年（一七九一）の上覧相撲では、結びに勝った谷風が弓取式も務めている。上覧相撲を見物した幕府の奥儒者・成島衡山《なるしまこうざん》（峰雄）は、「すまゐ御覧の記」に「谷風弓うけうやまひさゝけ、四方にふりまわしなとしてうちかたけ拝し入ぬ」とその様子を伝えている。上覧相撲という栄誉の場であったため専門の力士ではなく、勝った谷風がそのまま弓取式を務めたのであった。

弓取式の起源を考える上で勘案しなければならないのが、千秋楽の結び三番の取組「是より三役」である。「役相撲」とも呼ばれ、取組前には東方・西方から力士が三人揃って土俵にあがり、四股を踏む。三役とは、大関・関脇・小結のことで、勝った力士には「役相撲に叶う」として、はじめの取組は矢、次の取組は弦が土俵上で行司から贈られる。弓は最後の取組で勝った力士には贈られず、代わって弓取式を務める力士が受ける。実際の取組に出場する力士の地位は異なるが、弓は大関、弦は関脇、矢は小結としての取組に勝ったことを示すためで、最後の三番は、特別な取組と位置づけられたのだ。是より三役の取組は、巡業などの一日興行でも行われる。

南部相撲の場合、延宝三〜四年（一六七五〜一六七六）に定められた勧進相撲の作法に、勝った大関には弓、関脇と小結には弦を授けると定められており、遅くとも一七世紀後半には是より三役のような儀式が行われていたことがうかがえる。また秋田藩佐竹家の家臣であり、江戸時代を通じて湯沢の所預《ところあずかり》であった佐竹南家《なんけ》の公用日記である『佐竹南家御日記』には勧進相撲の記述が散見されるが、元禄四年（一六九一）八月一七日に「昨日勧進相撲かたより弓受ニ高松参候由」とある。ここから、一七世紀後半には相撲興行に弓が用いられていたことがわかる。所作や作法は不詳だが、弓取式の起

文久 2 年（1862）の歌川国貞（2 代）画「勧進大相撲弓取之図」（日本相撲協会　相撲博物館蔵）。弓取式は，千秋楽の名物として広く知られていた。

源は一七世紀後半とも考えられる。江戸相撲における是より三役のはじまりについては定かでないが、宝暦一三年（一七六三）冬の勝負付に「是より三ン役」の文字が見え、『古今相撲大全』巻之下末にも役相撲の勝力士に褒美として弓・弦・扇を与えるとある。当初は矢ではなく扇であったが、江戸時代中期には是より三役が定着していたようだ。弓・弦・扇は、御幣や太刀と共に四本柱に取り付けられており、勝者と弓取の力士へ行司から授与された。岡敬孝編、明治一八年（一八八五）刊の『古今相撲大要』には、平常の場所では近来、扇で矢に換えるとただし書きがあるものの、弓・弦・矢を与えると記述されており、遅くとも明治時代に扇は矢に替わったようだ。

是より三役は優勝争いに大きくかかわることが多く、観客が注目する取組であるとともに、本場所の終了が近づいていることを象徴する行事でもある。

第六章　観客のための「もの」

1　番付表

力士のランキング

番付は、本場所ごとに発表される力士の最新ランキングだ。大入りを願ってすき間を少なくする独特の相撲字でぎっしりと力士の名が記された番付表に、粋でしゃれた江戸情緒を感じる方も少なくないであろう。番付表ができあがるまでは、次の手順で作業が進められる。まず千秋楽の翌日から三日以内に番付編成会議が開かれて翌場所の地位が決まると、担当の行司が先の太さが異なる筆を用いて縦一一〇センチ・横八〇センチのケント紙にひとりひとり、力士・年寄・行司などの名を書きあげていく。番付表の文字は、行司が書いているのだ。このケント紙は「元書き」と呼ばれ、約四分の一に縮小印刷して番付表が完成する。発表されるのは、通常、本場所初日の一三日前だ。化粧まわしなどさまざまな準備が必要なため、横綱・大関・十枚目のみ番付編成会議の日に昇進が発表される。しかし大多数のその他の力士は、番付発表の日にはじめて新しい地位を知る。番付には本場所の成績が反映されるので、自身の新しい地位に力士は一喜一憂するのだ。番付表の作成は本場所と本場所の間の限られた時間に秘密を厳守しながら進める大変な作業である。この意味で番付表は行司の作品ともいえよう。本書では混同を避けるため、地位を意味する場合は番付、「もの」を意味する場合は番付表と表記する。

番付表の中央上部には、江戸時代以来、「蒙御免《ごめんこうむる》」と大書されている。もともと寺社や橋などの造営、修復の費用を得ることを目的としていた勧進相撲は、江戸幕府が誕生すると、江戸では寺社奉行の管轄となった。蒙御免と大書して、幕府から開催の許可を得ていることを広く知らしめたのだ。

それでは番付表は、いつ頃誕生したのか。番付に欠かせない大関・関脇などの地位について検討しながら考えることにしよう。延享二年（一七四五）の「相撲強弱理合書」には、「大関」「関脇」は中興から、「小結」は慶安年間（一六四八〜一六五二）からの称であると説明されている。中興とは勧進相撲がはじまった頃のことと思われるが、当時の文献にこれらの称は見あたらない。確実に登場するのは、一七世紀中期以降のようだ。弘前藩主・津軽信政らの言行録とされる藤原（今）通磨編『奥富士物語』には、仙台からきた相撲取一〇名による承応三年（一六五四）の興行記録があり、「大関」「大脇」「小結」の称が見られる。後世に成立した言行録という点は考慮しなければならないが、江戸時代前期には、相撲取をランク付けして興行が催されていたと思われる。なお同書には関脇ではなく

「大脇」と記されている。和歌山藩の付家老・三浦家の儒医である石橋生菴《せいあん》による『家乗《かじょう》』にも、元禄二年（一六八九）九月に領内の勧進相撲に出場した相撲取・行司二七名が列記されており、上位には「大セキ」「脇」「ムスヒ」「小ムスビ」とある。また『佐竹南家御日記』の元禄二年六月の条には、「大関」「大脇」「小むすひ」、元禄五年八月には「大せき」「大わき」「せきわけ」「小むすび」とある。大脇は、大関に次ぐ地位のようだが、徐々に関脇が定着したのだろう。また南部相撲でも延宝三〜四年（一六七五〜一六七六）には大関・関脇・小結の称が用いられている。

江戸時代も中期に差しかかると、より明確な記録が登場する。たとえば『大江俊光記』の元禄一二年六月一九日には「宮本相撲目録」「寄方相撲目録」として、大関・関脇・小結など四〇名ほどの相撲取や行司が列記されている。目録と題しているが、相撲取がランキング形式で示されており、まさしく番付表である。名古屋藩士・朝日重章の『鸚鵡《おうむ》籠中記《ろうちゅうき》』の元禄一四年四月二七日にも同様に列記されており、「前頭」の称も登場する。大坂で辻噺を興行して大変な評判を呼んだ米沢彦八（初代）による元禄一六年刊の『軽口御前男』には、「すまふの評判」という笑話が収録されている。元禄一五年に再開した堀江の勧進相撲を題材にしたタイムリーな話で、「おれハばん付を見たが、ろくなすまふは一人もいないが」とある。『大江俊光記』には「目録」とあるが、『軽口御前男』では「ばん付（番付）」と記されている。これらの事例から、名称も含め番付表は遅くとも一七世紀後半には存在していたと考えられる。三都で勧進相撲が再開され、定期的に催されるようになると、ランキングが必要になったのだ。なお相撲節でも相撲人の強さや経験に応じて最手・腋などの地位が定められ、相撲《すまい》人交《ひとぎょうみょう》名という出場者のリストが作成されていた。しかし力量を広く知らしめる番付表は、勧進相撲の産物である。また、番付表のしこ名には地名が冠してある。江戸時代には、出身地の他、抱えの大名家や、所属する地方の相撲集団がわかる地名も記された。『誹風柳多留』三一篇には、「かんばんに生国を書く　いゝおとこ」（文化二年、一八〇五）、四〇篇には「晴天に　日本の地名　十日見せ」（文化四年頃）とあり、地名は番付表に欠かせなかったことがよくわかる。

誕生した当初は歌舞伎の名題《なだい》看板のように、板に力士の名を記した板番付であったと考えられ、紙に刷って観客が手にできたのは少し後になってからと思われる。板番付は現在も本場所や巡業の開催地に掲げられているが、江戸時代には町の辻々にも設置され、通行人に周知する役割を果たした。嘉永三年（一八五〇）冬は一一月上旬から興行がはじまる予定であったが、一〇月五日頃には町の辻々に板番付が掲示されたと神田の書肆・須藤由蔵の『藤岡屋日記』が伝えている。もちろん紙の番付表も、観客に興行の開催を知らせた。『東都歳事記』には、江戸の春秋二度の勧進相撲では、興行開始前より江戸市中で番付表が販売されたとある。

紙に刷った現存する最古の番付表は、正徳年間（一七一一〜一六）と推定されるものである。当初は、東方と西方の二枚で一組だったが、宝暦七年（一七五七）冬、江戸で東方と西方を一枚の紙に並べた形式の番付表がはじめて作成された。以後、印刷方法や記載される内容には変遷があるものの、現在の番付表も基本的には宝暦七年の形式を踏襲している。一枚の紙で東と西の比較が容易にできる番付表は、江戸の市中でも大変な評判を呼んだ。江戸時代後期には、山や川、酒、温泉などを相撲の

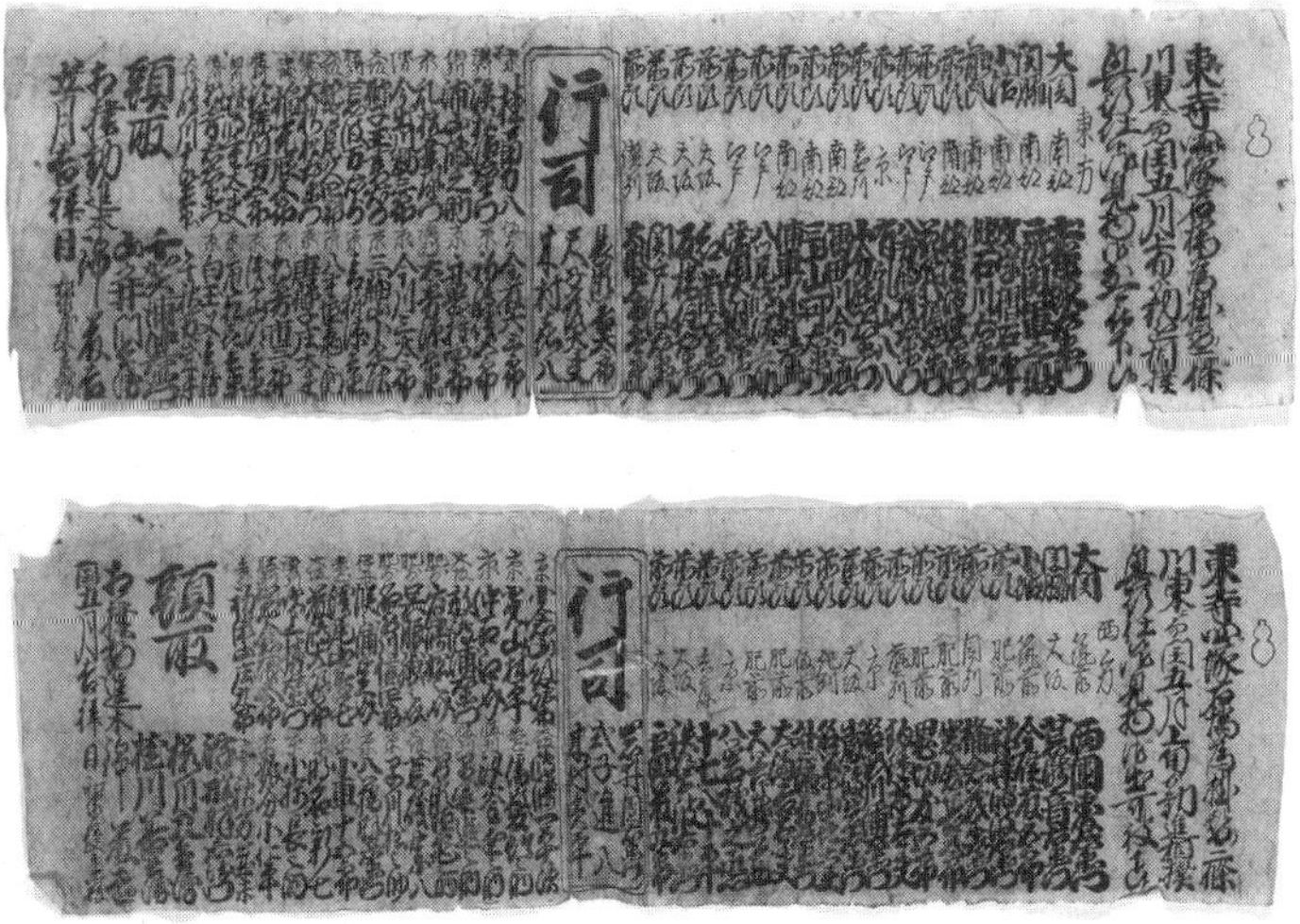

東方と西方が別々に刷られた横二枚形式の番付表。享保 17 年（1732）閏 5 月の京都相撲のもの（日本相撲協会　相撲博物館蔵）。

番付のように見立てて楽しむ知的な遊びが大流行した（竹内誠「庶民文化のなかの江戸」）。現在でも、ヒット商品などを番付にすることは珍しくない。相撲発祥の番付は、江戸文化の姿を生き生きと現代に伝えてくれているのだ。なお大坂相撲と京都相撲は、江戸時代を通じて二枚一組の番付表を発行し続け、一枚形式になったのは明治時代のことである。

　現存する江戸時代の番付表には、余白に力士や相撲年寄の名が記されたものや、力士らの印が押されたものが少なくない。これらは知人や世話になった人へ送られたものだ。たとえば天保年間（一八三〇〜一八四四）には八戸藩の江戸詰藩士・遠山屯《たむろ》のもとへ、嘉永〜安政年間（一八四八〜一八六〇）には院内銀山（秋田県湯沢市）の抱え医師・門屋養安のもとへ、懇意の力士から番付表が届けら

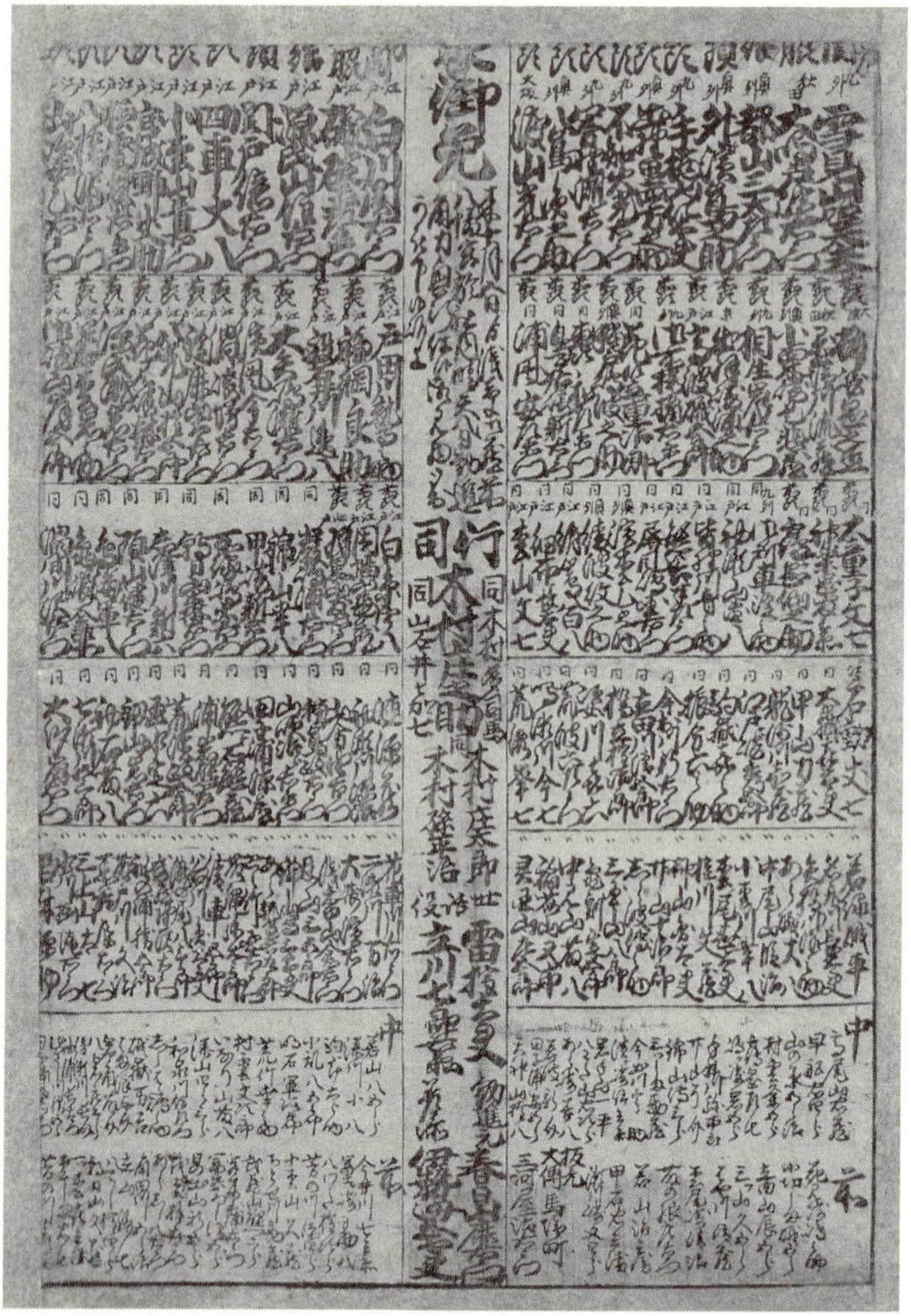

宝暦７年（1757）10月，向かって右に東方，左に西方を配した一枚形式の番付表が江戸ではじめて発行された（日本相撲協会　相撲博物館蔵）。現在の番付表もこの形を踏襲しているが，明治時代中期までは，強い力士が上位であることは変わらないものの，ランキングに勝負結果が厳密に反映されるわけではなかった。江戸時代にはこうした傾向が強く，宝暦〜天明年間（1751〜1789）には「看板大関」として，実力は未知数ながら体が大きい力士をいきなり大関に据えることもあった。

れた。このような慣習は今日でも続いており、番付発表の日には相撲部屋や力士個人から、大量の番付表が発送される。力士たちにとって番付表を送ることは世話になっている人への挨拶であり、受け取る方も大相撲がまもなくはじまると知ることができた。番付発表は風物詩でもあるのだ。

関と関取

次に番付表にも列記される地位の呼称について見ていこう。現在、大相撲の階級は、幕内・十枚目・幕下・三段目・序二段・序ノ口・番付外（前相撲）にわかれている。本場所では、番付表にしこ名が載らない前相撲を除き、それぞれの階級で優勝が争われる。大相撲は番付が物をいう世界であり、番付表に記されたしこ名の大きさが、力士の強さや待遇を表しているのだ。番付表を見ると、横綱・大関・関脇・小結・前頭の文字はすぐに目に入るが、十枚目から序ノ口までの文字を確認することはできない。つまり幕内以外の階級は、番付表に記載されていない。そしてよく見ると十枚目以下の力士も「同」の文字を冠しており、表記上は前頭と同じということになっている。横綱についてはすでに紹介しているので、ここでは大関以下の起源や由来を探るが、その前に関と関取という呼称について考えてみたい。

関取は○○関と呼ばれることからもわかるように、大相撲における関は、敬称・尊称である。幕下以下の力士は○○関とは決していわない。関取という言葉がいつ頃から使用されていたかは定かでないが、関と相撲取をあわせて生まれたのであろう。文禄五年（慶長元、一五九八）の『義残後覚』には「ある日立石せきにいづるとき行事申しけるは」と、立石と名乗る相撲取が、「せき」すなわち一番強い者の取組に登場したとある。『佐竹南家御日記』の元禄五年（一六九二）八月八日に「大久保村勧進関取鹿右衛門今日より取始ニ御座候」と記されている。出羽国雄勝郡大久保村（秋田県湯沢市）の鹿右衛門という相撲取が関取として出場したようだが、これらの例では関取は一番強い者を意味すると考えられる。安永二年（一七七三）の『古今相撲大全』巻之下末にも「角力人の貫首たるものを関と称す、此名甚古きことなり、往昔禁庭にて相撲の節会行ハせ給ふ後、防人となりて諸国へ下りて、関所を堅固にする役を奉仕す、故に号す」とある。起源を相撲節に求めている点は一考を要するものの、一番強い相撲取は関と呼ばれ、その語源は関所であると述べている。また享保年間（一七一六〜一七三六）の『相撲伝書』には、「最手は最上の相撲にて、今、関相撲といふが如し」とあり、最上の相撲取のことを関相撲と呼んだとある。これらの例のように江戸時代中期までは、一番強い相撲取が、関あるいは関相撲と呼ばれていたようだ。

弘化二年（一八四五）の『関取名勝図絵』には「稽古堂　相撲年寄の家々に在り、関鳥・前鳥迄毎朝群り集て修行す」とある。稽古場に「関鳥〈関取〉・前鳥〈前取〉」が集まって稽古をした。この場合、関取は上位の力士たちを意味する。前取は、関取ではない下位の力士、あるいは番付外の前相撲の力士たちのことである。また明治一八年（一八八五）刊の『古今相撲大要』には、「世間の人、相撲取に向ひ其位地に係はらず関取と呼ふことは、猶ほ他に向て先生と呼ふと一般なれは敢て仔細なきことなれとも、相撲仲間にて関取と云ふは十両取以上の者に限り」とあり、一般社会には関取の意味が浸透していないものの、大相撲では十枚目以上の者をいうと明記されている。このように関と関取は、もともとは一番強い者のことだったが、江戸時代後半には上位の力士まで含むようになり、後には十枚目以上に限定されたようだ。

大関・関脇・小結・前頭

大関・関脇・小結・前頭の称は元禄年間（一六八八〜一七〇四）には広く浸透するが、先に紹介した大脇のように現在はない呼称もかつてはあった。大田南畝の『一話一言』巻二九には、牛込弁財天（新宿区・宗参寺と思われる）にあった相撲の額（絵馬）が紹介されている。この額には元禄年間頃の相撲取が列挙され、それぞれ「大関」「相関」「関脇」「小結」「前頭」を冠している。福岡藩の右筆・長野源太夫による日記の元禄一四年七月二三日にも、箱崎浜での興行が記されており、相撲取は「大関」「相関」「脇」「小結」とある。しかし同じ日記の享保一一年八月二二日から博多西門口で催された興行の記述には、「大関」「関脇」「小結」「前頭」はあるが相関は見られない。どうやら相関は、元禄年間まであった大関と関脇の間の地位と考えられる。また先の『家乗』の元禄二年九月にあるように、関脇をただ脇と呼ぶこともあった。また『古今相撲大全』巻之下末には「其以前二人宛のとき、表裏になぞらへ、第一を関といひ、第二に列するを裏関と称じける」とあり、年代は定かでないが関とそれに次ぐ裏関があったという。このように大脇・相関・裏関・脇などかつてはさまざまだったが、一八世紀前半を通じて、大関・関脇・小結・前頭が定着していった。

さてこれらの称の語源であるが、大関は、関取・関のなかで一番強いということで大の文字を冠したものと想像できる。一番強い者は関取や関相撲とも呼ばれたが、大関が定着したため、関取の範囲が上位全体に広まったとも考えられよう。関脇は、大関あるいは関の次位、脇であるということで説明がつく。相撲節でも最手の次は腋・最手腋と呼ばれていたので、ここからの着想であろう。語源がはっきりしないのが小結だ。『古今相撲大全』巻之下末には「小結ハ役ずまふ取の小口の結なれバ、ゆへにかくいふ」と簡潔に説明されている。小口には、ものの先の意味があり、最後の取組は結びであるため、大関や関脇より先の取組に登場するということで小結と呼んだと解釈できる。幕臣で、幕末~明治時代の漢学者・中根《なかね》香亭《こうてい》は『酔迷余録《すいめいよろく》』で、正徳五年(一七一五)初演の近松門左衛門の人形浄瑠璃(後に歌舞伎化)「国性爺合戦」に「日本では相撲取をむすびと申すげな」とあることに注目し、結びは切り結ぶなど、互いに組み合うことを意味するので、小結は小相撲すなわち、大関に対して小の字を用いたものであると解釈している。結の解釈については、今後も検討が必要である。

前頭の称も元禄年間には確認できるが、大関・関脇・小結よりもやや後に登場したようだ。正徳四年の「相撲家伝鈔」には、関脇や小結の説明に続けて「又近頃より前頭と云ものを仕立申事也」とある。近頃という記述から関脇や小結より後に登場したことがわかる。語源は、前相撲の頭といわれている。『古今相撲大全』巻之下末には大関などに続けて「それより以下を前頭といふ、此称号のもの大勢あり、此部に列する者を俗に幕の内といふ、幕の外を通称前といふより其頭たる取人なれバ斯号す」とある。幕の内の者は前頭であり、幕の外は前である。前とは前相撲のことであろう。よって前頭は、「前相撲の頭」となり、本来、大関・関脇・小結以外は、すべて前頭だったのである。当初は、番付表に記載される力士は少なかったが、徐々に人数が増えたため、番付表の段ごとに幕下などの階級が生まれたと考えられる。ゆえに現在も番付表では、十枚目以下の力士にも前頭と同じであることを意味する「同」が冠されているのだ。

寛政三年（一七九一）の「すまゐ御覧の記」に「まへかしら・まくのうち・まくのした・三段・四段・五段・ほんちう・あいちう・前すまひと其品をわかち」とあるように、力士の数が増えるに従い、江戸時代の後半には新たな階級が設けられた。文久二年（一八六二）春の興行に出場した力士を歌川芳久が描いた絵番付には、「三段目」「上二段目」「上の口」と明記されている。『古今相撲大要』には「今時の大関・関脇・小結及ひ前頭と称し又、幕の内・幕下（二段目）・三段目・上ノ二段・上ノ口・本中・相中・前相撲など、力量に応じて数等の段を設けし、始めハ何時の頃にや其詳なることを知り難けれとも、寛文年中勧進相撲を時々興行するに至りて、今の番附やうのものを出板し、漸次に其段等をも一定せしからんと云へり」とある。寛文年間（一六六一〜一六七三）に番付表が出版されるようになったという点は検討を要するが、階級の呼称が次第に設けられたことを伝えている。

それでは「すまゐ御覧の記」に記された階級を上位から順に見ていこう。「まへかしら（前頭）」は先述の通りであり、「まくのうち（幕の内）」とは、前頭を含め、番付表最上段のことだ。上覧相撲で、幕の内側に伺候する力士の呼称だったが、後に上位力士を意味するようになったといわれている（村田了阿編『増補俚言集覧　下』）。なお読みであるが、現在は「まくのうち」と「まくうち」の両方が使われている。「まくのした〔幕の下〕」は幕下のことで、番付表の上から二段目、「三段」は三段目である。ここからは名称に変化が見られ、「四段」は四段目であるが、先の絵番付には「上二段目」、『古今相撲大要』には、「上ノ二段」とある。「五段」は五段目であるが、絵番付には「上の口」、『古今相撲大要』にも「上ノ口」とある。これらが現在の序二段と序ノ口であるが、この二つが登場したのは江戸時代後期のようだ。武蔵国多摩郡宇津木村（東京都八王子市）の名主・瀬沼三左衛門は、領主である旗本・高家の前田家の勝手賄い方用人として江戸に滞在した。その日記には文政六年（一八二三）の上覧相撲の記述があり、「定之口」以上の力士が出場したとある。定之口は序ノ口を指し、階級の呼称となっていたことがうかがえる。『古今相撲大要』には「上ノ二段」「上ノ口」、明治二九年（一八九六）の「東京大角觝協会申合規約」にも「上二段」「上ノ口」とあるように、当初は序ではなく上の文字だったが、明治四二年の「地方巡業組合規定」に「序ノ口」とあるので、この頃から序二段・序ノ口が定着したようだ。序ノ口は、いまでは物事のはじまりや発端を意味する言葉としても広く用いられている。

「ほんちう〔本中〕」「あいちう〔相中・間中・合中〕」「前すまひ〔前相撲〕」は、番付表に名が載らない、番付外の力士である。江戸時代以来、番付外から出場する力士は、前相撲から相中（間中・合中）、本中と勝ち進んで、ようやく番付表にしこ名が載った。番付表に載るのは、まさに出世だったのだ。本中と相中をあわせて、中相撲ともいった。相中は明治時代後期、本中は昭和四八年三月に廃止され、前相撲のみになった。現在は前相撲に出場すれば、たとえ勝てなくても翌場所には番付表にしこ名が載る。しかし現在も番付表の最下段に「此外中前相撲東西ニ御座候」と記されており、番付表に載らない中相撲と前相撲の存在が示されている。なお現在は見られないものの相中は、江戸時代から明治時代初期にかけては、歌舞伎役者の名題に続く階級であり、明治一一年（一八七八）以降は下級役者の階級であった。語源については検討を要するが、共通する名称である点は注目に値しよう。

番付表の二段目上位には十両、正式には十枚目という階級が存在する。十両になると関取と呼ばれ、一人前の力士として認められる。大銀杏を結うことが許され、化粧まわしを締めて土俵入りを披露し、月給が支給されるなど、幕下とくらべると待遇に雲泥の差がある。入門した力士たちは、当面の目標として十両昇進を目指す。十両は、番付の二段目（幕下）の上位一〇枚目までを指す呼称として幕末に誕生したようだ。勝ち越すたびに力士の給金はあがり、それが十両に達すると十両と呼ばれるようになったことがはじまりと伝えられ、最上段の幕の内に準ずる地位として位置づけられた。十両とも十枚目とも呼ばれる由縁はここにある。番付表では、他の幕下力士と同じ表記であったが、明治二一年春場所から太い字になり、翌二二年夏場所からは、個々に前頭を冠してより太く明確に区別されるようになった。

しこ名

横綱から序ノ口まで、番付表に載る力士の名がしこ名だ。しこ名は、醜名と書くともいわれ、地中の邪気を払う、あるいは力士が醜いと卑下する意味があるという。また四股名の文字をあてることもある。しこ名は、師匠が命名することが多いが、本人や縁者などが意見を出しあう場合もある。はじめは本名をしこ名として土俵にあがり、三段目や十枚目など、昇進したタイミングで改名することが多い。常陸山谷右衛門・栃木山守也（二七代横綱）・三重ノ海剛司（五七代横綱）などすぐに出身地がわかるもの、雷電為右衛門や稲妻雷五郎のようにいかにも強そうなものなど、付け方はさまざまだ。子どもの名に両親や祖父母の名の一字を借りることがあるように、大相撲でも師匠や部屋の名の一字を弟子が受け継ぐことは少なくない。九重部屋の千代の富士貢（五八代横綱）は、千代の山雅信（四一代横綱）の弟子であり、自身の弟子にも千代大海龍二（大関）など、千代を冠した力士が多い。武蔵丸光洋（六七代横綱）は、武蔵川部屋（師匠は三重ノ海）の力士である。特殊な例ではあるが、しこ名が本名のまま引退するまで相撲を取る力士もいて、輪島大士（五四代横綱）はその代表だ。歌舞伎役者や相撲年寄と同じように、襲名して代々受け継がれるしこ名もある。たとえば柏戸は江戸時代から伝わる由緒あるしこ名だ。また、時代によって流行もあるが、山・若・花・龍などの文字は、特によく用いられている。

さてしこ名の起源は、勧進相撲が盛んとなる戦国時代にまでさかのぼる。寛永一四年（一六三七）頃に成立した「大友興廃記」には、「あるとき上方より、いかつち・いなつま・大あらし・つち颪いふ相撲とり下向して」とある。豊後国府内（大分市）でしこ名を名乗る相撲取が興行を催していたことがうかがえる。『義残後覚』でも伏見の相撲興行が紹介されているが、「立石・ふせ石・あらなみ・たつなみ」などが登場する。当初のしこ名は、雷・稲妻・荒波など、力強いイメージを与える自然現象にちなんだものが多かったようだ。

慶安四年（一六五一）七月、江戸幕府は「しこ名之異名を付候もの有之候ハヽ、早々可申上候、いにしへより相撲取候もの異名付候とも、向後ハ其名堅可為無用事」と、しこ名を付けることを禁止する町触を発した。この町触は、勧進相撲や辻相撲の禁令と同列のもので、江戸幕府による風俗統制の一環と位置づけられる。しかし禁令が出たものの、しこ名が途絶えてしまった形跡はなく、以降、バラエティに富んだ名の相撲取たちが活躍する。すでに本書にもたびたび登場しているが、もう少し江戸時代のしこ名を紹介すると、以下の通りである。江戸時代初期の鬼勝象之助は、いかにも強そうなしこ名だ。元禄年間（一六八八～一七〇四）の両国梶之助は鳥取藩池田家の抱え相撲だが、領国である因幡国と伯耆国には並ぶほどに強い者がいなかったことから「両国」の名を藩主から賜ったという。その後、両国は幕末に復活し、明治時代以降も出羽海部屋などで受け継がれている。四代横綱の谷風梶之助は天明～寛政年間（一七八一～一八〇一）に活躍した力士だが、実は二代目だ。第二章にも登場したが、初代は享保年間（一七一六～一七三六）に活躍した。文政～天保年間（一八一八～一八四四）の阿武松緑之助は、萩藩毛利家の抱え相撲である。その名は領内の名勝・阿武《あぶ》の松原から藩主がとった。八代・一一代横綱の不知火諾右衛門と不知火光右衛門は熊本藩細川家の抱え相撲で、八月下旬の夜に有明海に時折現れる幻想的な火から命名された。阿武松や不知火はもともとはしこ名であったが、相撲年寄の名跡として受け継がれている。

特に多いのが出身地にちなんだものだ。松ケ根幸太夫（式守幸太夫）による嘉永六年刊の『相撲細見起解』前編には、「相撲名乗ノ起原」として「名乗ハ、力士諸国より集り来るが故ニ、号を呼て知れやすきが為ニ、生国の郡名且ハ村号、又ハ山・川・嶽・峰・海・谷・浦・森・岬・浜、此外、旧跡・名所の号を以て名前ニ呼れしより名乗と唱る事となりぬ」とある。諸国から集まった力士が、しこ名に出身地の地名や山・川などを多く用いていたことがよくわかる。「海山の　間イに小サイ　庄之助」(『誹風柳多留』一五三篇　天保九年～一一年(一八三八～一八四〇)頃)は、海や山の名のしこ名の力士に挟まれ、行司・木村庄之助が立っている土俵の様子を描写したものだ。

使われる文字には流行があるが、しこ名には立派な力士に育ってほしい、なりたいという師匠や本人、関係者らの願いが込められているのは、いつの時代も変わらない。力士たちは立派なしこ名に恥じないように出世を目指し、日々稽古に励んでいるのだ。

相撲字

番付表や対戦する力士のしこ名を書いた顔触れの書体は、歌舞伎の勘亭流や寄席文字ともよく似ているが、相撲界独特のもので相撲字と呼ばれている。肉太で隙間が少ないのが特徴で、興行が大入りになるようにという願いが込められ、力士が競い合う姿を表現しているともいわれる。大入りを願う点は同じだが、勘亭流は内側に丸く曲がるような字体、寄席文字はやや縦長で、横線が右あがりに書かれる。

後述するように相撲字が確立するのは明治二〇年代だが、ここでは江戸時代からの番付表の版元・

三河屋（根岸）治右衛門についても紹介することにしよう。江戸相撲の番付表や次に紹介する勝負付は、版元の三河屋が独占して出版していた。三河屋は江戸時代中期に江戸相撲の版元としての地位を固めていたようで、番付表の文字は三河屋自身か番頭などが書いた。三河屋は版元であると同時に、相撲年寄を中心に組織された相撲会所で帳元という役職を務めた。立川焉馬（二代）が編んだ『活金剛伝』上には相撲会所の様子が紹介されているが、筆頭や筆脇と呼ばれる大柄な元力士の相撲年寄たちに混ざって、中央に描かれているのが帳元の三河屋である。文政一一年（一八二八）から翌年にか

相撲字。平成28年（2016）5月の御免札。江戸時代以来の慣習で，幕府から「御免を蒙った」すなわち興行開催の許可を得ていることを示す。相撲字は明治20年代に確立した。

中央にいるのが元力士の勧進元や筆頭とともに相撲会所の重職を務めた帳元・三河屋治右衛門。松寿楼永年（2代立川焉馬）撰，歌川国直・歌川国丸画『活金剛伝』上，文政 11 年（1828）より。

けて、吉田家から阿武松と稲妻に横綱が免許された際も、綱を準備して相撲年寄とともに授与式に立ち合っている。三河屋は番付表の出版を一手に引き受けながら、相撲会所でも重要な役割を果たしていたのだ。

寛政三年（一七九一）の上覧相撲では、取組表を勝手に出版して売り歩く者が出現し、三河屋がすぐに町奉行へ訴えるという事件があった。その際三河屋は、上覧相撲の終了後に取組結果を記録した勝負付がまた勝手に出版されるのではないかと心配している。上覧相撲が江戸市中で大変な評判を呼んだために起こった事件であるが、番付表や勝負付の出版が、三河屋に独占されていたことがわかる。三河屋は、明治時代以降も根岸治右衛門として版元を務め、昭和二六年まで相撲年寄としても活動した。

宝暦七年（一七五七）冬や寛政七年（一七九五）春の番付表を見てもわかるように江戸時代における番付表の文字は現在のものとは異なる（六六頁、一七八頁参照）。番付表の文字は江戸時代の後半に楷書体に近くなり、明治二〇年代に相撲字が誕生する。根岸家の書き手で名手といわれた兼吉が確立したといわれている。そのため相撲字は根岸流とも呼ばれる。番付表の書き手は昭和初期に三河屋から行司に替わるが、相撲字は連綿と受け継がれて今日に至っている。若手行司は、土俵上の所作だけでなく、先輩行司の指導で日々、相撲字の稽古にも励む。こうして相撲字は次世代にも継承されていくが、肉太で独特の文字を見ると、いやが上にも観客の気分は高揚する。相撲字は大相撲に欠かせず、わたしたちの目を楽しませてくれる。

2　勝負を記録する

勝負付

勝負付とは力士の勝敗を一覧にした紙のことで、江戸時代から明治時代にかけては、相撲場で見物していない市中の人々が取組結果を知る手段であった。紙に印刷した勝負付は、遅くとも江戸時代中期にはあったようで、早い例では宝暦五〜八年（一七五五〜一七五八）頃と推定されるものが現存する。勝負付には通常、取組順で上に勝者、下に敗者のしこ名が刷られる。高田藩の記録にも、宝暦一〇年四月三日に藩主・榊原政永が領内で相撲を見物した記述があり、出場した力士の名や出身地の他、

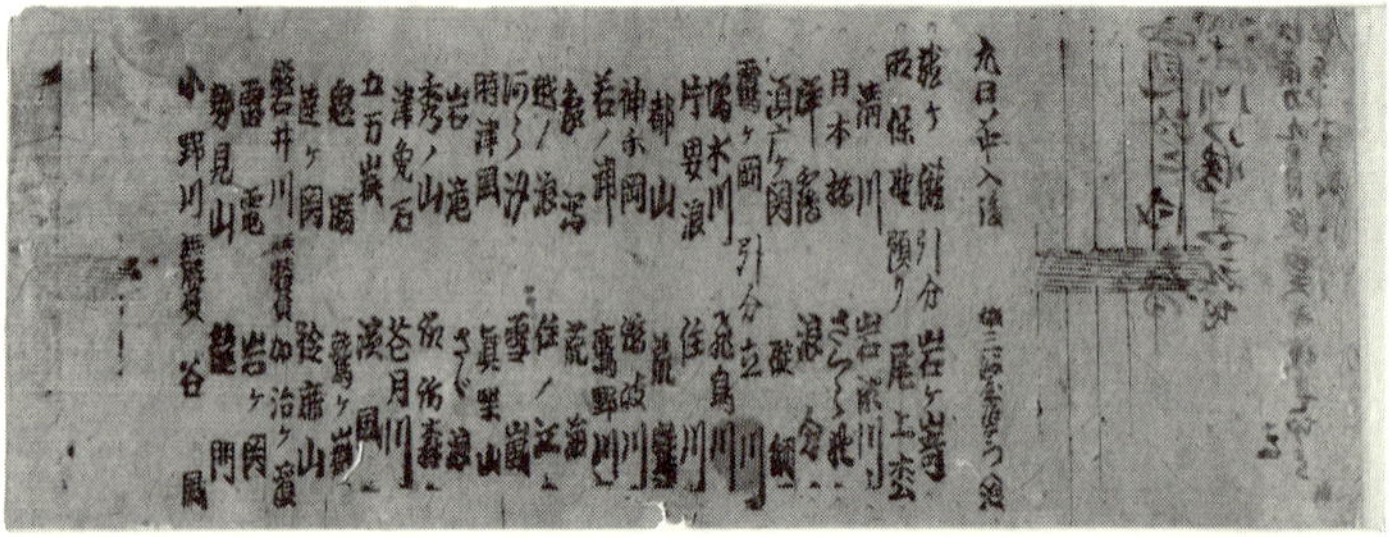

寛政2年（1790）春，江戸相撲の9日目中入後の勝負付（日本相撲協会　相撲博物館蔵）。結びの取組は，前年に横綱を免許された小野川と谷風だが，きわどい勝負で判定は無勝負となった。

「勝負付」と書かれており、勝負結果が見られる。起源については明言できないが、勝負付による記録は、一八世紀前半、それも番付の形式が整う元禄年間（一六八八〜一七〇四）から遠くない時期に行われるようになったものと思われる。勝負付を見ると、どちらが勝ったのかを一目で知ることができた。なお第二章で紹介したように、特に江戸時代には、勝ち負け以外の判定が下されることが多く、たとえば寛政二年（一七九〇）春の江戸相撲九日目の勝負付を見ると、上に勝った力士、下に負けた力士が並んでいるが、「引分」「預り」「無勝負」の文字も見える。

　勝負付は貴重な情報源でもあった。『守貞謾稿』巻之六には、京都・大坂における「勝負付売」の姿が描かれている。興行中に毎宵売り出され、取組終了後にできるだけ早く売るのがよりよいとされ、売り子は「勝負ツケ　勝負ツケ」といいながら飛びまわったという。市中の人々に大人気だったことがよくわかる。勝負付は、事件などを速報するかわら版に近い存在だったといえよう。なお同書には、勝負付売が、三都ともに興行前日の触太鼓にも同行するとあるが、この時は取組表を販売したのだろう。また江戸では触太鼓に同行するものの、走らなかったという。『誹風柳多留』八二篇には「取ル投ル　摺ル出ス売レル　勝負附」（文政八年（一八二五）刊）、九五篇には「向うから　来る小提灯　勝負附」（文政一〇年）とあり、速報として勝負付が販売されていたことがうかがえる。そして宵に販売されるので、『守貞謾稿』にも描かれているように、提灯は勝負付売のトレードマークであった。文政八年には、江戸相撲の勝負結果が、勝負付として大坂相撲の番付表を手がけていた万右衛門により大坂でも出版されている。理由

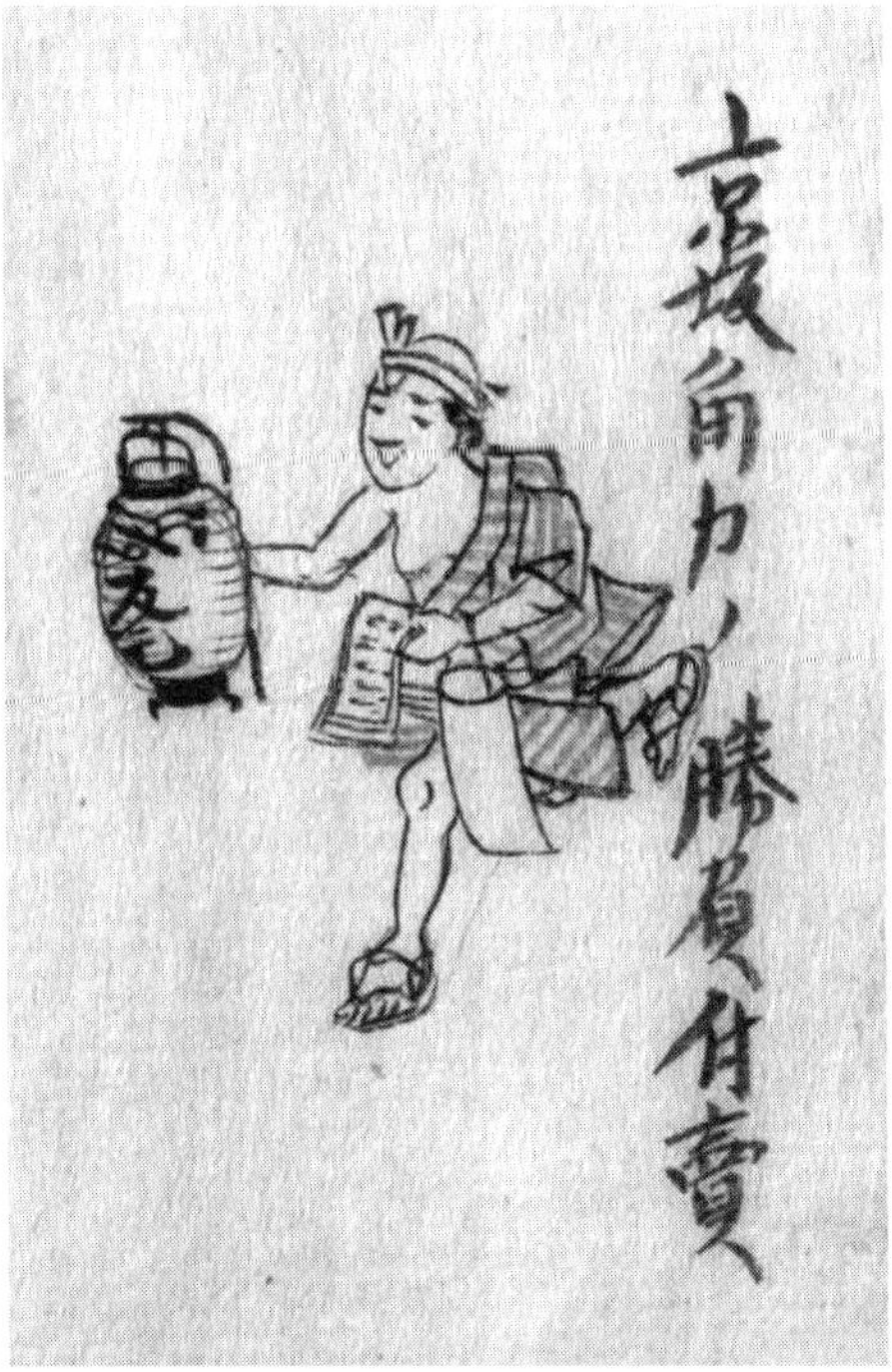

提灯を持って走る京都・大坂の勝負付売。『守貞謾稿』巻6より。

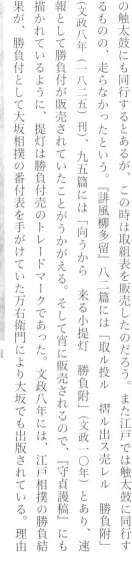

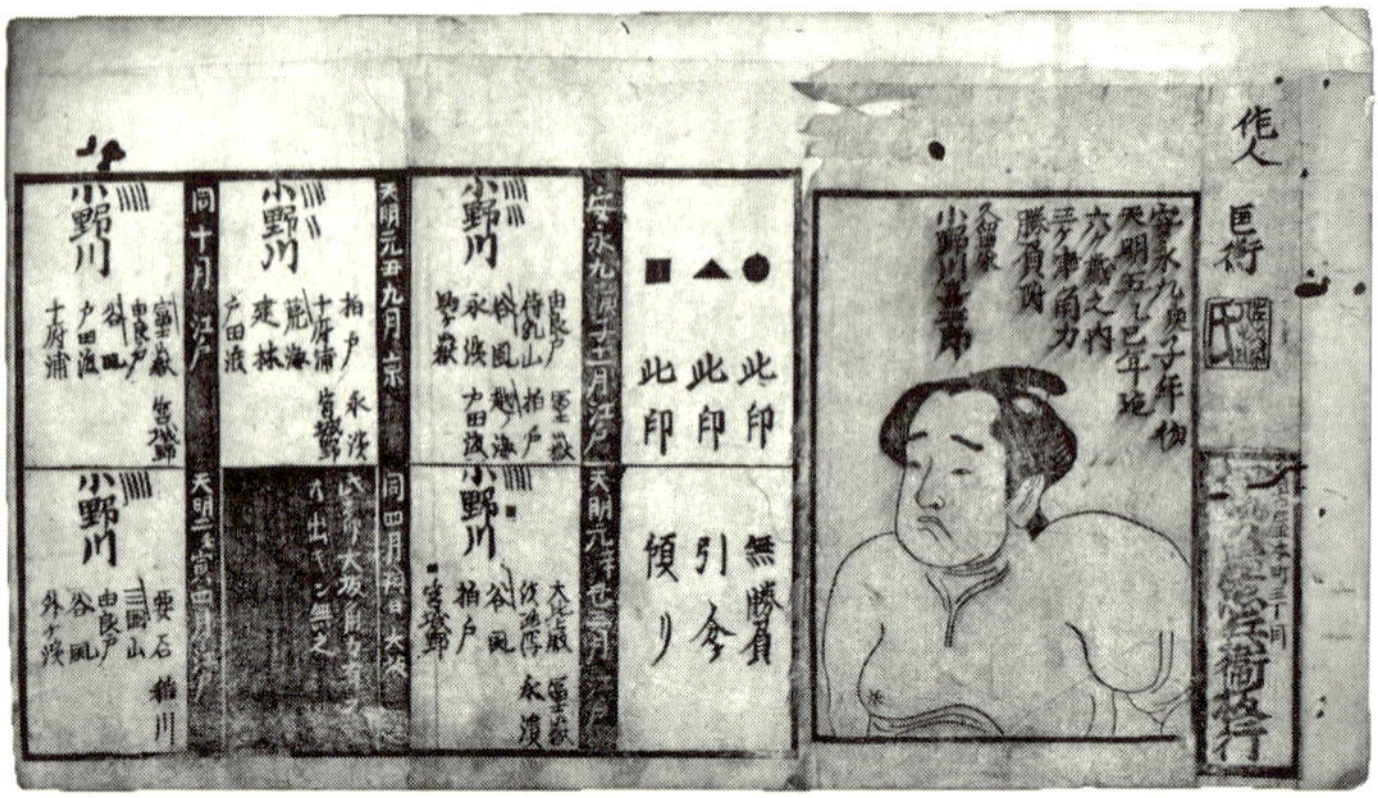

小野川喜三郎の「三ケ津角力勝負附」（日本相撲協会　相撲博物館蔵）は，興行ごとの成績一覧。小野川と書かれた横の線を数えると，勝った数がわかる。負けた場合は，下にある対戦相手に線が引かれる。

は定かでないが、大坂の人々も江戸相撲の勝負結果に関心があったようだ。

線を引いて勝った力士を示す勝負付もあった。天明五年（一七八五）頃には、小野川喜三郎の三《さん》ケ津《がのつ》、すなわち三都における成績を一覧にした勝負付が出版されている。横綱を免許される寛政元年（一七八九）より前であるが、人気の小野川だけに、勝負結果を知りたい観客が大勢いたのであろう。これは速報ではなく、後日勝負結果をまとめた形式だが、次に述べる星取表の先駆的な形態といえよう。明治時代初期には、一日ごとではなく一〇日間の勝負結果を一枚にまとめた勝負付も出版された。

江戸時代以来、勝負付は木版刷であったが、明治一〇年代（一八七七〜一八八六）には活版刷が登場し、以後、活版刷が徐々に主流を占めるようになる。明治四二年に国技館ができてからも勝負付は場内で販売されていたが、新聞報道や昭和三年（一九二八）春に開始されたラジオの実況中継により、速報としての役割を終えた。現在は日本相撲協会内部の記録として作成されている。

星取表

白黒の丸で勝敗を示す星取表を見れば、力士の成績が一目でわかる。一日ごとの勝負を記録した勝負付に対し、星取表では興行ごとの成績を容易に知ることができる。大相撲以外でも、サッカー・ワールドカップの予選リーグ期間中に、ニュース番組のアナウンサーが「現時点での星取表を確認しましょう」などと口にしながらフリップで説明することがしばしばあるように、白黒で勝ちと負けを示す形式は大変にわかりやすく、広く定着している。またプロ野球の投手について、「一カ月ぶりの白星をあげた」「好投も報われず、黒星を喫した」などと表現されることも多い。スポーツの勝敗などでよく使う星取表もまた、大相撲由来の「もの」である。本場所前に発行される番付表が公式ランキングであるのに対し、興行終了後に発行される星取表は、全力士の成績が掲載された公式結果といえよう。現在の星取表は、中央に番付表と同じように蒙御免とあり、行司の名なども記載され、幕内と十枚目は勝敗と決まり手、幕下以下は勝敗のみが記されている。勝ちは○、負けは●、引分は×、休みは「や」、痛分《いたみわけ》は△、不戦勝・不戦敗は決まり手が記載される部分に「不」と表記される。

江戸時代には優勝制度はなく、番付の昇降も現在のように厳密なものではなかった。観客は一番一番の取組を楽しみながら贔屓力士に声援を送った。しかし勝敗にまったく関心がなかったわけではないことは、勝負付や星取表が販売されていたことからもよくわかる。

星取表の誕生は、勝負付よりやや後のことのようだ。先に紹介した小野川のものは、その先駆的な例といえよう。文政〜天保年間（一八一八〜一八四四）に活躍した阿武松と稲妻も、現役引退後に生涯の成績一覧が出版された。阿武松のものは「勧進大相撲関取早見一代鏡」、稲妻のものは「勧進大相撲関取勝負一覧」と表題が付いている。これらには、自身のしこ名の上部に負けた相手、下部に勝った相手のしこ名がある。稲妻のものには末尾に「相撲好之諸君子へ奉入御覧候」と刷られており、観客や愛好者を対象に出版されたことは明らかだ。また出版物ではないが、当時の愛好者が一日ごとの勝負付を基に後日作成した記録も残されており、興行ごとの成績を一目で知ることができる。白黒の丸ではなく線で勝数を示す形式ではあるが、初期の星取表といえよう。インターネットのホームページでは、世界中のありとあらゆる事象が詳しく紹介されており、個人が作成したものも多い。そうした愛好家の心理は江戸時代も変わらないのである。

さて興行ごとに星取表が定期的に出版されるようになったのは、幕末のようだ。早い例では白と黒の丸で勝敗を表す星取表は、弘化四年（一八四七）冬の江戸相撲のものが現存する。弘化〜嘉永年間（一八四四〜一八五四）の星取表は、向かって右側に東方、左側に西方の力士が記載され、しこ名の横に列記された対戦相手の上に白丸と黒丸が示されている。しかし当初は星取表とは呼んでいなかったようだ。たとえば弘化四年冬の場合、「弘化四丁未冬本所回向院境内ニ於テ興行」とあるが、表題はない。文久元年（一八六一）冬の博多中島新地における興行の時は「御免大相撲　勝負附早引一覧」

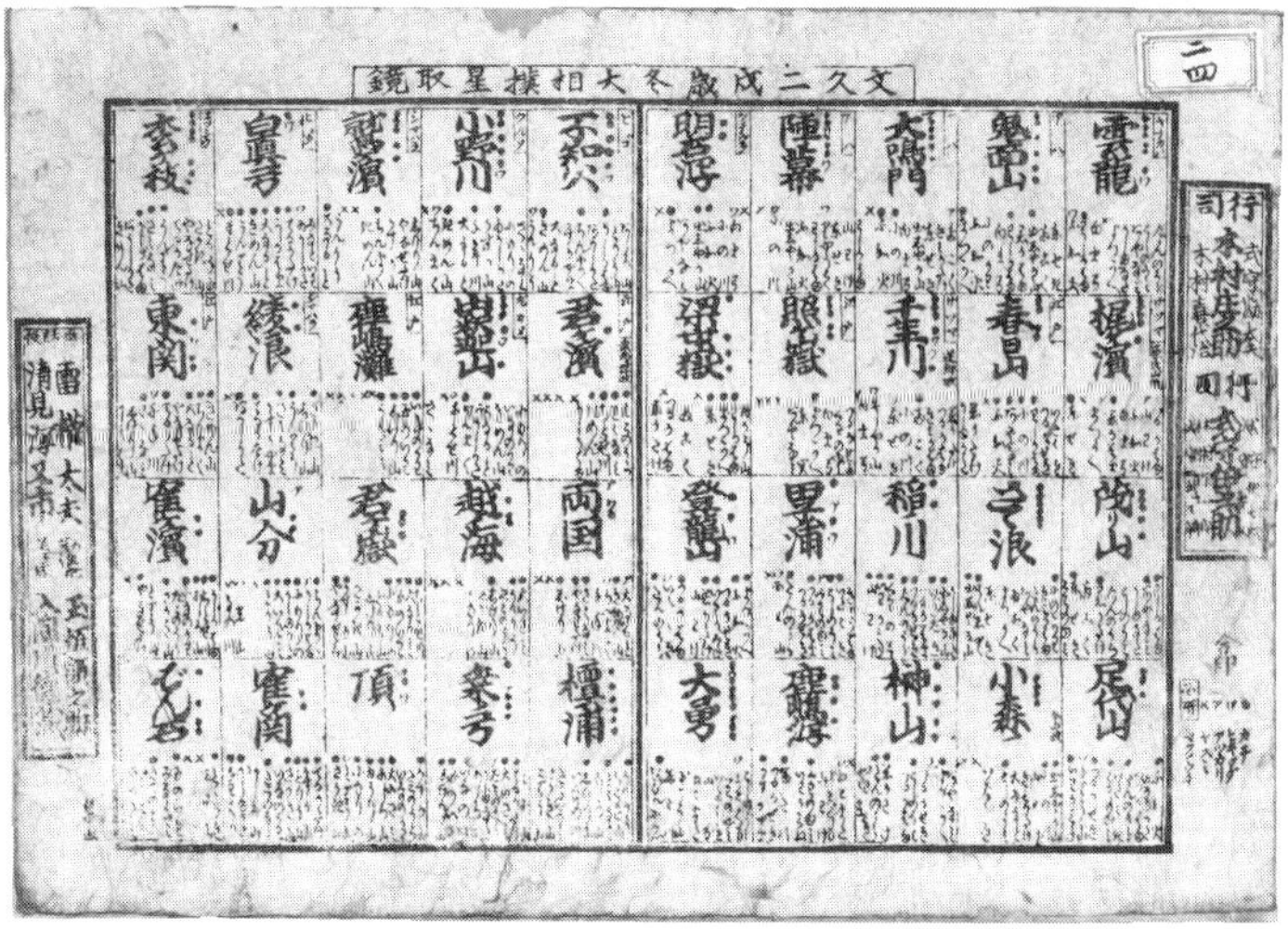

文久2年（1862）冬の江戸相撲の星取鏡（日本相撲協会　相撲博物館蔵）には，勝った数も黒丸で示されている。勝った場合はしこ名の横，負けた場合は下部の対戦相手に黒丸で表す。

と表題があり、勝負付あるいは早引などと呼ばれていた。そして翌文久二年冬の回向院興行では「文久二戌歳冬大相撲星取鏡」と記されている。表ではなく鏡ではあるものの、ここではじめて星取という言葉が登場する。以後、明治時代初期にも勝負早見・星取鏡などとで呼ばれていたが、明治一八年（一八八五）頃から星取表が定着した。慶応年間から明治時代初期には「為御覧《ごらんのため》」と記されたが、明治三年からは「蒙御免」となり、形式も整えられた。番付表と同じく公式記録なので、蒙御免と太書されるようになったのだろう。

表記形式にも変遷が見られる。弘化〜嘉永年間は、しこ名の横に対戦相手、その上に白丸と黒丸で勝敗が記されているが、文久年間（一八六一〜一八六四）以降、対戦相手はしこ名の下に記され、黒丸で勝ち星の数が示されるようになる。勝った場合はしこ名の傍らに黒丸が記され、負けた場合は、対戦相手の上に黒丸が付けられる。黒丸を数えれば、勝った数がわかるのだ。この形式は明治時代以降も続き、現在のように白丸と黒丸になるのは昭和二二年夏場所からである。意外なことに、かつては勝ち星も黒丸で表記していた。勝ちも黒丸で表した理由は定かでないが、しこ名の傍らにある黒丸を数えれば、勝ち数を容易に知ることができる。

当初は幕内・十枚目と幕下の上位力士のみが掲載されていたが、昭和九年（一九三四）夏場所からは反対面に幕下以下の成績も記載されている。昭和三一年春場所からは、関取には決まり手も記入され、平成一〇年一月からは、部屋名も明記されるようになった。平成二五年一月には、従来は向かって右側だった東方の力士と、左側だった西方の力士が入れ替わり、対戦相手は力士名の横に示す形式となった。さらに同二六年七月からは、向かって左側に東西の幕内力士、右側に東西の十枚目力士が列記される形式に変更されている。

3　観客の楽しみ

錦絵と絵葉書

読書・音楽鑑賞・ジョギング・グルメ・切手収集など、わたしたちは多様な趣味を楽しんでいる。

野球やサッカーなどを観戦する人々のなかには見るだけではなく、ユニフォーム姿で応援したり、自分でチームを作ったりする方も多いことだろう。大相撲見物ももちろん趣味のひとつであるが、観客の楽しみは、取組を見ることだけではない。本書では江戸時代以来、相撲愛好者に親しまれてきた錦絵や、明治時代後期から昭和二〇年頃まで流行した絵葉書、力士の大きさを体感できる手形、そして子どもたちの遊びについて考えてみたい。

江戸時代初期、「浮世」すなわち当世の風俗を描いた浮世絵が生まれた。当初は肉筆画であったが、一七世紀後半に活躍した菱川師宣により浮世絵版画の基礎が築かれた。明和二年（一七六五）には鈴木春信により多色刷りの版画である錦絵が考案され、江戸時代後期には喜多川歌麿・東洲斎写楽・葛飾北斎・安藤広重などの浮世絵師により、多くの作品が誕生した。一枚ごとに描く肉筆画とは異なり、錦絵は木版だったので、大量に流通し価格も安かった。こうして錦絵は庶民に大変な人気を博し、ちょうど現在も観光地で販売されている絵葉書のような感覚で、江戸から地方へ帰る者が土産品として買い求めることも多かった。周知の通り海外の美術館にも膨大な数の錦絵が収蔵されており、日本に里帰りして展覧会が開かれることも少なくない。美人画や風景画、歴史上の人物を題材とした武者絵などと並んで、歌舞伎役者や力士の姿も数多く描かれた。相撲を扱った作品は、総称で「相撲絵」と呼ばれている。

相撲絵には、力士が化粧まわしを締めた姿をはじめ、取組や支度部屋、稽古の様子などを描いたものなどがある。役者絵で活躍した鳥居派が従来より手がけていたが、相撲絵の人気が高まり、庶民に愛好されるようになったのは、錦絵の誕生以降である。勧進相撲の興行が名実ともに安定し、江戸で大相撲が成立した一八世紀後半のことだ。天明～寛政年間（一七八一～一八〇一）には、谷風や雷電などの人気力士が登場したこともあり、勝川派の祖である勝川春章や、弟子の春好・春英、さらには春英の弟子・春亭などにより写実的な相撲絵が数多く描かれた。謎の絵師・東洲斎写楽も、寛政六年にはじめて江戸相撲の番付表に載り、怪童として大変な人気を博した大童山文五《だいどうざんぶんご》郎《ろう》（前頭五枚目）を

寛政7年（1795）に専洲斎写楽が描いた怪童・大童山文五郎（日本相撲協会　相撲博物館蔵）。8歳で身長3尺9寸9分（1 m 21 cm）、体重21貫500目（81 kg）とある。取組には出場しなかったが，土俵入りを披露した。後に相撲も取ったが，成績は芳しくなかった。

好んで描いている。

文化～文政年間（一八〇四～一八三〇）以降、美人画や役者絵などと同じように、相撲絵の分野でも、歌川派の活躍がめざましい。浮世絵師のなかで作品数が一番多いことで知られる初代歌川国貞（三代歌川豊国）は、相撲絵の数も随一である。この他、国安・国芳・国貞（二代）・国輝（初代）・国明（初代）といった絵師たちも力士や相撲場の風景など、多くの作品を残した。明治時代にも、歌川派の国輝（二代）、国明（二代）や月岡芳年などの絵師が描いている。版元・松木平吉は、玉波・美邦などの絵師の作品を大正時代まで出版した。現存する相撲絵は、力士の肖像や相撲場の風景を伝えてくれる。

明治時代に入ると、幕末に日本へ技術が伝えられた写真が、錦絵に替わって注目を集める。安政元年（一八五四）にフランスで発明された名刺判写真は、ガラス原板に八～一〇枚の写真を撮影するが、従来の写真より安価だったこともあり、欧米で流行した。切り取って使用され、台紙に貼ることも多く、肖像写真は訪問先で交換用としても重宝した。名勝や風景などを撮影したものもあり、収集や売買の対象ともなった。日本でも明治時代に流行し、力士の着物姿、化粧まわし姿、横綱土俵入り、取組などが撮影された。さらに明治三三年（一九〇〇）に私製葉書の発行が認められ、明治三七～三八年の日露戦争では、記念絵葉書が発行されて大流行した。こうしたブームを背景に、人気力士の絵葉書も発行される。新聞に掲載された写真よりも遙かに鮮明だったため、絵葉書は人気を博した。

力士の絵葉書は明治時代後半から昭和二〇年頃まで流行した。常陸山谷右衛門や梅ケ谷藤太郎（二代）、双葉山定次などは多くの絵葉書が発行されている。特に双葉山は群を抜くほど種類が豊富で、少なくとも二〇〇を数えた。横綱土俵入りなど土俵上の勇姿だけでなく、高峰三枝子や田中絹代といった人気女優とともに撮影したものや、結婚披露宴の様子まで絵葉書になっている。双葉山の人気がいかに高かったかが手に取るようにわかる（四八頁参照）。本書にも掲載しているが、絵葉書は錦絵に替わって庶民の心をつかみ、実際に葉書として使うよりも、大切に収集することが多かったようだ。

手形

芸能人やスポーツ選手などの著名人は、ファンサービスの場ではもちろん、プライベートでもサインを求められることが少なくない。アメリカ・ロサンゼルスの映画館チャイニーズシアター前には、ハリウッドスターのサインや手形・足形があり、観光地としてよく知られている。サインや手形は、ファンにとって憧れの選手やスターを身近に感じることができる記念品である。力士は色紙に手形を押してサインを添えることが多い。大きな手形は力士を象徴するものであり、いかにも大相撲らしい記念品だ。手形は本来、文書に押して証拠としたもので、神仏にあてて願意や趣意を書き記した願文《がんもん》にも押した。現在でも印判を押した証書や契約書を手形と呼ぶことがある。江戸時代に庶民が諸国を往来する際の旅行許可証も往来手形と呼ばれた。力士の手形は、厄除け・魔除け・商売繁盛・泥棒除け・安産のお守りとしても珍重されたといわれる。

いつ頃から押すようになったかは定かではないが、早い例では、元文～延享年間（一七三六～一七四八）に活躍した丸山権太左衛門の朱色の手形が現存する。丸山の手形については、旧知の仲であった市川團十郎（二代）著『老のたのしみ抄』に、次のような逸話が紹介されている。延享四年（一七四七）一一月、楽屋に訪ねてきた丸山の羽織を、團十郎は母や妻に見せたという。その夜、瀬川菊之丞（初代）は、丸山から紅粉で手の形を押したものを受け取っている。菊之丞に望まれた團十郎は「大鵬の　羽折芳し　冬至梅」と発句を添えた。もちろん羽折は、母や妻に見せた羽織のことである。相撲と歌舞伎の人気者による作品が誕生したのであった。このように遅くとも江戸時代中期には、力士の手形が押されていたようである。

文化一一年（一八一四）には、大田南畝の元を訪れた雷電が、手に臙脂《えんじ》を塗って紙面に押している。朱色は、神社の社殿や鳥居に用いられることが多く、厄除けや魔除けの意味があるといわれる。手形にもこのような意味が込められ、朱色で押すことが多かったのであろう。蜀山人または四方赤良《よものあから》の名でも知られる南畝の交友範囲は広く、雷電もそのひとりであった。臙脂ではなく黒だが、雷電が手形を押し南畝が「百里をも　驚かすへき　雷電の　手形をもつて　通る関とり　甲戌卯月四日　蜀山人」と賛を記したものがある。雷電の手形と往来手形、関とりと関所の関をかけた作品で、いかにも狂歌師としても著名な南畝らしい。甲戌卯月四日は、文化一一年四月四日である。雷電は文化八年に現役を退き、松江藩の相撲頭取を務めていたが、引退後にも手形を所望する人々がいるほど、大変な人気者だった。雷電と南畝が合作した手形は数多く現存し、実際に押したものではなく印刷した商品などもあり、評判を呼んだのである。

相撲愛好者は、人気力士の手形を床の間などに飾って調度品として楽しんだ。長崎のオランダ商館長ヨセフ・ヘンリー・レフィスゾーンは、将軍に拝謁するために江戸に向かう途中の嘉永三年（一八五〇）二月二日、播磨国印南郡魚崎村（兵庫県高砂市）で昼食を取っている。その部屋でかつての住人という身長が七フィート（二メートル一三センチ）余もあったらしき力士の非常に大きな手形を見たと『江戸参府日記』に書き残している。この手形は同地出身の陣幕島之助（前頭筆頭、前名は龍門）のものと思われる。外国人の目には手形はとても珍しく映ったのであろう。

明治時代以降も横綱や大関を中心に、多くの力士が手形を押した。手形だけでなく、揮毫を求められることも多い。力士たちは、いかにも相撲らしい「忍」や、おめでたい「寿」など、思い入れのある文字や言葉を書く。手形や揮毫は、関取だけに許されるものである。手形を求められることは力士にとってはステータスでもあるのだ。歴代の横綱が一堂に会して手形を押したものや、横綱と大関が手形を押し、中央に行司が揮毫したものなどのヴァリエーションがある。黒の墨で押すこともあるが、黒は黒星、すなわち負けに通じるため、朱色を用いることも多い。なお手形は多いが足形は少なく、江戸時代の横綱に限ると管見の限りでは谷風が押したものが現存するのみである。

子どもたちの遊び

相撲にまつわる玩具は、もちろん子どもたちの楽しみであった。昭和四〇年代頃までは、空き地や路地などで遊ぶ子どもたちの姿がよく見かけられたそうだ。そこではアニメのキャラクターやプロ野

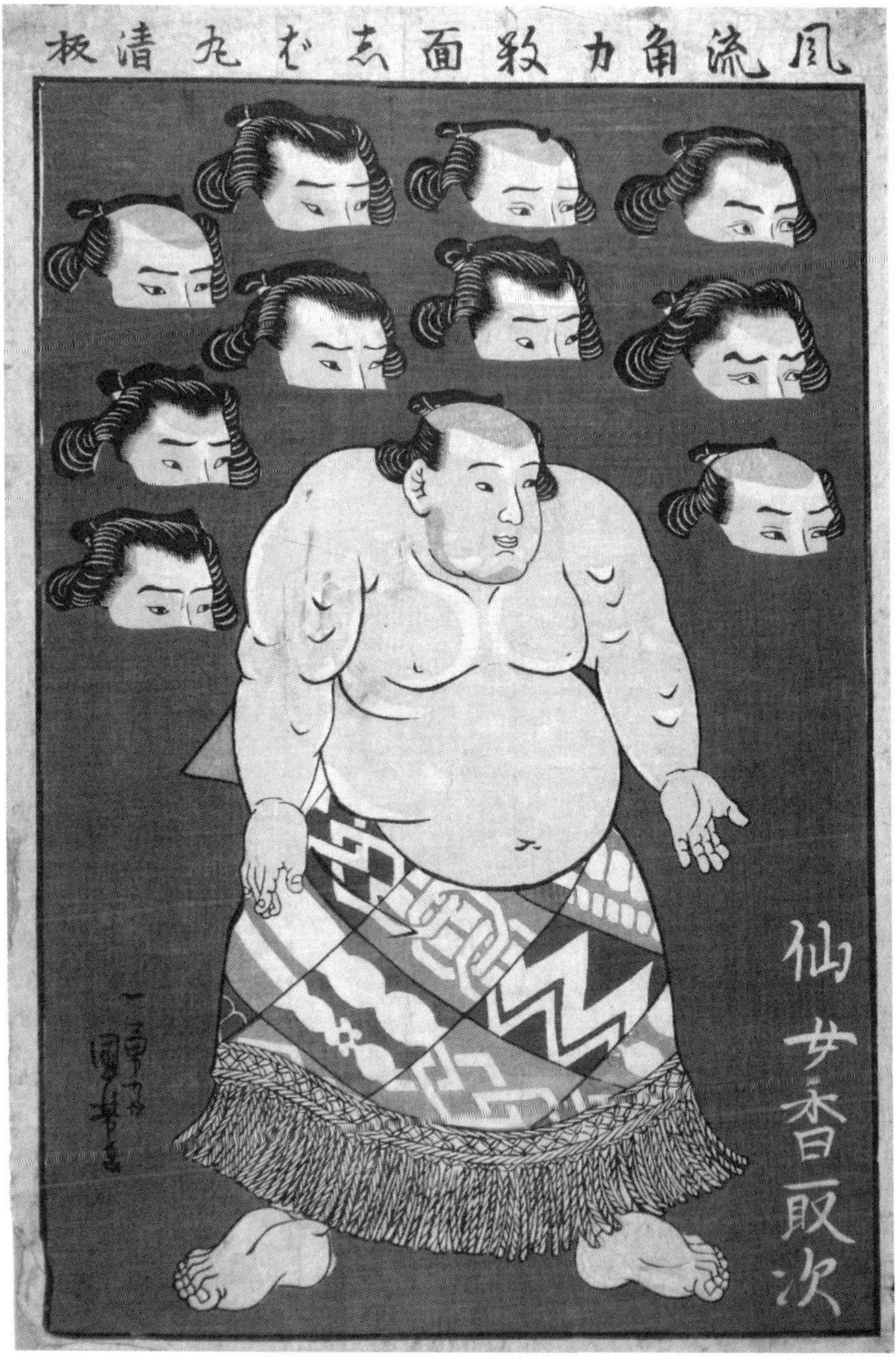

歌川国芳画「風流相撲数面」（日本相撲協会　相撲博物館蔵）は，切り抜くと頭の部分を入れ替えることができる。

球選手などと並んで、力士が描かれた面子や、しこ名が彫られたベーゴマが活躍したことだろう。近年は、少子化の影響もあり外で遊ぶ子どもは少なくなったといわれるが、テレビゲームやインターネットの世界で活躍する力士もいるようだ。

錦絵のなかには、起こし絵、あるいは立板子《たてばんこ》と呼ばれる作品がある。樹木や家、人物などを切り抜いて組み立てると、ひとつの風景などが立体的にできあがる。起こし絵に、土俵と力士をかたどったものがあり、子どもたちは紙相撲のようにして遊んだ。歌川国芳は「風流《ふうりゅう》 相撲《すもう》数面《かずら》」という作品を描いているが、力士の頭の部分が数種あり、入れ替えると髷の形が変化する。実はこの作品は文政～天保年間（一八一八～一八四四）に大流行した仙女香《せんじょこう》という粉白粉の宣伝用に描かれたものだが、着せ替え人形ならぬ着せ替え髷を楽しむことができた。子どもだけでなく、大人もターゲットにした錦絵だ。

江戸時代の玩具にも相撲が時折顔を出すが、その代表が泥面子《どろめんこ》だ。泥面子とは、江戸時代後半から明治時代初期にかけて流行した、素焼きの面子である。芝居や風俗をはじめ多種多様な事柄がモチーフとされたが、円形や、お面のように顔をかたどったもの、人や動物をかたどったものに大別され、大きさ二～三センチ・厚さ一センチほどのものが多い。穴に向けて投げて入ったら勝ち、描いた円の中心に近い方が勝ちなど、いくつかの遊び方があった。素焼きなので、ひっくり返したり、台の上から相手を落としたりして遊ぶ明治時代後期に登場した紙面子とは遊び方が異なる。天保三年（一八三二）、賭博性が強いとして江戸幕府は泥面子を禁止するが、その効果はあまりなかったようだ。江戸時代後期に作られた相撲にまつわる泥面子も確認されており、柏戸・阿武松・剣山などのしこ名が入ったものや組み合った力士をかたどったものもある。これらは江戸の武家地や町人地から出土しているが、泥面子は相撲が子どもたちにまで影響を与え、人気を博していたこと、そして子どもたちも、相撲の人気を支える役割を果たしていたことを雄弁に物語ってくれている（谷川章雄「江戸の相撲と玩具」）。

伏見人形・博多人形に代表される土人形にも、力士や相撲を題材としたものが多く、子どもの健や

下川原人形（青森県弘前市）高谷徳太郎作「子ども取組」，昭和初期。

大阪張子「猪名川」，江戸末期〜明治初期。いずれも日本相撲協会相撲博物館蔵。

かな成長を願い、贈答品としても用いられた。江戸時代後期以降、起源や由来、年代はそれぞれであるが、土人形は郷土玩具として全国各地で作られている。相撲を題材としたものとしては、下川原《したがわら》人形（青森県弘前市）・気仙沼人形（宮城県気仙沼市）・堤人形（仙台市）・相良人形（山形県米沢市）・八幡《やわた》人形（新潟県佐渡市）・小幡《おばた》人形（滋賀県東近江市）・津屋崎人形（福岡県福津市）・古賀人形（長崎市）・帖佐人形（鹿児島県姶良市）などがある。佐原張子（千葉県香取市）・大阪張子など、紙を貼り合わせた張子にも、相撲を題材としたものがある。「相撲人形」と総称されるこれらの玩具からも、子どもたちにとって相撲は大変な楽しみであったこと、そして相撲文化の全国各地への広がりをうかがうことができる。

第七章　興行の空間

1　相撲場の賑わい

そびえ立つ櫓

本書の締めくくりに、大相撲が興行される空間に皆様をご案内したい。

大相撲の開催日には、相撲場に備えられた櫓《やぐら》の上から呼出しによる太鼓の音が近隣に鳴り響き、観客の気分は高揚する。木戸の脇にある国技館の櫓は、平成七年五月に高さ一九・七メートルほどの鉄骨製になり、相撲開催日以外もそびえ立っている。それまでは本場所ごとに六メートルの木製の櫓が組まれていた。材は檜で、釘や針金は一切使わず荒縄を用い、かつてはたとえ雨や雪が降っても、縁起のよい大安・酉の日に組まれたそうだ。酉は観客を「取り込む」ため縁起がよいのだ。櫓の下には板番付や翌日の取組を大書した顔触れが掲げられ、興行の許可を得たことを示す御免札を立てる。

最上部には、天に対する礼を意味するという、麻と幣で作った出し幣《だしっぺい》も備えており、これらも江戸時代以来の慣習だ。

相撲や歌舞伎などの櫓は、もともと武家屋敷や城郭の櫓門を模したもので、矢倉と表記されることもある。戦国時代から江戸時代初期には設けるようになったようで、「京都鴨川糺ノ森の図屏風」などにも描かれている（三一頁参照）。櫓門をまねていたため、当初は武具も並べたが、徐々に姿を消し、出し幣のみが残された。娯楽の場に、武具は似つかわしくなかったのだろう。櫓を構えることは、幕府から興行が許可されていることを意味し、大変重要なことであった。歌舞伎の芝居小屋の場合、櫓は劇場の屋根の上に高々と組み、非常に大きかった。歌舞伎界では、興行を許可されたことを「櫓をあげる」というほど重要な意味がある。また櫓は、天から神をこの場所に迎えるための目印とも考えられている（池田弥三郎『江戸時代の芸能』）。

神を迎える目印という考えは相撲にもあてはまるであろう。出し幣もまた、神を招く依代《よりしろ》の意味がある（服部幸雄『歌舞伎ことば帖』）。ゆえに木戸の上に設けていた櫓は江戸時代中期に独立し、高くそびえ立つようになったのではなかろうか。一七世紀後半に出現した土俵を中心に、観客が見物するための場が徐々に整えられ、櫓もその一部として定着していった。一八世紀後半に描かれた歌川豊春の「浮絵和国景跡　江戸深川八幡之図」や、勝川春英の「回廻院〔回向院〕相撲之図」には、高くそびえる櫓が描かれている（二一七頁参照）。安政四年（一八五七）には、歌川広重が「名所江戸百景　両ごく回向院元柳橋」を描いている。力士は登場しないものの、相撲をモチーフとした作品であることは誰の目にも明らかである。年に二度、興行のたびに出現する櫓は、両国、そして相撲のシンボルであったのだ。明治時代には興行許可を示す意味は薄れたものの、大相撲を象徴する存在として櫓はそびえ立っている。

安政4年（1857）の歌川広重画「名所江戸百景　両ごく回向院元柳橋」（日本相撲協会　相撲博物館蔵）。櫓の先端から突き出たはたき状のものが出し幣。

鳴り響く太鼓

太鼓の音は、柝と並んで大相撲に欠かせない。叩いているのは呼出しだ。相撲の太鼓には、櫓の上で興行開催を周辺に知らせる櫓太鼓と、興行初日前日に近隣や相撲部屋などをまわって開催や取組を知らせる触太鼓がある。櫓太鼓は一日に二度あり、木戸が開門する際に興行の開始を知らせる寄せ太鼓と結びの取組終了後の跳ね太鼓が打たれる。ただし跳ね太鼓には「明日もご来場下さい」という意味が込められているため、千秋楽や一日限りの興行では叩かない。かつて寄せ太鼓は一番太鼓と呼ばれ、関取の入場時に二番太鼓、終了時に跳ね太鼓を打っていた。太鼓は観客を集めるために打ち鳴らすが、神を迎えるための音響的な効果もあるとも考えられている（守屋毅「日本の音曲考」）。

相撲に太鼓が用いられるようになったのは、遅くとも風俗画に櫓が確認できる江戸時代前期と思われる。『関取名勝図絵』には「太鼓櫓　毎朝正七ツ時より打初メ、夕七ツ時に終る、天下泰平・国土安全と打也」とあり、早朝四時から夕方の四時まで、天下泰平と国土安全を祈って打っていたことがわかる。文化一〇年（一八一三）には、小林一茶が「うす闇き　角力太鼓や　角田川（隅田川）」と詠んでおり、早朝から鳴り響く櫓太鼓の音が聞こえてくるようだ。「天高し　角力の太鼓　鳴り渡る」は、正岡子規による明治三〇年（一八九七）の作品だ。

『関取名勝図絵』にあるように、相撲や劇場の太鼓は未明から打つ慣習だったが、明治七年六月、東京府は、夜が明けてから打つようにと区長と戸長へ達している。しかし東京府の達にもかかわらず、明治時代から大正時代にかけても、午前三～四時頃には太鼓が打たれたという。明治時代後期から昭和三〇年代まで長きにわたって活躍し、太鼓の名人と呼ばれた呼出しの太郎は、一番太鼓は、これからはじまるという気持ちを込め「ドントコイドントコイ」と撥《ばち》を外から内へ向かうように、二番太鼓は関取の場所入りを象徴するようにゆっくりと、跳ね太鼓は「テンデンバラバラ」と観客が外に出やすくするように打ったと語っている（木村庄之助・前原太郎『行司と呼出し』）。太鼓の打ち方は先輩の呼出しから後輩に受け継がれる。呼出しは、土俵上での呼びあげ以外にも、日々太鼓の稽古にも励んでいるのだ。

興行がはじまる前日、土俵祭が終わると触太鼓は街に繰り出す。東京では両国・浅草・神田や相撲部屋などをまわり、翌日から大相撲がはじまることや、初日の取組を周知する。『大江俊光記』の元禄一二年（一六九九）六月一七日に触太鼓が御免となったという記述がある。触太鼓も遅くとも勧進相撲が再開した一七世紀後半には登場したと考えられる。宝永五年（一七〇八）九月に常行寺（品川区）で興行した際には、寺社奉行から触太鼓をやめるように命じられ、替わりに拍子木でまわっている。同年九月九日、火事を知らせる太鼓と紛らわしく騒がしいため、祭礼などの太鼓は当日のみ許可する旨の町触が出ており、相撲の触太鼓も禁止されたのであった。それでも祭礼当日以外に太鼓を打つ者がいたようで、一四日に再び夜中まで太鼓を打つことが禁じられている。その後、「廻り太鼓」すなわち触太鼓が許されたのは正徳四年（一七一四）であった。八代将軍・徳川吉宗による都市政策の一環として防火対策が強化され、享保六年（一七二一）には、火事の際の太鼓の打ち方が定められた（黒木喬『江戸の火事』）。火事の場合は半鐘も用いられたこともあり、相撲の太鼓は容認されるようになったものと思われる。

太鼓は、興行の開始を広く周知する実用的な手段であった。安政三年（一八五六）の「江戸両国回向院大相撲之図」にも、櫓と回向院を出発して両国橋を渡る触太鼓の姿が描かれている。『関取名勝図絵』には「五柄太鼓　初日前日に町々へ出る也、江戸太鼓・深川太鼓・品川太鼓・浅草太鼓・四ツ谷太鼓なり」とあり、五柄太鼓と呼ばれる触太鼓が五方面をまわっていたことがわかる。嘉永四年（一八五一）春の興行中にあたる三月一八日、徳川家慶の吹上御成《おなり》があったため、勧進元の相撲年寄・富士島甚助らは、寺社奉行に太鼓のまわる地域を届けている。この届けによると、触太鼓はいずれも回向院の相撲場を起点として東西南北の四方面にわかれ、東は深川・本所・浅草、西は四ツ谷・赤坂、南は日本橋・芝・西久保、北は小石川・本郷・市ケ谷・神田を中心にまわったようだ。本来は西に麴町・番町・飯田町も含まれていたが、江戸城に近かったため将軍の御成が済むまではまわらなかった。『関取名勝図絵』の五柄太鼓と対比すると、江戸太鼓と品川太鼓は南、深川太鼓と浅草太鼓は東、四ツ谷太鼓は西と北に相当する。五街道の起点だった日本橋付近、回向院からも近く富岡八幡宮の門前町で多くの料亭などもあった深川、日本橋から二里で東海道第一の宿場である品川、芝居小屋が建ち並び両国と並んで盛り場として賑わっていた浅草、江戸城に近く大木戸がある四ツ谷などを太鼓がまわった。盛り場や門前町といった人が多く集まるところで、大相撲がはじまると知らせたのである。

なお触太鼓は、歌舞伎芝居の三座（中村座・市村座・森田座）の櫓下では打たなかった。三座を通る

櫓と触太鼓。歌川国郷画「江戸両国回向院大相撲之図」（日本相撲協会　相撲博物館蔵）より。現在も櫓太鼓は興行期間中，触太鼓は初日の前日に楽しめる。

時は、芝居の木戸番は木戸台からおりて触太鼓の人々と挨拶するのが礼儀であったと、安政元年（一八五四）以降に成立した三升屋《みますや》二《に》三治《そうじ》の『芝居秘伝集』が伝えている。また安政三年（一八五六）序、鼠渓《そけい》による『寐ものがたり』には、仙台藩の厩頭《うまやがしら》・及川勘左衛門から聞いた話として、高輪周辺の触太鼓は、同藩の抱え相撲・谷風梶之助の指示で、伊達家上屋敷をまわったとある。江戸時代には相撲部屋の他、力士を抱える藩の屋敷もまわったようだ。なお明治時代初期までは、相撲年寄の伊勢ノ海家に伝わる由緒ある太鼓が使われていたという。

明治時代末期まで大相撲は晴天興行であり、雨が降ると中断された。触太鼓は興行が再開されるたびにまわった。雨がやむと太鼓を叩いて翌日から興行が催されることを触れた。原則としていったん中断すると、晴れの日が二日間続かないと興行を再開できなかった。『藤岡屋日記』によると、何度も中断したため千秋楽まで四八日間を要した嘉永六年(一八五三)春場所では、触太鼓が一五度もまわっている。しかし明治四二年(一九〇九)に国技館が開館すると興行は天候に左右されなくなり、触太鼓は興行初日前日の光景として定着したのであった。

はためく幟

国技館や地方場所の会場、巡業先などに立つ何本もの色鮮やかな幟《のぼり》は、観客の目を楽しませてくれる。力士・行司・呼出し・相撲部屋などに後援者から贈られるが、縁起を担いで使うのは一場所限りである。幟はもともと軍陣や祭礼などに用いられたが、江戸時代中期には芝居小屋や相撲場にも立てられるようになった。「回廻院〔回向院〕相撲之図」にも境内に立つ幟が描かれている。幟の設置には相撲興行を管轄する寺社奉行の許可が必要であり、たとえば嘉永四年(一八五一)冬の興行では、勧進元らが寺社奉行に贔屓から贈られた幟一〇本を立てたいと願い出ている。勧進元や人気力士に贈られることが多く、慶応三年(一八六七)夏には、横綱を免許されて間もない陣幕久五郎に少なくとも木綿の幟二本が贈られている。届けは必要だったものの、幟の設置は慣例として認められていた。

幟の他、酒樽や蒸篭《せいろう》(もち米や団子などを蒸す器のこと)などの贔屓からの積物《つみもの》も相撲場を彩った。これらの設置にも寺社奉行の許可が必要であった。『藤岡屋日記』によると、安政三年冬の興行では、早川宮本連や大坂魚市場の佐野屋、多くの錦絵が残る浅草吉原稲本楼の名妓・小稲から酒樽五〇駄ずつが勧進元の相撲年寄・追手風喜太郎へ贈られている。また積物ではないが、深川の佐賀町六ケ町は、

勝川春英が江戸時代中期に描いた「回廻院〔回向院〕相撲之図」（日本相撲協会　相撲博物館蔵）。門前には続々と観客が詰めかけ，高くそびえ立つ櫓や板番付，幟など相撲場の様子がよくわかる。

興行中に玉川浪五郎から改名した錦木塚右衛門（前頭筆頭）に金三〇両・米俵二〇〇俵を贈った。浅草や深川のみならず、大坂の魚市場ともかかわりがあった点は注目に値しよう。

狂言作者・浜松歌国が大坂の地誌やできごとをまとめた『摂陽奇観』巻之四四の文化六年（一八〇九）五月に「木戸口ニ進物之積もの・米俵・大幟之類ひ、夥しく景気見事也」とあり、大坂でも江戸と同様の風景が広がっていた。三都に続いて多くの興行が催された名古屋でも、金山神社の森で文政三年（一八二〇）七月に催された興行に際し、名古屋藩士・高力信種（猿猴庵）が『猿猴庵日記』に「ひいき連の花つみもの〻山をなし、大幟・吹貫等、美々しく立ちかざれり」と記すほどの盛況であった。

大坂や名古屋の相撲場も、幟や積物で賑わう様子がうかがえる。嘉永六年（一八五三）に歌川国郷が「両国大相撲繁栄之図」に描いたような空間は、規模の大小はあるものの、江戸のみならず、京都・大坂・名古屋をはじめとする全国各地に出現したのである（口絵10）。

歌舞伎の興行空間を詳細に検討した服部幸雄は「劇場正面とその周辺のにぎにぎしい景観は、一面において町人の経済力の誇示であり、すなわち繁栄の美学に他ならなかった。江戸の人たちは、「芝居」といえば直ちに繁栄・繁昌を思い浮かべた。無数の人々が集まってさんざめくその喧騒、空間という空間を隙間なく埋めつくした看板や飾り物、「大入り」「大当たり」という語感などは、庶民の実生活の中におけるハレ意識を象徴的に表わしていた」と述べている（『大いなる小屋』）。この指摘は、「両国大相撲繁栄之図」を見ればわかるように、大相撲にもあてはまる。幟や積物は、相撲場に欠かせず、まさに興行が成功し、繁栄している様子を象徴する「もの」だ。江戸時代後期には、仮設の相撲小屋を中心に、幟や積物、詰めかける観客により、ハレの空間が出現したのである。現在、積物は国技館には設置されていないが、名古屋場所の会場である愛知県体育館には酒樽が積まれる。

明治時代にも幟は力士や行司に贈られ、回向院の門前を彩った。明治三四年（一九〇一）夏場所には、大砲万右衛門が一八代横綱に昇進、後に一九代横綱となる常陸山谷右衛門が大関に昇進したこともあり、回向院の門前だけでなく両国橋の東詰・西詰に、あわせて二〇〇本以上の幟が林立した。回向院界隈の空いている場所にすべて幟を立てたほどであったという（風見明『横綱の品格』）。しかし国技館開館を機に、幟と積物の設置は全面的に禁止されてしまう。その理由は近代的な建物に似合わない、また力士から芸人意識を払拭するためと考えられている。ただし禁止されたのは国技館だけで、巡業地では幟と積物が相撲場を彩った。その後、アジア・太平洋戦争後の景気付けや、敗戦で沈む気持ちを盛り上げる目的で、相撲愛好者からの投書があったこともあり、幟け蔵前に仮設の国技館が開館した昭和二七年に復活した。相撲場に彩りを添えている幟も大相撲に不可欠な「もの」である。

相撲茶屋

国技館で相撲を観戦していると、呼出しと同じ着物とたっつけ袴の人が、観客を席まで案内する姿をよく見かける。案内しているのは、相撲茶屋の出方と呼ばれる人々である。相撲茶屋は入場券の斡旋や飲食物・土産などを提供してくれる。歌舞伎でも江戸時代から明治時代中期までは劇場に付属する芝居茶屋がたくさんあって、観客を案内し、幕間の休憩時間や食事の際に世話をしていた（服部幸雄『歌舞伎ことば帖』）。現在でも国技館内には二〇軒の相撲茶屋が軒を構える。店先を一月場所は繭玉、五月場所は藤、九月場所は紅葉の造花が華やかに彩り、観戦気分を一層盛りあげてくれる。相撲茶屋のなかには江戸時代に創業した店もあってそれぞれ屋号を持ち、経営者は相撲年寄の子孫など、ほとんどが相撲関係者だ。当初は回向院境内に常時店を構えていた茶屋か、相撲興行の際に飲食物を提供することもあったが、明治四二年の国技館開館を機に、二〇軒が相撲茶屋専業となった。この頃から相撲関係者が経営に携わる茶屋が増えた。相撲茶屋は案内所とも呼ばれ、昭和三二年九月には、統括する組織として相撲サービス株式会社（昭和六〇年一月場所後に国技館サービス株式会社と改称）が

茶屋でくつろぐ観衆。

設立され、二〇軒の相撲茶屋は、正式には一番から二〇番の番号で称するようになった。しかしその後も長年親しまれてきた屋号で呼ばれることが多く、平成一九年一月からは、店先に屋号が染め抜かれたのれんを掲げている。なお大阪の三月場所と名古屋の七月場所の一部の入場券も、それぞれの相撲茶屋が取り扱っている。

　相撲茶屋の起源は判然としないが、勧進相撲が定期的に催されるようになる江戸時代中期には存在していたと思われる。宝永五年（一七〇八）六月、常行寺（品川区）で興行が催されたが、その際、火付盗賊改・松田勝広の目明し・釘又兵衛という者が「桟敷元」を務めている。桟敷元と相撲茶屋をただちに結びつけることはできないものの、観客席を取り扱う人々がいて、後の相撲茶屋に発展していったのだろう。また大坂生まれの俳人で飛脚問屋の大伴《おおとも》大江《おおえ》丸《まる》（安井《やすい》政胤《まさたね》）が寛政一二年（一八〇〇）に江戸を旅した記録『あがたの三月よつき』には、一一月六日に蔵前八幡宮で行われた冬の興行の記述がある。大江丸は、水戸藩抱えのからいと万吉（同場所五段目の唐糸万蔵のことと思われる）という力士の案内で、四つ時（午前一〇時）に柳橋の料亭・青柳から船に乗り、厩河岸で下船して、蔵前八幡宮で見物した。そし

飲食物も観客の楽しみだ。いずれも享和元年（1801）の河村文鳳画「京都鴨川角觝絵巻」（日本相撲協会　相撲博物館蔵）より。

て見物後には、再び青柳に戻り、芸者の唄を楽しんでいる。青柳は、いわゆる相撲茶屋ではなく料理茶屋だが、このような楽しみ方もあった。

相撲茶屋は桟敷（枡席）を扱っていたため、「桟敷方」と呼ばれていた。文政年間（一八一八〜一八三〇）以降、桟敷方の名が入った番付表が多数確認できる。これらは贔屓筋に贈られたものであり、桟敷方が広く活動していたことを示す。天保年間（一八三〇〜一八四四）には、桟敷方の代表者が相撲会所と契約し、正式に営業権が認められている。嘉永二年（一八四九）における江戸相撲では、区切られた桟敷の数は一五〇軒ほどであり、「出方」一四名が六〇軒を扱い、残りの九〇軒は勧進元が扱う建前だが、たいていこの分も出方が差配し、「子分」六五名に譲り、観客に提供された。桟敷代や酒食代を扱う出方と子分あわせて七九名は、桟敷に自分の名を記した札をさげ、懇意の客に席を斡旋した。一四名の出方は、天保年間に営業権が認められた桟敷方の代表者のことと思われる。これらの人々は、回向院の近在の興行にも携わっていた。なお今後も検討が必要であるが、江戸時代の出方は営業権を持つ人々を意味したが、後に相撲茶屋で客を案内する人々全般を指すようになったようだ。岸派の絵師・河村文鳳《かわむらぶんぽう》の「京都鴨川角觝絵巻」には、二条河原での興行風景が生き生きと描かれ、見物の合間に飲食を楽しむ観客が見られる。

また、相撲場内には飲食物を販売する「中売」という人々もいた。『関取名勝図絵』は、中売を「手ぬぐひにてたすきを掛ケ、人の肩を踏て商ひをなす、名物、弁当・すし・酒・するめ・かまぼこ・くだもの」と説明する。歌舞伎では、「か・べ・す」と呼ばれた菓子・弁当・寿司が名物であったが、相撲見物でも飲食物は大きな楽しみであった。「手ぬぐひにてたすきを掛ケ、人の肩を踏て商ひをなす」という表現から、観客で賑わい、熱気にあふれる相撲場を往来して飲食物を販売する中売たちの姿が目に浮かぶ。中売は、相撲茶屋が世話をする桟敷ではなく、主に土俵を取り囲むように設けられた安価な土間の観客を相手に飲食物を提供した。飲食物を楽しむ客は先の「京都鴨川角觝絵巻」にも描かれている。中売は明治時代にも日本酒・ビール・サイダー・汁粉・菓子・みかん・寿司・煎餅・たばこ・化粧品・絵葉書などを販売した。しかし明治四二年（一九〇九）、後に紹介する投げ纏頭《ばな》が禁止されても物を投げる観客が絶えなかったため、同四四年夏場所に姿を消した（風見明『相撲、国技となる』）。

観客を迎える木戸

高揚する気持ちを抑えながら、入場券を手にした観客は木戸を通る。現在、国技館などの本場所会場では、ここで往年の名力士が迎えてくれ、記念撮影をする人を見かけることも少なくない。木戸とは本来、防備のために柵に設けた門のことであるが、江戸時代には市中にある番所の門や、芝居小屋などの出入口もそう呼ぶようになった。

貞和五年（一三四九）六月一一日、京都の四条河原に桟敷が組まれ、大規模な勧進田楽が催された。室町幕府の初代将軍・足利尊氏や摂政・二条良基をはじめ、さまざまな身分の人が詰めかけたが、桟敷が崩れて大惨事となってしまった。この田楽は『太平記』巻二七にも描かれており、「桟敷崩れの田楽」として有名である。詳しい内容は『太平記』をご覧いただきたいが、観客が詰めかけた入口は「鼠戸ノ口モ塞リテ可入方モナシ」という具合であった。「鼠戸」とあるのが観客の入口である。鼠戸は鼠戸口・鼠木戸などとも呼ばれたが、南北朝時代にはすでにあったようだ。なぜ出入口の呼称に鼠が冠されたのかについては、鼠のように小さくなって入る、もともとは「不寝見」だった、四条河原の芝居小屋にいた木戸番の猫背中作内という男が恐れられていたからだなどの説がある。いずれにしても小さな出入口は無銭入場者を取り締まるのに都合がよかった。そして客は身を小さくして「くぐる」ことにより、異次元の人に生まれ変わったことを確信したという（服部幸雄『大いなる小屋』）。勧進相撲が文献に登場するのは一五世紀前半だが、相撲場にも鼠戸が設けられたのは自然な流れだったと思われる。洛中洛外図に登場する相撲場には、木戸が描かれている作品も散見される。現在も国技館や劇場、野球場などに入場した際、高揚感を覚える方は少なくないだろう。昔の人々も小さな出入口を「くぐる」ことにより、同じような感覚を得ていたのだ。

左端に見える木戸に詰めかける人々。松寿楼永年（2代立川焉馬）撰，歌川国直・歌川国丸画『活金剛伝』上より。

木戸札を管理した大札場。慶応2年（1866）の歌川国輝（2代）画「勧進大相撲繁栄之図」（日本相撲協会　相撲博物館蔵）より。

木戸は、興行が江戸幕府に認められていることも表した。安永二年（一七七三）の全国触には、木戸を構え、札銭（木戸銭）を取ることができるのは、相撲を生業とする者に限ると規定されている。木戸は、櫓とともに相撲興行の象徴でもあった。相撲の場合、江戸時代中期には、鼠の文字を冠さず、通常は単に木戸と呼ばれたようだ。それでも小さな出入口は変わることがなく、木戸から観客が入る光景は、江戸時代から国技館が開館する明治四二年まで、大相撲開催中に見られた。文政一一年（一八二八）の立川焉馬（二代）撰『活金剛伝』上にも、人々で賑わう木戸前の様子が描かれている。

木戸はくぐらなければならないほど低くて小さな出入口であったが、実際の大きさに関する記録は多くない。弘前藩士・比良野貞彦が、藩主・津軽信明《のぶあきら》に従って弘前城下に滞在した天明八年（一七八八）から翌年にかけて領内を巡り、農事・漁業・交通・名所・年中行事などを紹介した「奥民図彙」には、盆の時期に行われたと思われる興行の相撲場の様子が具体的に記述されており、木戸は三尺（九〇・九センチ）とある（二五〇頁参照）。回向院で相撲を見物したオーストラリア人のダグラス・スレーダンも、明治二〇年（一八八七）頃の記述であるが、三フィート（九一・四センチ）ほどの戸をくぐったと語っている。これらの記述や歌川国貞（初代）画「勧進大相撲八景場　場所入之図」などを見る限り、江戸・東京の木戸も三尺程度だったと思われる。『関取名勝図絵』には「木戸の関　御役山の桙に建し関也、堅固にして切手なきもの壱人も通す事なし、組頭其外年寄出役なり、裏木戸、出ばかりをゆるす関にて壱人役也」とある。組頭をはじめとする相撲年寄が木戸で監視し、当然のことであるが木戸札を持たない人は通ることができなかった。また裏木戸と呼ばれる出入口もあり、ここ

天保 15 年（弘化元，1844）の歌川国貞（初代）画「勧進大相撲八景　場所入之図」（日本相撲協会　相撲博物館蔵）。力士も観客と同じ小さな木戸から入場した。上に「客留」の貼り紙が見える。

木戸の内側には相撲年寄が控えていた。弘化 2 年（1845）の立川焉馬（2 代）著，歌川豊国（3 代）画『相撲節会銘々伝』初編下より。

は帰路につく客用であった。

木戸を通るために必要なのが、木戸札だ。「両国大相撲繁栄之図」には木戸札を取り扱う大札場と札場が描かれている（口絵10）。嘉永四年（一八五一）春場所では、札場は一間（三メートル六四センチ）四方の広さであった。これらについて『関取名勝図絵』には「大札場　毎朝桟敷方・土間方へ切手を出す役所也、年寄・帳元出勤、晴天札持来る者ハ此所ニて切手と替通用す」「新札場　諸見物此所ニて切手を買取りて木戸の関を通る、出役年寄なり」とある。大札場の様子は歌川国輝（二代）も「勧進大相撲繁栄之図」で描いている。大札場には相撲年寄や帳元・三河屋治右衛門が詰め、木戸札を扱う桟敷方・土間方に切手すなわち木戸札を出していた。晴天札は興行中ずっと利用できる入場券のようなものと思われるが、ここで木戸札と交換することができた。新札場は、「両国大相撲繁栄之図」に描かれた札場のことと思われる。木戸札は大札場で管理され、新札場（札場）で観客に販売されたようだ。明治一〇年（一八七七）にアメリカから来日し、大森貝塚を発見したことで知られる動物学者のエドワード・シルベスター・モースは回向院で相撲を見物しており、入場券すなわち木戸札は、長さ七インチ（一七・九センチ）・幅二インチ半（六・四センチ）・厚さ半インチ（一・八センチ）と伝える。

明治四二年の国技館開館によって小さな木戸は姿を消したため、「くぐる」行為はなくなってしまった。その後は「通過」することにより、観客は日常とは異なるハレの場、祝祭空間へと入っていくのだ。

2　興行が催される空間

晴天興行

室町時代から戦国時代にかけて、田楽・猿楽をはじめとする勧進興行は京都およびその周辺で盛んであった。応仁の乱をはじめ世情により変遷があるものの、河原・寺社・街道口・街の辻などで行われた。勧進相撲も諸芸能と同様で、河原・寺社・辻などを主な舞台とし、雨が降れば中止また翌日以降に延期される晴天興行であった。江戸時代も晴天興行に変わりはなく、為政者が死去すれば楽器などの鳴物や普請と同じように禁じられ、将軍や世嗣の御成でも興行が中断された。晴天一〇日の興行が一〇日間で終了することは稀で、『藤岡屋日記』によると嘉永六年（一八五三）春場所のように、四八日間を要したこともあった。

国技館が誕生する以前、晴天興行の時代には、年に二度、両国に仮設の相撲小屋が出現した。劇作家・若月紫蘭《わかつきしらん》は明治四四年（一九一一）刊の『東京年中行事』で「回向院の境内にその場所中を間に合わせの仮り造りの小屋掛けとして、相撲がすむとその小屋は再び取り払うことになっていた」と説明している。

それでは小屋が設けられた空間はどのくらいの広さだったのか。事例は決して多くないが、いくつか紹介しよう。『大江俊光記』に見られる元禄一二年（一六九九）六月の岡崎村における勧進相撲の

「芝居」は三五間に四〇間の広さだったという。芝居とは相撲場のことで、四〇〇〇坪（四六二〇平方メートル）のスペースが興行用の場所であった。元禄一五年に大坂で勧進相撲が再開された際は、四〇間四方、一六〇〇坪（五二八〇平方メートル）だったと『古今相撲大全』巻之下本にある。それでは江戸時代後期はどうか。文化一〇年（一八一三）春の興行は浅草寺で催された。この時に境内に設けられた相撲小屋は、間口一八間、奥行き一七間、三〇六坪（一〇一〇平方メートル）の規模であった。ちなみに浅草寺で四季に一度の大規模な興行が催されたのは、この時だけである。回向院の場合、嘉永四年春の例だが、間口一八間、奥行き二〇間、三六〇坪（一一八八平方メートル）、慶応三年（一八六七）夏の興行も同規模であった。江戸時代前期の京都や大坂の興行と比較すると、境内の広さも関係したためか、相撲場としてのスペースは狭いが、興行の安定化に伴い、仮設される相撲小屋の大きさも定まったようだ。なお江戸東京博物館に常設展示されている文化二年を想定して復元された中村座は、間口一一間（二〇メートル）である。歌舞伎興行は享保年間（一七一六〜一七三六）から屋内で催されるようになったが、芝居小屋は相撲小屋より小規模であった。相撲小屋は四方を板で囲い、竹矢来《たけやらい》葦簾《よしず》張りで、四方には天井に葦簾を張った二層式の桟敷が設けられた。「両国大相撲繁栄之図」などに描かれたような相撲小屋が興行のたびに仮設されたのである（口絵10）。明治二〇年代にはテント張りにする、一時は常設にするなどの改良がなされたが、明治四二年に国技館が開館するまでは仮設の相撲小屋での興行が続き、晴天興行であることに変わりはなかった。

三都以外でも、このような仮設の相撲小屋で興行された。「奥民図彙」には、弘前城下の相撲場は一四～五間四方、二二五坪（七四二・五平方メートル）とある（二五〇頁参照）。また浅草寺における文久三年（一八六三）の稽古相撲は、間口八間、奥行一〇間、八〇坪（二五九・二平方メートル）の相撲場で催された。巡業や稽古相撲など小集団による興行の場合は、それに応じた広さの相撲小屋を設えたのだ。

江戸相撲の興行地

次に江戸相撲を中心に興行地をめぐってみよう。寛永一八年（一六四一）刊の『そゝろ物語』には、吉原で歌舞伎・蜘蛛舞・獅子舞・相撲・浄瑠璃が行われたとある。遊郭があった吉原など、人々が集まる場所でさまざまな芸能とともに相撲も催されていた。江戸の勧進相撲は慶安元年（一六四八）に禁止され、貞享元年（一六八四）に再開するが、以降は原則として寺社の境内に限られた。再開後は、蔵前大護院・浅草寺・芝神明・根津権現などで開催され、浅草・深川・江東地域が多かった。第一章で紹介したように勧進相撲が再開された頃、深川・江東地域は、ちょうど新興の造成地として江戸市中に組み込まれつつあり、その振興策として相撲が催されたのだ（竹内誠「近世前期における江戸の勧進相撲」）。富岡八幡宮は勧進相撲発祥の地として知られる。その由縁は貞享元年、再開後初の興行地が富岡八幡宮の別当寺院の永代寺であったためである。富岡八幡宮は、江戸時代の後半に興行地が回向院へ移るまでその中心地であった。なお四ツ谷の長善寺（笹寺）には、大正六年（一九一七）に東京大角力協会が建てた江戸勧進角力旧跡の碑があるが、これは初代横綱に数えられている明石志賀之助が、寛永元年（一六二四）にこの地で勧進相撲を催したと伝えられているためである。明石は実在の力士だが、活躍したのは寛文年間（一六六一～一六七三）と推定されており、長善寺での興行については伝承と思われる。

江戸時代中期の興行地も富岡八幡宮や蔵前八幡宮、芝神明など寺社の境内であるが、天明年間（一七八一～一七八九）からは回向院で開催されることが増えた。その理由は、盛り場・両国の成立に求めることができる。明暦三年（一六五七）の江戸大火後、防災と都市開発の一環で万治二年（一六五九）（寛文元年（一六六一）説もあり）に大川（隅田川）に架橋されたのが両国橋である。当初は大橋と命名されたが、武蔵国と下総国を結ぶことから両国橋と呼ばれ、後には橋の一帯も両国といわれるようになった。周知の通り江戸は非常に火事が多かったので、両国橋には延焼を防ぐために橋の東西に火除地が設けられた。火除地には、髪結床・水茶屋・芝居小屋などの仮設店舗が建ち並び、寿司や天ぷら、季節によってはスイカや朝顔なども販売された。橋の東詰の回向院は参詣者で賑わい、夏には花火見物や夕涼みの人々で混雑し、屋形船や猪牙船《ちょきぶね》が川を埋め尽くすほどであった。寛保二年（一七四二）の例では、武士や町人をはじめ、一日に二万三〇〇〇～二万五〇〇〇もの人々が両国橋を往来したと推計されている。このように両国橋一帯は、元禄年間（一六八八～一七〇四）には盛り場的な様相を呈するようになり、享保年間（一七一六～一七三六）にはそれが本格化して、明和～安永年間（一七六四～一七八一）には浅草と並んで江戸の代表的な盛り場へ変貌した（竹内誠『江戸の盛り場・考』）。相撲興行も、ちょうど盛り場・両国が成立した頃から回向院で催す回数が増えた。こうして江戸相撲は、日常的に人々で賑わう両国に本拠を構えることとなったのである。そして最終的に天保四年（一八三三）冬の興行以降は、回向院に固定されたのであった。

大坂相撲の興行地は、江戸と同様で新興の造成地が多かった。江戸時代を通じて堀江・難波新地が中心であり、幕末には江戸時代前期の茶人・小堀遠州（政一）の邸宅があったことで知られる天満砂原屋敷でも催されている。明治時代には難波新地の他、芝居小屋が建ち並んだ花街の南地でも興行された。大正八年（一九一九）からは、新世界に開館した大阪国技館で開催された。京都相撲は、江戸時代には二条河原・四条河原・祇園北林・寺町誓願寺など、明治時代には八坂神社でも行われた。

国技館の誕生と変遷

明治時代に入っても晴天興行が続いた。しかし晴天興行では興行日数が計算できず経費が嵩むことが多く、観客も見物の計画が立てづらかった。こうした状況を打開するため、天候に左右されることなく興行が開催できる屋内施設を建てることが東京相撲の悲願となる。実現するまでには用地や資金の確保などさまざまな問題があったが、明治三九年（一九〇六）、回向院に隣接する江東《えひがし》小学校跡地に建設することが決定し、同年に工事がはじまった。建設の実行委員長は、自由民権運動でよく知られ、好角家としても著名だった板垣退助が務めた。板垣は建設の目的として、外国人が見に来ても恥ずかしくない相撲場にする、プロスポーツにふさわしい相撲道の改革、の二点をあげている（風見明『相撲、国技となる』）。建物の名称はまだ決まっていなかったため、建設中は仮称で「常設館」と呼ば

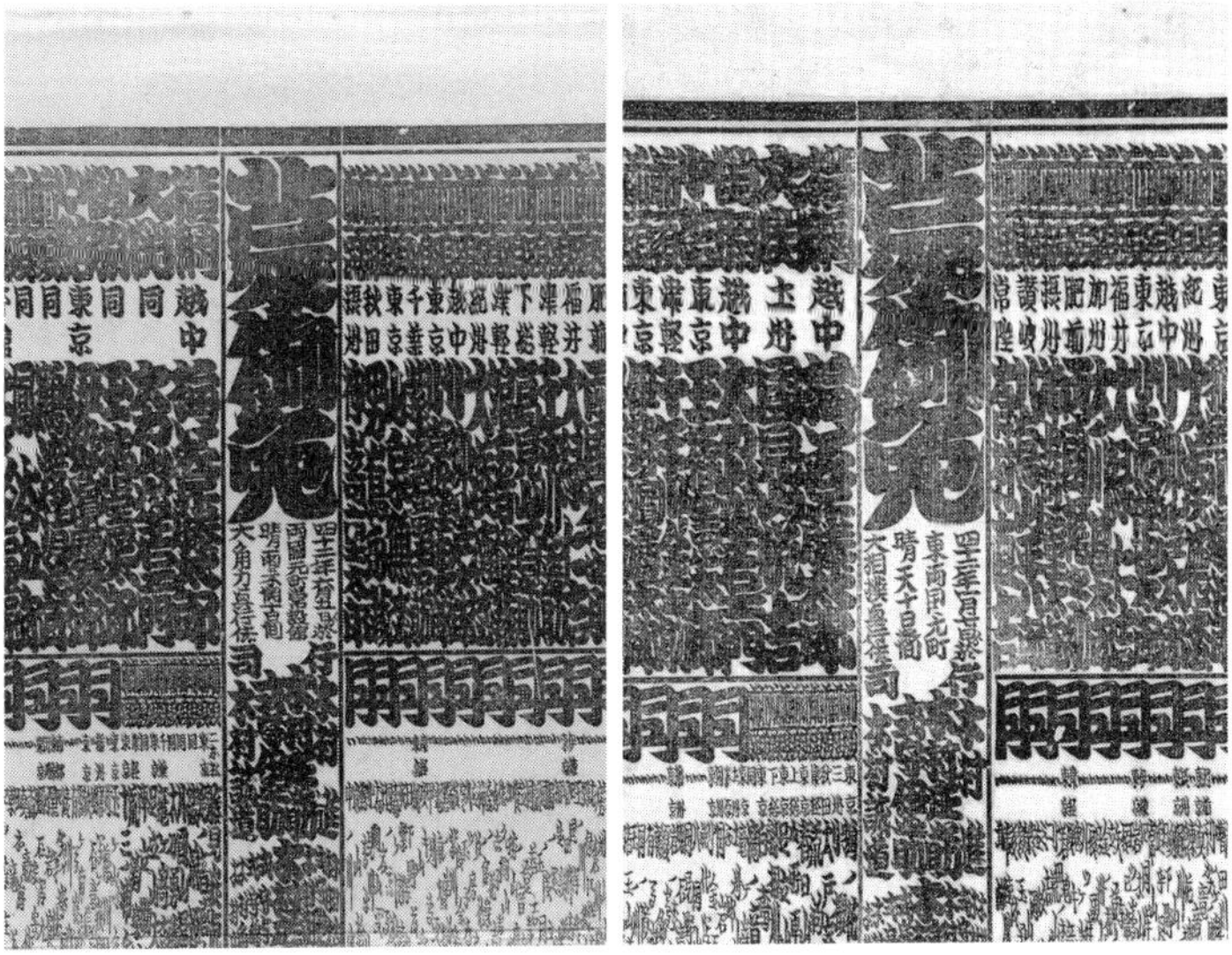

明治 42 年（1909）春場所の番付表（右）には,「晴天十日之間」とあるが,国技館が開館した同年夏場所の番付表（左）では「晴雨ニ不関十日間」に変わった。夏場所の番付表が発行された時点では，まだ正式名称が決まっていなかったため,「常設館」と記されている。

れた。

　設計は、日本銀行や東京駅などを代表作とする建築家の辰野《たつの》金吾《きんご》と葛《か》西萬司《さいまんじ》が手がけた。建物は四階建てのドーム型、建築面積は三三〇〇平方メートル、屋根までの高さは二一メートル、収容人員は一万三〇〇〇人、屋内の空間としては、開館当時、東洋一の規模であったという（口絵25）。館内には二階から四階までが使用され、シャンデリアなど大変豪華な装飾が施された玉座も設けられた。この国技館で天覧相撲は実現しなかったものの、大正天皇と昭和天皇は即位前に台覧相撲で玉座に座っている。

　国技館が開館したことにより、多

くの集客が可能となった。明治時代後期に回向院で見物した旧姫路藩酒井家当主の酒井忠正や新聞記者の加藤進は、相撲小屋の収容人員は三〇〇〇～四〇〇〇名と語っている（相撲趣味の会編『大砲から大鵬まで』）。国技館の開館前に比べて収容力は三～四倍にもなったのだ。収容人員をはるかに上まわる一万八〇〇〇人が集うこともあり、身動きができないほどであったという（口絵26）。こうして晴天興行の時代は終わりを告げ、開館後初の明治四二年夏場所の番付表には、従来の「晴天十日之間」に替わって「晴雨ニ不関十日間」と記された。観客も天候を気にせず見物することができるようになった。

建設中に常設館と呼ばれていた施設の正式名称は、明治四二年（一九〇九）六月二日の開館式を目前にしても決まらなかった。板垣は「角觝尚《すもうしょうぶ》武館《かん》」を提案し、他にも「大相撲常設尚武館」「相撲館」などの候補があがったが、決定には至らなかった。東京大角力協会の役員が協議し、相撲年寄・尾車文五郎（大関・大戸平広吉）が提案した「国技館」に決まったのは、開館式直前の五月二九日のことであった。尾車は、小説家・新聞記者で相撲愛好者としても知られる江見水蔭《えみすいいん》が起草した初興行披露文にある「角力は日本の国技」という文言に注目したのであった。国技館の名称は、大変に広く親しまれた。そもそも国技とは、その国特有の、あるいは代表的な競技のことであるが、法律で定められたものではない。しかし大相撲を開催する施設の名称に国技館と命名しても、大きな反対意見はなかったようだ。それだけ、相撲は多くの人々に日本固有の競技として親しまれてきたのだ。開館式には皇族や外国の大使など、およそ三〇〇〇名が集い、盛大に催された。

こうして外国人にも恥ずかしくない施設として国技館が誕生し、人々の間でも相撲が日本の国技であるという認識が一気に広まった。また国技館の名称は人々に広く親しまれ、明治時代末期以降、浅草国技館・名古屋国技館・大阪国技館などが相次いで開館し、さながら国技館ブームを呈した。国技館は抜群のネーミングであったといえよう。板垣が述べたプロスポーツにふさわしい相撲道の改革は、第一章で述べた優勝制度の制定などであるが、他にも関取は羽織・袴で場所入りする、観客の投げ纏《ば》頭《な》を禁止するなどの諸改革がなされた。

盛り場・両国の風景は、明治時代に入ると防火や都市景観の観点から徐々に失われ、明治三七年（一九〇四）に両国橋駅（両国駅）が開業すると完全に姿を消した。しかし駅が東京から総武・房総方面へのターミナルとなり、さらに国技館が開館すると、両国は賑わいを見せた。国技館では大相撲以外にも、菊人形展や博覧会も開かれ、明治四三年八月に東京を襲った大洪水の際は、避難所としても利用された。そして開館から進駐軍による接収でメモリアル・ホール（進駐軍の娯楽施設）と改称されていた昭和二一年（一九四六）秋場所まで、三七年間本場所の舞台であった。その間には大正六年（一九一七）の火事、同一二年の関東大震災、昭和一九年の軍部による接収、翌二〇年三月一〇日の東京大空襲など、多くのできごとがあった。戦後は娯楽施設の国際スタジアムとなり、昭和三三年に日本大学へ譲渡されると、同五八年に解体するまで同大学の講堂として活躍した。

昭和二〇年代から五〇年代まで、大相撲の舞台は蔵前国技館であった。館の正式名称は「国技館」だが、「蔵前国技館」と呼ばれて親しまれた。蔵前に国技館を建設する計画は、昭和一五年頃から進められていたが、アジア・太平洋戦争の激化により中断してしまった。戦後、建築家・田中実の設計のもと着工されたのは、昭和二四年のことであった。翌二五年から二八年の本場所は、建設途中（仮設）の蔵前国技館で行われた。昭和二九年九月、建設に五年を要して完成し、終戦直後には興行地を転々としていた大相撲は、新しい国技館とともに歴史を刻むこととなった。収容人員は一万一〇〇〇人、相撲博物館も併設され、大相撲の開催日以外にも多くの人々が訪れるようになった。相撲博物館の収蔵品は、初代館長・酒井忠正のコレクションが基礎となっている。横綱審議委員会の初代委員長でもあった酒井のコレクションは、力士の化粧まわし・錦絵・番付・書籍・絵葉書など、あらゆる分野におよぶ。昭和三二年には新弟子たちが相撲の基礎を学ぶ相撲教習所、翌年には相撲診療所が開設され、国技館は力士の生活の拠点となった。蔵前国技館では昭和五九年九月場所まで、仮設時代から三四年間、毎場所熱戦が繰り広げられた。

昭和五六年、蔵前国技館の老朽化により、新しい国技館が建設されることが決まった。場所は総武線両国駅北口となり、建設は昭和五八年四月から開始され、六〇年一月に完成した。敷地面積は一万八二八〇平方メートル、建築面積は一万二三八八平方メートル、高さは三九・六メートル、地上三階、地下二階、収容人員は一万一〇九八人である。蔵前国技館では別棟だった相撲教習所や相撲博物館などもひとつの建物となった。館内の土俵とつり屋根は昇降式、桟敷席も可動式となり、大相撲以外にも多目的な利用が可能で、コンサートや展示会などのイベントが開催されている。両国駅を下車すると、すぐに緑色の大きな屋根が目に入る。国技館は隣接する江戸東京博物館とともに両国のシンボルであり、相撲文化の中心としての役割も担っている。

興行の回数と日数

ここで江戸時代中期以降の大規模な興行の回数と日数を、江戸・東京相撲を中心に振り返ってみたい。勧進相撲が再開された貞享元年（一六八四）から正徳五年（一七一五）までの三二年間には、すべてが大規模な興行ではないが、江戸では九八回催されており、平均すると一年に三度ずつであった（竹内誠「近世前期における江戸の勧進相撲」）。その後、延享～寛延年間（一七四四～一七五一）以降、大規模な興行は、江戸では春と冬の年二度、京都と大坂では、夏から秋にかけて一度ずつ、計四度の開催を常とした。江戸での興行日数は元禄元年（一六八八）四月までは晴天七日、同年六月から晴天八日、安永七年（一七七八）春からは晴天一〇日と定められた。一〇日間の興行は、安永七年以降、大正一二年（一九二三）春場所まで続いた。大坂相撲と京都相撲の大規模な興行は、年一度が原則で、江戸時代は夏から秋、四月から九月に催された。大阪相撲は明治維新後も年一度であったが、開催時期は夏から秋とは限らなかった。明治時代後期から大正時代にかけては、一月と五月など、二度開催した年もあり、三都の合併興行もしばしば催された。

東京相撲の興行は、明治維新後もしばらくは春と冬であったが、明治一〇年（一八七七）頃から開催月が一月と五月に固定されるようになった。正岡子規も明治三二年に「廻向院（回向院）の　相撲はじまる　松の内」と詠んでいる。『東京年中行事』にも「初場所大相撲　その昔三月に興行されておった春の本場所相撲は、明治になって一月に興行されることとなって、大抵は十日を初日として八日の朝大番付を発表し」と説明されている。一月の興行は初場所といわれることもあったようだが、通常は春場所と呼ばれ、五月が夏場所であった。春・夏年二度の本場所は、東京相撲と大阪相撲が合併し、大日本相撲協会が誕生するまで続いた。合併後の昭和二年以降は、三月と一〇月に、大阪の他、名古屋・京都・広島などで本場所が開催された。しかし春秋園事件で大日本相撲協会を脱退した力士が昭和八年（一九三三）に関西角力協会を結成したため西日本での本場所は廃止され（第二章参照）、春と夏の年二場所となった。

昭和六年に満州事変が勃発し日本は戦争に突入したが、本場所は昭和一八年まで年二場所のペースで行われた。しかしアジア・太平洋戦争の影響は避けられず、翌一九年二月には、国技館が軍部に接収されてしまう。同年の春場所は国技館で開催されたが、夏場所は小石川の後楽園球場において晴天一〇日間であった。続く昭和二〇年一月に予定されていた後楽園球場での春場所は屋外で寒いため、一九年一一月に繰りあげで催された。そして二〇年は、六月に同年三月一〇日の東京大空襲で被災した国技館で催された。このように開催地などに変更はあったものの、戦時下においても本場所は途切れることなく開催された。第一章で述べたように国策の一環として相撲が国民の体力強化につながると奨励されたことも、戦時下でも本場所が連綿と行われたことの一因であろう。

終戦直後の昭和二〇年一〇月、国技館は進駐軍に接収される。同年一一月には、戦後初の本場所が接収中の国技館で開催された。二一年には国技館の改装が終了し、メモリアル・ホールと改称され、一一月に本場所が開かれている。しかし二二年からはメモリアル・ホールの使用許可が得られず、六月と一一月の明治神宮外苑の晴天興行であった。二三年は、五月に明治神宮外苑、一〇月に福島公園（大阪市）の仮設相撲場で二度催した。大阪での本場所は、昭和六年以来、一七年ぶりであった。二四年からは、年三場所の開催となった。一月の春場所と五月の夏場所は、浜町公園の仮設国技館、一〇月の秋場所は福島公園の仮設相撲場であった。二五年には蔵前に仮設国技館が設けられ、二六年まで春場所と夏場所は蔵前、秋場所は大阪、二七年は春・夏・秋の三場所が蔵前で催された。そして二八年は三月に大阪での本場所が加わり、年四場所となった。興行の正式名称は、初場所・春場所・夏場所・秋場所と決まり、一月の興行は春場所から初場所へ改められた。さらに三二年には一一月に九州（福岡）が加わって年五場所に増え、本場所の名称は一月場所・三月場所などと、正式には季節ではなく月の名で呼ぶようになった。翌三三年には七月の名古屋も加わり、奇数月に本場所が催される現行の年六場所制に定着した。正式名称は月であるが、現在でも季節や開催地を冠することも多く、一月は初場所、三月は春場所・大阪場所、五月は夏場所、七月は名古屋場所、九月は秋場所、一一月は九州場所などと呼ばれている。

開催日数は、安永七年（一七七八）以降、大正一二年（一九二三）春場所まで一〇日間であったが、同年夏場所から一一日間となった。力士が待遇改善を求めた三河島事件により、一日増やすことになったのだ。翌一三年春場所は、前年に発生した関東大震災により、興行地を名古屋に移し、晴天一〇日間で催された。昭和七年（一九三二）春場所は春秋園事件の影響で八日間、同年三月の名古屋での興行も晴天一〇日間であった。このような例外もあるが、原則として一一日間が続き、昭和一二年（一九三七）夏場所からは一三日間、一四年夏場所からは一五日間となっている。双葉山の活躍などにより人気が上昇し、日数を増やしたのであった。一九年夏から二四年春までは、アジア・太平洋戦争の影響により晴天興行で催されるなど興行日数も一定しなかったが、二四年夏、一五日間に復した。興行の初日は、「観客を取り込む」「人気がはねあがる」という理由で、酉や午の大安の日がよいとされ、「居ぬ」「去る」が連想される戌や申の日は避けられたが、一五日間に復した昭和二四年夏場所から初日は土曜日か日曜日となり、蔵前国技館が完成した昭和二九年秋場所から日曜日にはじまり、日曜日に千秋楽を迎えるようになった。

本場所の合間には巡業が催される。延享～寛延年間（一七四四～一七五一）に三都における興行が確立すると、おのずとその合間は巡業に出る体制が整えられた。寛政～文化年間（一七八九～一八一八）に活躍した雷電為右衛門一行の巡業範囲は、北は青森から南は島原（長崎県）におよぶ。江戸時代の巡業は、師匠あるいは抱え相撲ごとなど小集団にわかれて一行を組んでいた。明治時代以降も同様で、横綱や大関を中心とする組合単位で各地をまわった。原則として日本相撲協会全体で巡業を催すように決定したのは昭和三二年のことである。力士にとって巡業は、本場所に向けて稽古を積む大切な場である。観客にとっても、稽古を間近で見ることができる絶好の機会である。大相撲の全国各地への普及が図られている巡業は、本場所と並んで大変重要な行事なのだ。

ハワイ・ロサンゼルス・マドリードなど、巡業は海外でも行われている。そして開催国に招待される海外公演も、昭和四〇年のモスクワ・ハバロフスク以降、北京・メキシコシティ・パリなど、世界各地で行われている。海外での大相撲は、日本文化の紹介、国際交流に大きく寄与している。

3　大相撲の舞台へ

力士たちの花道

長い間お待たせしたが、本書の最後にこれまで幾多の名勝負が生まれ、これからも熱戦が繰り広げられる大相撲の舞台である土俵に皆様を誘いたいと思う。

国技館などの会場に場所入りした力士は、東と西にわかれている支度部屋へ向かう。幕下以下の力士は、ここでまわしを締め、取組に臨む。関取は、まず化粧まわしを締めて土俵入りを披露し、いったん支度部屋にもどり、締め込みを締めて取組に向かうのだ。「江戸両国回向院大相撲之図」にも支度部屋が紹介されている（一一一頁参照）。明治時代の回向院では、支度部屋は裏正面（向正面）の桟敷の下にあったという（相撲趣味の会編『大砲から大鵬まで』）。桟敷については後述するが、下層の一部が仕度部屋のスペースとなっていたようだ。おそらく江戸時代も、向正面側の桟敷の下層の一部に支度部屋が設えてあったのだろう。そこは今も昔も取組に臨む力士で活気に溢れる空間であった。そして支度部屋から土俵入りや取組に向かう際、必ず通るのが花道だ。

花道という言葉は、歌舞伎や大相撲以外でも、時折耳にする。たとえばプロ野球選手が最後の試合で活躍すると「引退の花道を飾る」などと報道されることも少なくない。一般には引き際の場面で用いることが多いが、歌舞伎や大相撲では、役者・力士が登退場する通路をいう。歌舞伎では花道の七三での演技は大変重要な見せ場のひとつであり、大相撲でも横綱・大関や優勝争いに加わっている力士が現れた場合など、観客の視線が注がれる。また土俵入りでは、化粧まわしを締めた力士が整列し、その華やかな雰囲気は、まさしく花道の名にふさわしい。

歌舞伎の場合、花道は劇場の舞台下手側から客席の後方に向けて設えてあり、役者が登退場する通路である。上手側にもうひとつ仮花道が設けられる場合もある。寛文～延宝年間（一六六一～一六八一）に役者の登退場の演出に使われたのがはじまりで、享保年間（一七一六～一七三六）に常設化したという。歌舞伎の花道は、能舞台の橋掛かりあるいは歌舞伎の仮設舞台である付舞台から発展したものと考えられている。名称の由来には、花（祝儀）を贈る道、相撲の花道、花の役者の通る道、道の美称、などの説がある。文献では延宝七年（一六七九）刊の『道頓堀花みち』が早い例で、活躍する役者を花にたとえたもののようだ。そして貞享年間（一六八四～一六八八）には、歌舞伎の舞台を描いた絵画にも花道が確認できるようになる。定説とはなっていないが文献や絵画などを考察すると、花道は付舞台から発展し、名称の由来は先に記した説のなかでも祝儀としての花を贈る道、と考えるのが有力であるという（諏訪春雄『歌舞伎の方法』）。

さて相撲の花道を名称の由来とする説についてであるが、これは奈良～平安時代の相撲節において、勝負の際に相撲人が左方は葵《あおい》、右方は瓢《ひさご》の造花を頭に付けたことを根拠とする。しかし相撲節を記

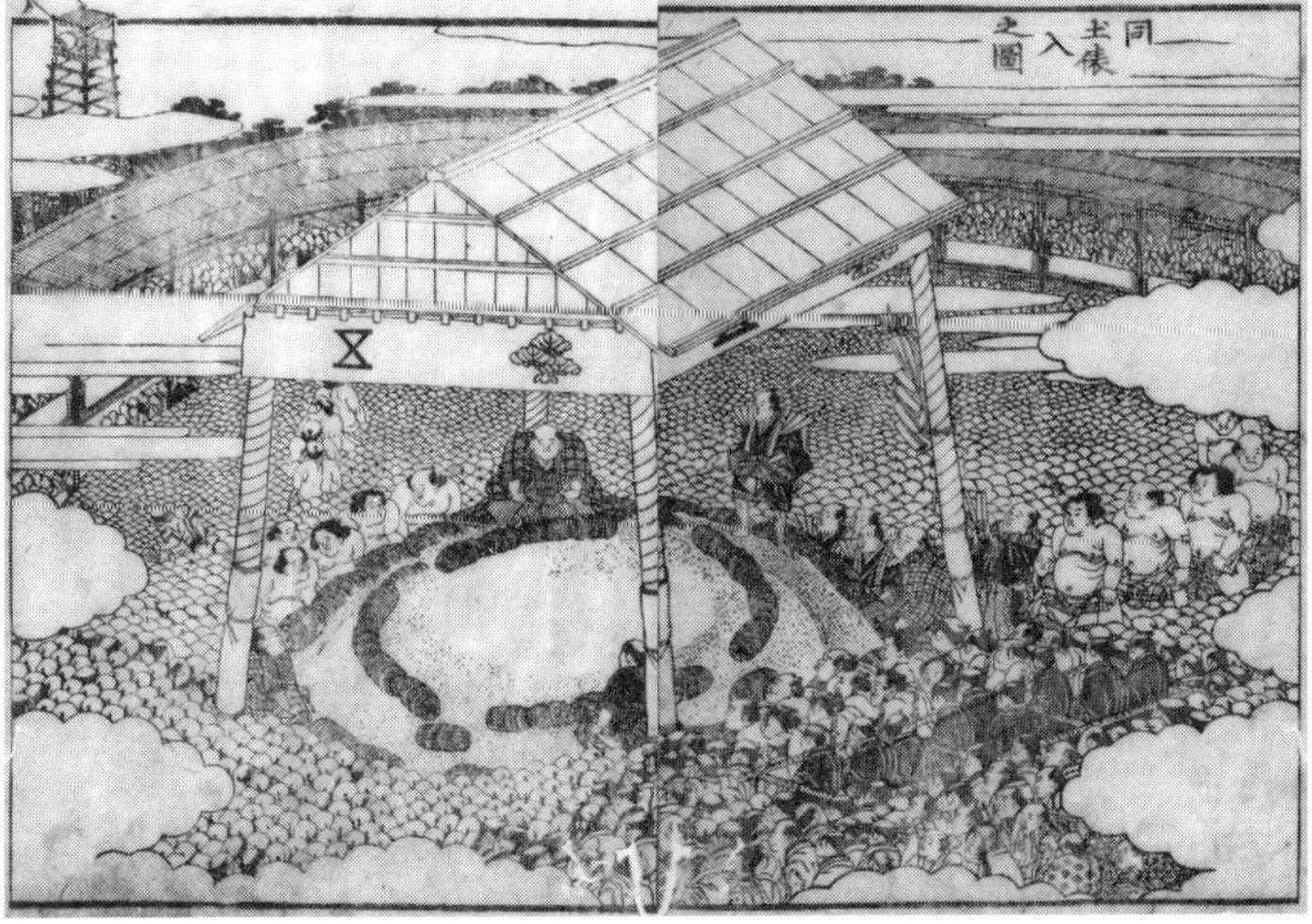

観客の間を通って土俵に向かう力士たち。力士が花道を通ると観客との一体感が生まれる。松寿楼永年（2代立川焉馬）撰，歌川国直・歌川国丸画『活金剛伝』上より。

録した文献では花道の称は確認できず、この説に首肯することはできない。相撲の歴史が長いことを知らしめるために、相撲節の造花を花道に結びつけたのだろう。歌舞伎の舞台に花道が出現する寛文～延宝年間は、ちょうど土俵が登場する時期と重なる。当然のことながら、土俵入りは土俵が誕生してから行われるようになった儀式である。土俵が出現して観客が見物するための相撲場が整い、力士の土俵入りのための通路がおのずと形成され、花道となったのだろう。用例の初出については検討を要するが、文政六年（一八二三）の「相撲上覧一件」でも花道の称が確認でき、江戸時代後半には広く用いられていたと思われる。そして江戸時代から明治時代まで、大相撲では投げ纏頭《ばな》と呼ばれる祝儀が取組を終えた力士に向けて投げ込まれ、花道に山積みとなった。先に紹介した諸説のうち祝儀を贈る道としての花道は、大相撲にもあてはまる。

歌舞伎でも大相撲でも、役者や力士が観客の間を通ると一体感が生まれる。大相撲の花道は、土俵と観客によって創造されたものであった。花道は観客が力士を最初に目にする大切な場所である。

力士が場所入りする際にも観客が人垣を作り、そこにも道が形成される。場所入りは、大相撲の見所のひとつとしてすっかり定着しているが、力士が観客のなかを堂々と通って会場に入る行為は、歌舞伎役者やプロ野球選手が会場入りする姿とは異なり、大相撲特有のものである。観客が作る道に着物姿の力士が通る光景は、大変華々しい雰囲気を醸し出す。力士の花道は、場所入りからはじまっているのかもしれない。

舞台としての土俵

花道を通った力士たちが向かうのは、もちろん大相撲の舞台である土俵だ。本書の冒頭で述べたように、土俵のような境界線を用いる日本の相撲は、世界を見渡しても稀少な存在である。土俵は日本の相撲を特徴づける最大の舞台装置なのだ。国技館の土俵は、年三度の本場所の前に、三日間かけて呼出しにより新調される。舞台である土俵は、常に美しく保たれなければならない。土は江戸時代以来、荒木田《あらきだ》と呼ばれる粘土質の土を使っている。壁土などに用いられた荒木田は荒川沿いの荒木田原に産したが、現在は産地に関係なく同種の土で土俵を築く。土俵全体では五〇トンほどの土が必要

まだ土俵はなく，周囲で観客が見物している人方屋。山東京伝『近世奇跡考』文化元年（1804）より。

だが、場所前は表面だけを崩し、八トンほどの新しい土と入れ替える。

相撲節には土俵はなく、勧進相撲が盛んになってもしばらくは土俵はなかった。時にはもつれあったふたりの相撲取が、取り囲むようにして見物した観客のなかに倒れ込んで勝負が決することもあった。このように観客が取り囲んだ状況は、「人方屋」と呼ばれた。「方屋」とは力士らが控えている場所、あるいは土俵そのものを意味する言葉である。『近世奇跡考』には人方屋が描かれており、山東京伝は囲いがなく観衆が好きなように見物しているので神事相撲ではないかと推測しているが、土俵が成立する以前の様子がよくわかる。「相撲風俗図屏風」（二〇二頁参照）も同様である。

それでは大相撲に欠かせない土俵が誕生

したのはいつか。享保年間（一七一六〜一七三六）の『相撲伝書』で、慶長年間（一五九六〜一六一五）の行司・岩井播磨が近年、相撲に土俵を用いている、と言っている。また木村守直による延享元年（一七四四）の「角力旧記并口決」や翌二年の「相撲強弱理合書」には、天正年間（一五七三〜一五九二）から土俵が築かれるようになったとあり、土俵は戦国時代から存在したことになる。しかしこれらは後世に成立した文献である。また戦国時代から江戸時代初期と推定されている洛中洛外図には相撲の場面も見られるが、いずれも土俵は描かれていない。以上から土俵は戦国時代にはなかったと考えられる。ただし勝負に境界線を用いるという発想は、戦国時代から江戸時代初期にはあったようだ。たとえば「大友興廃記」には、大友宗麟に仕えていた原大隅守《はらおおすみのかみ》という大力の者が、上方から豊後国にくだってきた相撲取と勝負することになり、「かたや〔方屋〕」として竹で輪を作ったという逸話が紹介されている。にわかには信じがたい逸話ではあるものの、境界線を引くという発想があったことがうかがえる。

境界線が、土俵として出現するのは一七世紀後半、すなわち禁止されていた勧進相撲が再開された時期とほぼ重なる。菱川師宣が寛文〜延宝年間（一六六一〜一六八一）に描いた「相撲の図」は、土俵が描かれた早い例である（口絵8）。文献でも、南部相撲では延宝年間には土俵を用いていたことが確認できる。そして江戸では貞享元年に再開された勧進相撲の取組は、土俵で繰り広げられていたと考えられる。土俵の誕生は、相撲に画期的な変化をもたらした。土俵の外に出せば勝負が決まり、投げ技、掛け技のみならず、押し、寄りといった新しい要素が加わったのだ。また相撲を取る場所と観覧席が明確に区分され、観客も快適に見物できるようになった。このように土俵の誕生は、力士たちだけでなく観客にまで影響をおよぼす非常に画期的なできごとであった。こうして江戸時代中期以降、興行としての相撲が隆盛する礎が築かれたのである。

当初、土俵は円形と決まっておらず、四角いものもあった。延宝六年（一六七八）刊の菱川師宣が描いた『古今役者物語』の挿絵には、四角い土俵での取組が見られ、井原西鶴の『本朝二十不孝』や、

四角い土俵。貞享 3 年（1686）の井原西鶴『本朝二十不孝』より。

南部相撲の四角い土俵。岩手県二戸郡福岡村（二戸市）生まれの画家・小保内東泉が幕末～明治初期に故郷の風俗を描いたと伝わる「陸奥の土風」（個人蔵）より。

元禄一四年（一七〇一）の『露五郎兵衛新はなし』にも四角い土俵での相撲が描かれている。また南部相撲は四角い土俵で知られるが、格式に応じて「式正相撲」「神前相撲」などさまざまな種類の相撲があり、四角の他、八角形や円形などの土俵も用いることが故実として定められていた（木梨雅子「南部相撲の方屋形状と故実」）。南部相撲は大正二年（一九一三）に活動が途絶えてしまったが、四角い土俵は昭和三〇年代まで現存した。また勝央北小学校（岡山県勝田郡勝央町）には「角土俵」と呼ばれる四角い土俵があり、現在も「金太郎こども角力大会」が開かれている。角土俵の起源については定かでないが、小学校の近くにある日吉神社の宮相撲に由来するといわれる（二宮朔山『岡山の相撲』）。土俵が誕生した一七世紀後半には、円形以外の境界線として四角い土俵も存在し、南部相撲のように長く用いられた例もあった。しかし江戸・京都・大坂の相撲集団が丸い土俵を用いたため、徐々に円形が主流を占めるようになったものと考えられる。なぜ土俵は丸いのか。この素朴な問いに答えるのは容易ではないが、丸い境界線が誕生したことで、土俵際の攻防など相撲の醍醐味が格段に増した。

『東都歳事記』には、相撲場が登場する。多くの観客が見守るなか、土俵入りする力士、屋形、四本柱、土俵まわりの土間、周囲に組まれた桟敷などが描かれている。熱戦が繰り広げられる舞台として土俵が登場したことで相撲を見物する空間が整えられたのだ。江戸時代中期以降、このような光景は全国各地で見られるようになる。先に紹介した「奥民図彙」にも相撲興行の様子が紹介されている。一方、四条派の絵師である岡本豊彦が一九世紀前半に奄美大島の風景を描いた「琉球島真景」にも相撲の土俵や屋形の骨組み、四本柱が見られる（口絵11）。また藩のお家騒動に連座して嘉永三年（一八五〇）三月から安政二年（一八五五）四月まで奄美大島に遠島となっていた鹿児島藩士・名《な》越《ごし》佐《さ》源太《げんた》が著した『南島雑話』にも、四本柱や屋根は見られないものの、土俵のなかで取り組む姿が描かれている。これらは興行ではなく祭礼などの風景と思われるが、土俵を用いずルールも異なるシマ（沖縄角力）を楽しんでいた奄美大島にも丸い土俵の影響がおよんでいたのであった。

さて土俵の大きさであるが、元禄一二年の五月から六月にかけて岡崎村で開催された勧進相撲では、直径二間と『大江俊光記』に記されている。二間は、京間で換算すると一三尺（三メートル九四センチ）である。『相撲伝書』には土俵は二間一尺から三尺（三メートル九四センチ～四メートル五五セン

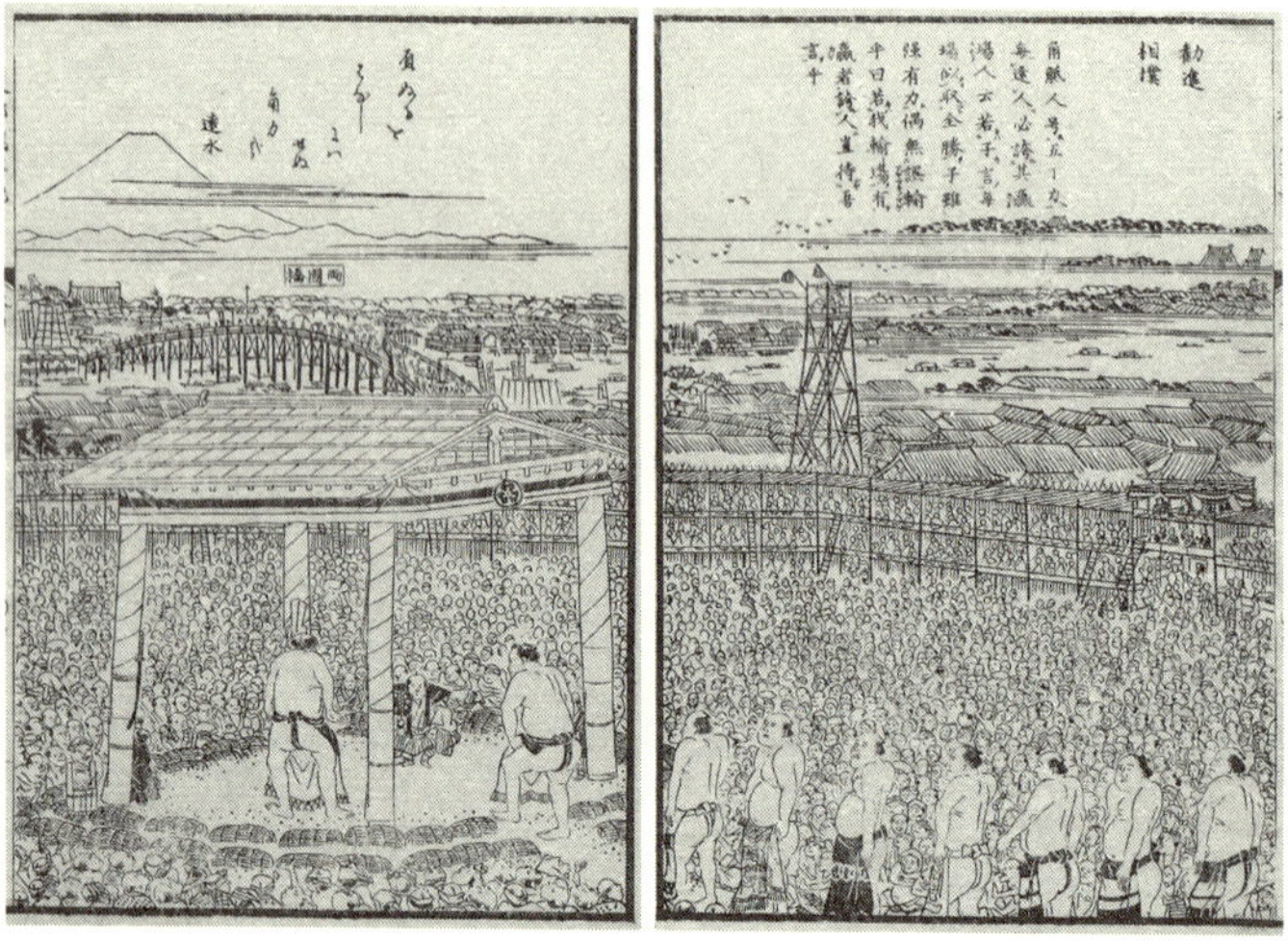

江戸時代後期，回向院で年に二度見られた光景。斎藤月岑『東都歳事記』天保 9 年（1838）より。

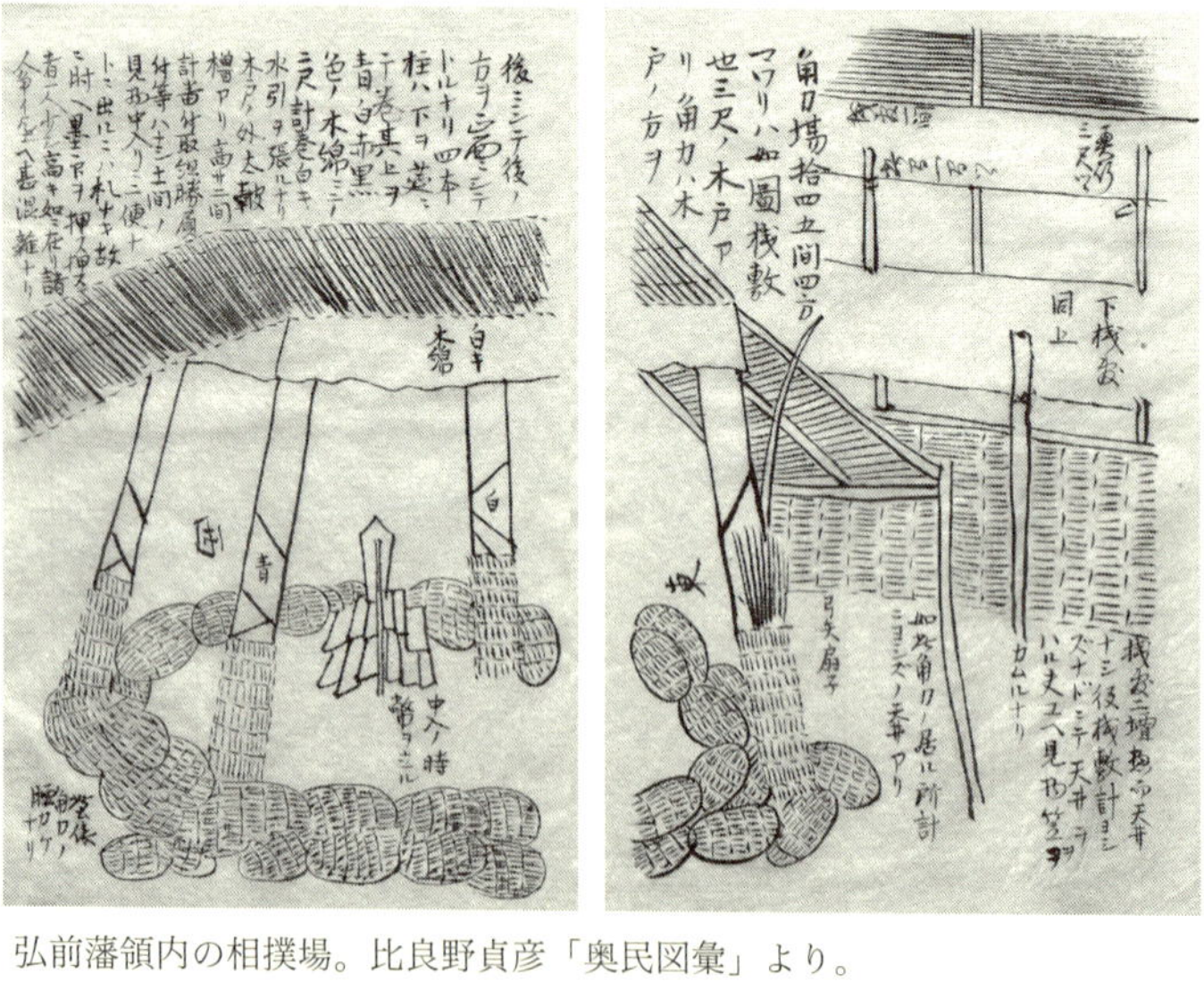

弘前藩領内の相撲場。比良野貞彦「奥民図彙」より。

チ）の円形にする、「角力旧記并口決」にも、土俵の内法は二間一尺（三メートル九四センチ）とある。土俵の直径が一五尺となったのは、昭和天皇の天覧相撲が催された昭和六年（一九三一）四月二九日のことで、それ以前は一三尺であった。土俵の直径を記した江戸時代の文献はあまり多くないため即断はできないが、誕生した当初から一三尺ほどという基準があったのかもしれない。またかつては円を二重にする二重土俵であったが、昭和六年の天覧相撲を機に内側の俵が取り除かれ、二重から一重に改められた。ただし江戸時代の錦絵を見ると、必ずしも二重ではなかったようだ。俵の数であるが、「相撲家伝鈔」「角力旧記并口決」などには一六俵、『古今相撲大全』巻之下末には内と外あわせて三二俵とある。詳しくは今後の検討を要するが、徐々に数が固定され、内側一六俵、外側二〇俵の計三六俵で作る二重土俵に定着したのだろう。現在は二〇俵で、正面・向正面・東・西の一俵ずつは、徳俵と呼ばれ、他の俵より外側にずらしてある。徳俵は、晴天興行の時代に雨天で土俵内にたまってしまった水を排水するために設けられたともいわれている。

江戸時代中期以降は全国各地の土俵を備えた相撲場で興行が催された。土俵の成立は、相撲場が整備される契機にもなったのだ。

屋形と四本柱

次に国技館や地方場所の土俵には必ず設けられる屋形について考えてみたい。先に紹介したように、江戸時代初期までの洛中洛外図では土俵は確認できない。同様に屋形が描かれた作品も多くはないが、なかには狩野永徳の次男・孝信が慶長年間（一五九六〜一六一五）なかばに描いたという福岡市博物館蔵の「洛中洛外図屏風」のように、四本柱と屋形を備えたものや（口絵7）、寛文年間（一六六一〜一六七三）頃と推定されるボストン美術館蔵の「四条河原図屏風」のように、四本柱に囲まれたなかで相撲を取っているものもある。寛永八年（一六三一）の「相撲行司絵巻」には、四本柱のみのものと屋形も備えられたものの両方が描かれている。以上から、どうやら発生の順番は、四本柱→屋形→土俵のようだ。

柱や屋形は、神社の建築様式を取り入れて一六世紀後半に原型ができたといわれる能舞台や、能舞台の影響を受けた初期の歌舞伎の舞台にも見られる。このような様式は中国の民間舞台でも確認でき、そこには芸能を神に供覧するという精神がうかがえる。神社建築の様式は、仮設（臨時）性・雑居性・垂直性という特徴が指摘される。仮設性は式年遷宮でも知られるように、神社は一定の期間が経過すると本殿を建て替えることからよくわかる。祭礼の期間に多種多様な神が神社を訪れるのが雑居性、垂直性は天から神を招くという観念で、柱などに表れている。神社に見られる日本人の基本信仰は、中国や朝鮮半島、日本では巫術《ふじゅつ》などの名称で知られるシャーマニズムである。神はシャーマンの祈りによって来臨する。キリスト教などの一神教系の宗教が原則として世俗的な芸能を生み出さなかったのに対し、シャーマニズムだけが多種多様な芸能の母胎となった。これはその雑居性ゆえと考えられている（諏訪春雄『歌舞伎の源流』）。また四本柱は、結界としての役割も果たした。奉納される芸能であり勧進興行でもある相撲に、能舞台などと同様に神社建築の様式が取り入れられたのは自然

類例がないと思われる破風が四方向すべてに設けられた屋形。明治42年(1909)の絵はがき（日本相撲協会　相撲博物館蔵）。

な流れであろう。相撲もまた能や歌舞伎と同じく、神を招いて披露する芸能であった。以後、屋形と四本柱は相撲場に欠かせない「もの」として興行空間を演出していく。本来はシャーマニズムと結びついて成立した屋形であったが、相撲を見せるための格好の舞台装置となったのだ。

江戸時代から国技館が開館するまで、すなわち屋外で行っていた頃の屋形は、神社建築の本殿に多い切妻《きりづま》造りであった。切妻造りとは、本を開いた形、三角状の屋根のことで、白川郷の合掌造りをイメージしていただければと思う。しかし理由は定かでないが、明治四二年（一九〇九）の国技館の開館を機に、切妻造りは破風《はふ》造りに改められた。破風とは、切妻造りなどの三角形の部分のことである。破風を建物の正面に向けると破風造り、側面に向けると入母屋《いりもや》造りとなる。だが国技館では、破風を正面・向正面・東・西、すなわち四方向すべてに設けた破風造りの屋形が採用された。このような形状は類例がないと思われ、国技館の開館とともに珍しい屋形は新聞で報道されるなど話題を呼んだが、翌四三年には正面と向正面のみに破風がある本来の破風造りとなった。この後、昭和六年四月二九日の天覧相撲を機に、切妻造りの一種で、屋根の両端で交差する千木とその間の鰹木を特徴とし、伊勢神宮の神殿と同じ神明《しんめい》造りに改められた。このように形に変遷はあるものの、屋形は大相撲に欠かせない装飾品として土俵上を彩っている。なお独自の故実を備えた南部相撲では、土俵と同様にさまざまな形態の屋形が用いられた（木梨雅子「南部相撲の方屋形状と故実」）。

屋形を支える四本柱には四方を司る四神《しじん》の意味があり、それぞれ色と方角を有する。すなわち東は青で青竜神、西は白で白虎神、南は赤で朱雀神、北は黒で玄武神である。四神は、七世紀末から八世紀はじめに築かれた高松塚古墳・キトラ古墳の壁画に描かれていることで有名だ。朝廷でも元日の朝賀や即位礼などの際、大極殿や紫宸殿の庭には四神を描いた旗が立てられた。この旗は四神旗《しじんき》と呼ばれ、落語の「百川《ももかわ》」でも出てくるように神社の祭礼で使うこともある。戊辰戦争では、会津藩が白虎・朱雀・青竜・玄武の各隊を組織したこともよく知られており、四神は四方を守る神々である。方角と色、四神を四本柱にあてはめる解釈は、古代中国の哲理である五行思想に基づく。五行思想とは、万物は木・火・土・金・水の五元素からなるとする考えである。

四本柱に色を配する記述は、延宝三〜四年（一六七五〜一六七六）に定められた南部相撲の故実や正徳四年（一七一四）の「相撲家伝鈔」にも見られる。「奥民図彙」でも、四本柱には四色の木綿二尺（六〇・六センチ）が巻かれているとある（二五〇頁参照）。これらのように遅くとも江戸時代中期には、四本柱に色をあてる解釈がなされていた。しかし錦絵を見ると、赤一色や紅白のものも多い。錦絵で四本柱の色が描き分けられているのは、安政五年（一八五八）の歌川豊国（三代）による「勧進大相撲興行之図」が早い例である（口絵9）。四色が定着したのはいつ頃なのかは判断し難いが、錦絵に描かれるようになったのは幕末のことだ。

また、柱には御幣や千秋楽の是より三役で勝者に贈られる弓・弦・扇や刀が飾られた。これらの装飾品を取り付ける柱は決まっていなかったようだが、たとえば「勧進大相撲興行之図」では、青い柱に御幣と弓・弦・扇・刀、白と黒の柱に刀がある。その後、明治時代後半の写真で判断すると御幣は四本の柱すべてに取り付けられている。

国技館の開館後も屋形と四本柱は存続し、戦後の昭和二七年につり屋根となった。観戦する際に見えにくく四本柱が邪魔であるという意見があり、観客のために撤廃に踏み切ったのであった（武蔵川喜偉『武蔵川回顧録』）。四色の柱は房に姿を変えて屋形にさげられた。現在も房には御幣が取り付けられている。

屋形の下には水引幕がある。水引幕とは、劇場の舞台の最前列上部に横に細長く張った幕のことで、大相撲の舞台である土俵上にも張っているのだ。四本柱のみで屋形はないボストン美術館蔵の「四条河原図屛風」にも水引幕が描かれており、江戸時代前期には用いていたようだ。『大相撲評判記』大阪之部上には、陽気すなわち取組の熱気を鎮めるために水引幕と称し、水・陰を示す北の柱から巻きはじめ、北の柱で巻き終える、と説明されている。北が水・陰とは、すべてのものは陰と陽の二気によって生じるという陰陽の考えに先の五行をあわせた陰陽五行思想によるものである。同様の説明は「相撲家伝鈔」にも見られ、遅くとも江戸時代中期にはこのような解釈がなされていた。そしてさまざまな色の水引幕があったが、徐々に青や紫系統のものが主流となった。また特に江戸時代には勧進元となった相撲年寄の家紋などが配されていたが、明治時代末期からは国威高揚を意識して海軍・陸軍の紋章が入ったものが使用された。現在のように大日本相撲協会（日本相撲協会）の徽章となったのは、四本柱が撤廃された昭和二七年である。

様式には変遷があるものの屋形は大相撲の土俵に欠かせない「もの」であり、御幣とともに相撲と神事のかかわりを雄弁に物語ってくれる。

神を招く土俵祭

土俵祭は、初日の前日に五穀豊穣・国家の平安そして土俵の安全を祈願する儀式である。立行司の木村庄之助か式守伊之助が祭主を務め、榊の枝を用いて「清祓い」や「祝詞奏上」をし、勝負や土俵の由来を言上する「方屋開口」、勝負に関して縁起のいい品を土俵に埋める「鎮め物」などを行う。土俵の中央には御幣を立て、二台の三方には一対の瓶子《へいし》と鎮め物を載せる。いうまでもなく土俵祭は神道の儀式で、天から神々を招く意味があり、大相撲を催すための土俵は、この儀式を経てはじめて

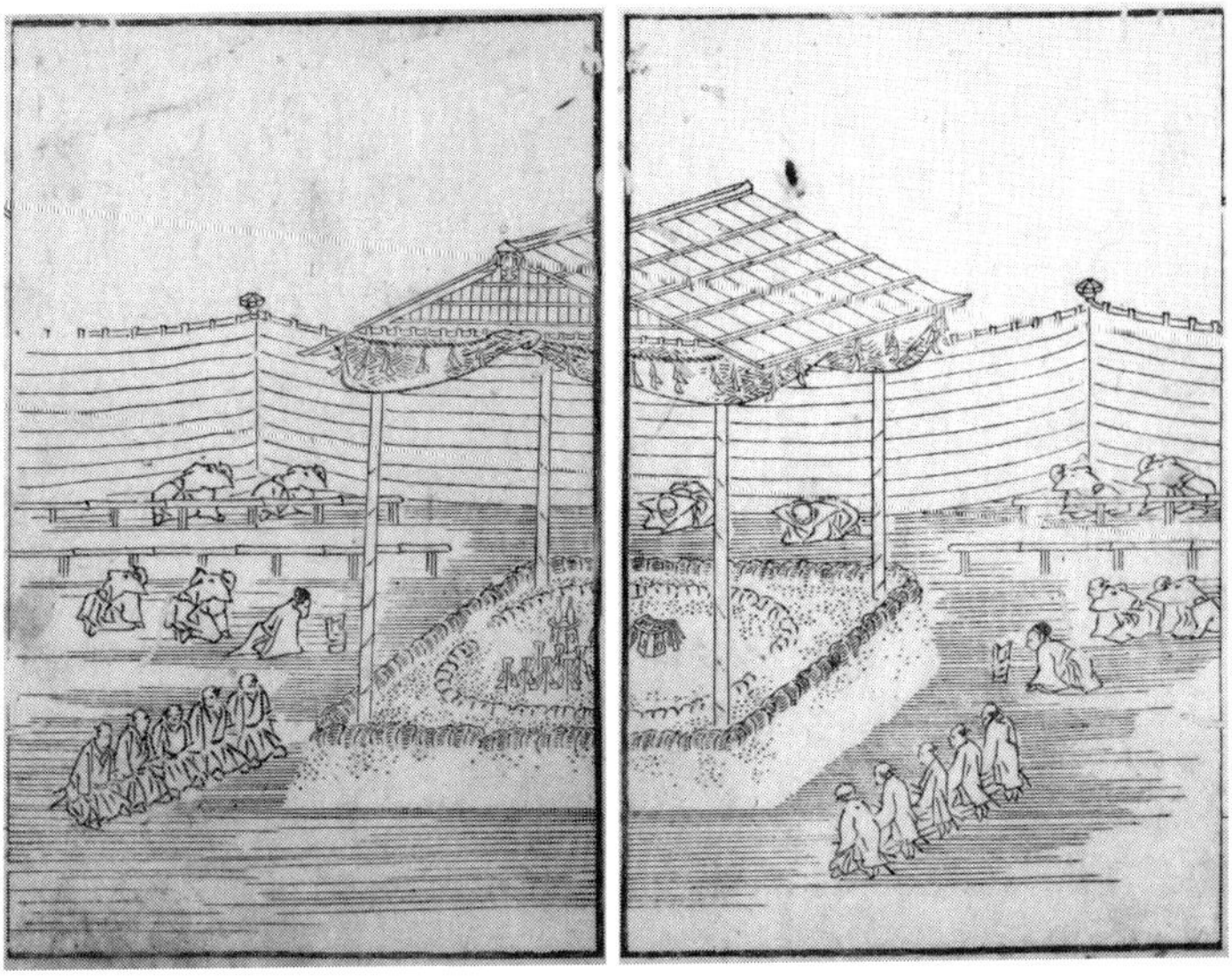

上覧相撲の方屋祭。寛政５年（1793）の式守蝸牛（初代式守伊之助）『相撲隠雲解』より。

完成するのだ。鎮め物は六品の縁起物であり、かわらけに入れて包んでから紅白の水引で結び、土俵中央にあけた一五センチ角の穴に納め、御神酒を注いでから埋める。縁起物は、干した栗の実を臼でついて殻と渋皮を取った、勝ちに通じる「勝ち栗」、脂肪分が多く、食べると長生きをするといわれる「榧《かや》の実」、かつては、ひろめなどと呼ばれ、広がる、福を得るといわれる「昆布」、祝事に必要な熨斗《のし》の意味がある「するめ」、五穀豊穣を願う「洗米」、そして清めの「塩」の六品だ。鎮め物は、建築工事などで行われる地鎮祭に通じるものがある（山田知子「土俵まつり考」）。なお土俵祭は巡業地や相撲部屋で土俵を築き直した時にも行う。

『古今相撲大全』巻之下末には、勧進相撲の初日前日の「地取《ちどり》式礼《のしきれい》」という儀式が紹介されている。行司が祓い清め、土俵を祀り、続いて勧進方と寄方から力士がひとりずつ出て相撲を取り一勝一敗とするもので、行司は団扇の替わりに幣を用いるという。この相撲は、俗に「神相撲」とも呼ばれ、東西の桟敷一軒ずつに注連縄を張り、菅菰《すがごも》を敷いて「神の桟敷」を設ける。行司は神の桟敷に仕え、力士が東西からひとりずつ出て、黄色の幣を頂いて土俵に出るという。同書には初日前日の行事は神事であるが、本式のものは難しいため近年は略儀になっていると書いてある。土俵祭とは様相が異なるが、初日前日という点は共通しており、興行前に土俵を清める儀式は、遅くとも江戸時代中期には行われていた。地取とは、稽古相撲のことであるが、儀式としての意味もあるようだ。ほぼ同様の記述が、行司・岩井《いわい》左右馬《そうま》による安永五年（一七七六）の「相撲伝秘書」にも見られる。また南部相撲でも延宝三～四年（一六七五～一六七六）に行事の口上が定められており、土俵にまつわる儀式をしていたことがうかがえる。

寛政三年（一七九一）の上覧相撲では、取組前に一九世吉田善左衛門が儀式を行っている。この儀式は「方屋祭」といい、一九世が故実を唱えた。上覧相撲の記録である「大徳院御上覧相撲一件」を見ると、文言の差はあるが、内容は土俵祭の方屋開口そのものである。土俵には、熨斗昆布・榧・勝栗・洗米を、かわらけに盛って供えた。熊本藩の記録「於吹上御相撲上覧之一件」には、一九世がこの儀式について、「方屋之真中掘候而守りを納候事口伝」と述べたとある。これは熨斗昆布・榧などを方屋すなわち土俵の中央に納めたことを意味するのであろう。このように上覧相撲の儀式は、土俵祭そっくりであった。初日前日には地取式礼を行ったが、上覧相撲を契機に吉田家の様式を取り入れ方屋祭の形になったものと思われる。方屋には力士の控え場所の他に土俵の意味もあるので、後に土俵祭と呼ばれるようになったのだろう。なお上覧相撲より前だが、安永五年（一七七六）四月一八日に、後の藩主・細川治年がはじめて熊本に入った時、藩の武術修練地であった追廻馬場で相撲が披露されており、この時も一八世吉田善左衛門が「方屋開」を行っている。土俵祭は吉田家が考案したものと考えられる。

千秋楽の手打も江戸時代から続いている行事だ。歌川国輝（2代）画「勧進大相撲繁栄之図」（日本相撲協会　相撲博物館蔵）より。

四方の房に取り付ける御幣は神を招く依代《よりしろ》であり、神は土俵祭で迎えられる。土俵祭の祭神は、昭和二〇年頃までは『日本書紀』の冒頭にある天神七代・地神五代であったようだが、現在は戸《とが》隠大神《くしのおおかみ》・鹿島《かしま》大神《のおおかみ》・野見宿禰尊《のみのすくねのみこと》とされている（平井直房「土俵祭」）。戸隠大神とは、戸隠神社の奥社に祀られている天手力男命《あめのたぢからおのみこと》である。天の岩戸に隠れた天照大神を引きずり出したことで有名で、力、スポーツの神として知られている。鹿島大神とは、第一章に登場した鹿島神宮の祭神・建《たけ》御雷神《みかづちのかみ》、野見宿禰も詳述した通りである。また先に述べたように土俵の四方には四神が宿り、土俵上で懸賞を受け取る際、力士が左・右・中央の順で手刀を切る所作は、万物を創造した造化の三神である天御中主神《あめのみなかぬしのかみ》・高御産巣日神《たかみむすびのかみ》・神産巣日神《かみむすびのかみ》への感謝を表すと伝えられている。このように大相撲の興行には、多くの神々が登場する。相撲は神事といわれる由縁であり、祭礼の期間に多様な神が神社に訪れるというシャーマニズムの影響を強く受けていることがよくわかる。

初日の前日に土俵に迎えられた神は、千秋楽で優勝力士らの表彰の後に行われる「出世力士手打式」と「神送りの儀式」で天に戻るとされる。出世力士手打式では、番付外の前相撲に出場した力士たちが土俵にあがり、翌場所から新序、すなわち新しく序ノ口に出世することを祝して手打ちをする。続く神送りの儀式では、御幣を抱いた行司が新弟子に胴あげされる。胴あげにより、神が天に戻るのだ。なおかつては審判委員の相撲年寄が胴あげされていた。「勧進大相撲繁栄之図」にも手打の様子が描かれている。幕末には千秋楽の儀式も広く知られていたようだ。

桟敷

それでは次に、観覧席の様子をのぞいてみよう。国技館の観覧席は、土俵周囲の溜まり席、一階の枡席、一階最後部のテーブル付きのボックス席、二階の椅子席に大別される。溜まり席は土俵に近いことから「砂かぶり」とも呼ばれる。溜まりとは、人が集まること、あるいは集まる場所を意味する。取組を待つ力士が控えているため、土俵下のことを溜まりというようになったらしい。『古今相撲大全』巻之下本にも記述があり、土俵の誕生後、観客の席ができる過程で、力士が集う場所、後には土俵に近い観覧席まで含めて溜まりと呼ぶようになったのだろう。枡席は大相撲を象徴する観覧席であり、桟敷とか桟敷席とも呼ばれる。桟敷席は歌舞伎座にもあり、全国各地の祭礼などのイベントでも設置することがある。しかしこれだけ大規模な桟敷は大相撲だけであろう。国技館には六人用や五人用のものもあるが、四人用が基本である。

ここでは江戸時代の桟敷を中心に観客の様子も紹介したい。桟敷とは、祭礼や芸能などを見物するため、地面よりも一段高く設けた上級の観覧席であり、大衆席と区別された特別な席である。語源は『古事記』に登場する「佐受岐《さずき》」であり、神を迎えるための櫓のように高い、宗教的な一種の祭壇のようなものであったという（折口信夫『折口信夫全集　ノート編第五巻　日本芸能史』）。語源については検討を要するが、平安時代以降、貴族が祭礼などを見物する時に設けるようになったようだ。勧進興行でも、観客のために桟敷が組まれた。たとえば先に紹介した貞和五年（一三四九）の勧進田楽では、桟敷が崩れる大惨事が起こっている。これらの桟敷は原則として興行期間中に仮設されるものである。『看聞御記』の応永二六年（一四一九）一〇月三日にも、桟敷を構えて勧進相撲が催されたことが記されている。小笠原恭子は、応仁の乱前後の京都における勧進興行では、演者の声が通る直径一〇〇尺（三〇・三メートル）の円形地を囲むように桟敷が組まれ、その規模は六三間（一一四メートル、京間で換算すると一二三メートル）だったと推定している。声が通る直径三〇・三メートルの円の円周は九五メートルほどである。桟敷は円を取り囲むように六三間の円状に組まれたのだろう。そして六三間は半端だが、一〇〇尺の円周から導いた数字であり、次の興行時にも同じ材木が使えるため好都合だったと述べている（『都市と劇場』）。なお六三間とは、一間幅の桟敷が六三軒あったということだろう。ここでは混同を避けるため、区切られた桟敷の数を表す場合は軒と記す。

江戸時代の観覧席は、土俵周囲の土間と、土間を取り囲むように組む桟敷で構成された。屋根もある桟敷は、土俵周囲の土間より上等な席である。『大江俊光記』に記録された元禄一二年（一六九九）の勧進相撲では、桟敷は先に紹介した勧進田楽と同じで六三軒であった。勧進興行の桟敷に見られる六三という数字については今後も検討が必要である。元禄年間（一六八八〜一七〇四）頃までは、桟敷は一層に組んでいたようだ。芝居小屋では元禄年間に上下二段の二層式となったが、正徳四年（一七一四）の改革令で廃されて一層式となり、享保九年（一七二四）に許可されて再び二層式となって定着した。芝居小屋に屋根がつき、屋内で興行されるようになるのも享保年間のことである。相撲が屋内になるのは明治四二年（一九〇九）だが、江戸時代中期には芝居小屋同様に二層式の桟敷となったようだ（口絵9）。

嘉永二年（一八四九）の江戸相撲では、桟敷は一五〇軒ほどであった。単純に二等分すると、七五軒の桟敷が上下二段に設置されていたことになる。歌舞伎の桟敷は、明治初期までは一軒に六人詰、それ以後は五人詰であった（服部幸雄『大いなる小屋』）。相撲も江戸時代には六〜八人で一軒を使い見物していたと思われる。桟敷で熱狂する観客の姿がわかる安政三年の「江戸両国回向院大相撲之図」には、一軒に八人ほどが描かれている（二六八頁参照）。明治一〇年に回向院で見物したモースも、桟敷は六フィート（一・八メートル）四方と語っている。三・三平方メートルなら、六〜八人が座って見物することも充分可能だ。地方に目を移すと、「奥民図彙」には弘前城下の相撲場の桟敷は上下の二層式、幅は一問（一・八メートル）、奥行は三尺（九〇・九センチ）とあり、広さは回向院のちょうど半分の一・六平方メートルである（二五〇頁参照）。モースの記述や「奥民図彙」から、通常、桟敷一軒の幅は一間であったと考えられる。

多くの観客が詰めかけると、興行中に増設することもあった。回向院で催された慶応三年（一八六七）夏の興行では、二日目の四月一七日に混み合ったため、桟敷を増設したいと勧進元・追手風喜太郎らが寺社奉行に願い出ている。現在の基準からすると大変危険なように思えるが、仮設ゆえに興行中の増設も可能だったのではなかろうか。設営については今後の検討を待ちたいが、弘化三年（一八四六）一一月六日から二日間、武蔵国多摩郡柴崎村（東京都立川市）の諏訪神社での興行では、同月三日に村内の四〇〜五〇名と東に隣接する青柳村からの五〜六名が一日で桟敷の設営をした。江戸の大規模な興行では、入場券を扱う桟敷方のように桟敷の設営を専門とする者がいたと思うが、巡業などの際には開催地の人々が協力して組んだことだろう。相撲は興行ではあるものの、迎える村側にとってはハレの場、祭礼でもあったのだ。柴崎村の二日目の興行には、桟敷が不足するほどの観客が詰めかけた。

明治時代に入っても桟敷席は変わりなかったが、現在の相撲案内所のひとつである高砂家が明治一七年（一八八四）夏場所に開業した際、もともとは土間だった正面席の一部を八軒の桟敷に改めたという。この桟敷が大変好評で、土間の席は徐々に桟敷へ姿を変え、明治三二年には正面九四軒、向正面九二軒、東西九六軒、西高（西側後方の席と思われる）八〇軒が桟敷となったようだ。そして明治四二年の国技館開館に伴い、一階は上等の桟敷席、二階より上は仕切りがない従来の土間に相当する席になった。江戸時代とは位置関係が逆になったのだ。

熱狂する観客

『関取名勝図絵』には「土間の海　桟敷ケ嶽の𡉕より土俵山の𡉕迄一面の海なり、見物浪を打也、大入の時ハ大波一面に打事おびたゝし、本中鳥むらかり出て是をせいす」「桟敷ケ嶽　見物山をなして勝角力に衣類の花をちらす、手を打悦びの声をあげること雷の如し」と描写されている。興行の入り、不入りによるが、大入りの土間はまさしく人の海であり、観客が波を打つようであっただろう。あまりにも人が多すぎる場合は、本中の力士が騒ぐ観客を制することもあったようだ。海を取り囲む山にたとえられた桟敷でも、後述するように観客が「衣類の花をちら」して熱狂した。誇張した表現ではあるものの、勝川派や歌川派の絵師たちも、相撲場に集う溢れんばかりの観客を描いている。『藤岡屋日記』には安政三年冬の興行は大当たりで、五日目の観客は札数九〇〇〇枚、出茶屋桟敷にて一万名余で客留となり、翌六日目には一万三二三名が入ったとある。興行が当たると、客留とすることもあったのだ。

『藤岡屋日記』の数字はにわかには信じがたいが、江戸時代から明治時代にかけて回向院に仮設された相撲小屋には、いったいどれくらいの人が集まったのだろうか。嘉永二年（一八四九）の江戸相撲では、区切られた桟敷の数が一五〇軒ほどであった。八人詰と仮定すると桟敷だけで一二〇〇名となる。土間の観客数を桟敷の一・五～二倍とすると、一八〇〇～二四〇〇名となり、合計で三〇〇〇～三六〇〇名が見物していたことになる。先にも記したように明治時代後期に回向院で見物した経験のある酒井忠止らは、相撲小屋の収容人員は三〇〇〇～四〇〇〇名と語っており、桟敷の数から推計した数値とほぼ一致する。

国技館の収容人員は先に紹介したが、つけ加えると昭和一九年夏場所七日目には、八万名が見物したという。国技館が軍部に接収され後楽園球場で開催したためであるが、戦時下に娯楽を求めた人々の心理がうかがえる。大相撲では史上最多の観客であろう。

宝暦一三年（一七六三）に刊行された平賀源内の『根南志具佐《ねなしぐさ》』には、水無月（六月）の両国橋と広小路の様子が詳細に記してあり、多種多様の商店・物売り・見世物や侍・町人・歌舞伎役者・職人など、両国のほとんどすべてが描写されている。回向院が興行の中心地となるのは天明年間（一七八一～一七八九）以降だが、もともとさまざまな階層が行き来していた盛り場の両国には、相撲見物のためにさらに多くの人々が集まったことであろう。

江戸時代における観客の身分については詳らかでないが、町人だけでなく、寺社奉行の検使や力士を召し抱える大名家の家臣も詰めかけた。寺社奉行の検使については『旧事諮問録《きゅうじしもんろく》』に「相撲などにも、検視〔検使〕というものがいっておりました。相撲のときには寺社奉行の方で、桟敷を一間取りまして検視が坐っておりました」とあり、検使は桟敷から相撲興行を検分していたことがわかる。文化一〇年（一八一三）春に浅草寺で開催された際も、検使が連日訪ねている。『江戸の夕栄』で鹿島萬兵衛が回想しているように、大名家からも抱え相撲の勝負を知らせるために江戸詰の家臣が送込まれていた。抱え相撲が多かった八戸藩南部家は、天保三年（一八三二）九月、江戸詰の藩士・遠山屯《たむろ》を「御相撲掛」に任命している。遠山は同年冬の興行に際し、連日回向院に出向いて検分した。遠山が早馬で知らせていたかどうかはわからないが、藩邸に勝負結果や活躍ぶりが伝えられた。

参勤交代で江戸藩邸に滞在した勤番武士も相撲を見物したであろうことは想像に難くない。留守居組合が情報交換のために芝居見物などの遊興に明け暮れていたことも周知の事実で、相撲場もそうした場のひとつであった。訴訟のため長期間にわたって公事宿に滞在した農民たちが江戸見物を楽しんだこともよく知られており、相撲場に赴いた者も多かったであろう。馬喰町の公事宿・山城屋弥市に滞在した駿河国駿東《すんとう》郡御宿《みしゅく》村（静岡県裾野市）の名主・吟右衛門一行は、嘉永三年（一八五〇）四月四日に、回向院で相撲を見物している。年に二度、春と秋から冬の限られた期間ではあるものの、相撲は江戸見物のコースに組み込まれていたといってもいいだろう。

一方、通説では江戸時代に女性が見物できるのは千秋楽のみであったという。男性は相撲、女性は芝居といわれる由縁だ。このような慣例がいつ頃できたのかは定かでないが、浮世絵作者・江島其磧《えじまきせき》が女性の風俗を描いた享保二年（一七一七）刊の『世間娘気質《せけんむすめかたぎ》』には、贅沢な娘が真葛原《まくずがはら》（京都市・円山公園）へ相撲見物に出かける様子が描かれ、昔はこんな話は聞いたことがないとある。また宝永六年(一七〇九)刊の月尋堂《げつじんどう》による浮世草子『子孫大黒柱《しそんだいこくばしら》』には、戒めるべきものの例として、町人の馬の稽古や医者の料理好みとともに、女性の相撲見物があげられている。相撲を見物する女性もいたが、好ましいこととは思われなかった。盛り場では喧嘩が起きやすく、女性が立ち入ることがはばかられたのかもしれない。錦絵に描かれた観客を見ても男性ばかりで、川柳にも「女にハ　見せぬ諸国の　いゝ男」(『誹風柳多留』三六篇　文化四年、一八〇七)とある。しかし上位力士が出場しない千秋楽に限り、女性の相撲見物が許された。ゆえに千秋楽の相撲は「おさんどん相撲」と呼ばれた。おさんどんとは、女中・下女、特に台所仕事をする女性のことである。『江戸の夕栄』には一〇日目以外は婦人の見物は許されなかったとあり、『東都歳事記』にも、婦女子が見物できるのは稽古のための花相撲のみであると紹介されている。しかし文久三年(一八六三)に来日したスイスのアンベールは回向院で相撲を見物し、『日本図絵』に男性も女性も入り交じって座を占めていると記している。アンベールが見物したのは千秋楽あるいは花相撲とも考えられるが、それ以外の日は女性の見物が完全に禁じられていたとする通説には、一考の余地があるのではなかろうか。いずれにしても明治時代に入り、このような慣習は改められ、明治五年(一八七二)冬の興行から二日目以降、明治一〇年冬の興行からは初日も含め、女性も自由に見物ができるようになった(風見明『相撲、国技となる』)。

気になるのがお手洗いであるが、実のところ定かでない。「奥民図彙」には「土間ノ見物、中入リニ二便ナトニ出ルニハ、札ナキ故ニ、肘ヘ墨印ヲ押ス、押ス者一人少シ高キ処ニ在リ、諸人争イ乞ユヘ甚混雑ナリ」とある(二五〇頁参照)。弘前藩領内の興行であるが、土間の観客には木戸札がないた

投げ纏頭として衣類の花を散らして熱狂する観客。歌川国郷画「江戸両国回向院大相撲之図」（日本相撲協会　相撲博物館蔵）より。

め、お手洗いで一時席を外す際には肘に墨印が押されたという。桟敷の観客は、木戸札を携えて外出したようだ。この例ではお手洗いは相撲小屋の外である。江戸でも回向院の出開帳が舞台の落語「開帳の雲隠」のように、相撲小屋の外にお手洗いがあったのだろうか。

先に述べた安政三年の「江戸両国回向院大相撲之図」には、取組に熱狂する桟敷の観客が描かれており、よく見ると着物を脱いで裸になっている。裸での応援といえば、サッカーのサポーターを想像する方も多いと思うが、桟敷で裸になった観客は、着物などを土俵に向かって投げている。『関取名勝図絵』も記述しているこの行為は、投げ纏頭《ばな》と呼ばれる。贔屓にする力士が勝つと持ち主の名を記した着物などを投げ入れ、付け人などが後で届けたり力士が挨拶に赴くと祝儀を渡すという慣習があった。纏頭はまさしく祝儀としての花であった。『誹風柳多留』に「晴天に　御免の日数　花かふり」（七一篇、文政二年、一八一九）、「寒ムさうな　人に関取　礼を言イ」（一六四篇、天保九〜一一年、一八三八〜一八四〇）とあり、寺門静軒の『江戸繁昌記』にも「各々物を抛《なげう》ちて纏頭と為す。自家の衣着、浄々投げ尽して甚だし」と記されている。投げ纏頭は、興行風景の一場面、大相撲の名物であった。祝儀として花を贈る行為と贔屓力士に熱い視線を送る観客の心意気が結びついて誕生した習慣であろう。

投げ纏頭は明治時代も続いた。明治三〇年代に荒岩亀之助（大関）が常陸山を破った際には五〇〇～六〇〇〇円、海山太郎（関脇）が常陸山を破った際には三〇〇〇円が集まったという（風見明『相撲、国技となる』）。このように投げ纏頭は、力士にとっては収入源であったが、明治四二年に国技館が開館されると、力士から芸人根性を払拭するために禁止された。しかし以降も土俵に向けてたばこ盆・日本酒の瓶・座布団・みかん・寿司などが投げ込まれることがあった。これらの物は投げる行為は同じでも、投げ纏頭とはまったく性格が異なった。明治時代末期には徹底して取り締まられてほとんど見られなくなったが、それでも時折、横綱が敗れるなどの番狂わせがあると、物が投げられる行為が後を絶たなかったようだ。現在も座布団が乱舞する光景は、国技館ならずともテレビでも目にすることがあるが、土俵近くの観客にとっては大変危険であるため許されるものではなく、場内放送でも禁止を呼びかけている。

大相撲を見物していると、和服姿の観客を見かけることも少なくない。木戸を通って相撲場に入った際の高揚感は、これまでに紹介してきた幟や櫓、相撲茶屋、そして続々と詰めかける観客により醸し出されているのである。観客がいなければ大相撲は成り立たない。勧進相撲の誕生以来、観客は相撲場に欠かせない存在であり、本書で紹介してきた「もの」や力士らとともにハレの場、祝祭的な雰囲気を作り、興行空間を醸成してきた。そしてこれからも力士たちの熱戦、それを取り巻く「もの」、世界中から集う観客が熱気に溢れる興行空間を創造していくことだろう。

参考文献

第一章

青木豊「資料紹介　力士埴輪」『国学院大学考古学資料館紀要』第三輯、一九八七年
池田弥三郎「芸能・演劇胎生の場」大林太良（著者代表）『日本民俗文化大系第七巻　演者と観客―生活の中の遊び―』小学館、一九八四年
岩手県立博物館制作『第五七回企画展　四角い土俵とチカラビト―盛岡藩の相撲―』岩手県立博物館、二〇〇六年
NHK取材班・石田雄太『二子山勝治・相撲ルーツの旅』日本放送出版協会、一九九三年
大野左千夫「入墨をおもわせる人物埴輪」『どるめん』第三号、一九七四年
大林太良（司会者）『シンポジウム日本の神話四　日向神話』學生社、一九七四年
大林太良（代表）編『民族遊戯大事典』大修館書店、一九九八年
小野重朗『農耕儀礼の研究』弘文堂、一九七〇年
大日方克己『講談社学術文庫　古代国家と年中行事』講談社、二〇〇八年
大日方克己「院政期の王権と相撲儀礼」『古代文化』第六一巻第三号（通巻五七八号）、二〇〇九年
加藤隆世『大相撲鑑識大系第四巻　明治時代の大相撲』国民体力協会、一九四二年
風見明『相撲、国技となる』大修館書店、二〇〇二年
香芝市二上山博物館編『香芝市二上山博物館特別展示図録一六　第一六回特別展　葛城の英雄・けはや』香芝市教育委員会、二〇〇〇年
かみつけの里博物館編『第一七回特別展　力士の考古学　相撲は、古墳時代に伝来した。』かみつけの里博物館、二〇〇八年
菅愛敬編「南部角力起原史」一～九『角力世界』第八年第八〇号～第九年第九二号、一九一九年～一九二〇年

木梨雅子『鶴の守る地に祈りは満ちて―盛岡南部藩のお抱え相撲物語―』旧盛岡藩士桑田、二〇〇四年
木梨雅子「南部相撲集団の形成過程および活動について（寛永二一年―元禄七年）」『体育史研究』第二三号、二〇〇六年
行田市郷土博物館編『第二九回企画展　相撲―いにしえの力士の姿―』行田市郷土博物館、二〇一五年
京都国立博物館・島根県立古代出雲歴史博物館編『大出雲展―古事記一三〇〇年　出雲大社大遷宮　特別展覧会―』島根県立古代出雲歴史博物館、二〇一二年
倉林正次『饗宴の研究　文学編』桜楓社、一九六九年
『国宝　上杉本　洛中洛外図屏風』米沢市上杉博物館、二〇〇一年
駒宮史朗「力士埴輪考」北武蔵古代文化研究会編『幸魂（さきみたま）―増田逸朗氏追悼論文集―』北武蔵古代文化研究会、二〇〇四年
斎藤忠『東アジア葬・墓制の研究』第一書房、一九八七年
酒井忠正『日本相撲史　上巻』大日本相撲協会、一九五六年
酒井忠正『日本相撲史　中巻』日本相撲協会、一九六四年
島根県立古代出雲歴史博物館編『島根県立古代出雲歴史博物館特別展　どすこい！―出雲と相撲―』ハーベスト出版、二〇〇九年
関根奈巳「摂関期相撲節における勝敗」佐伯有清編『日本古代史研究と史料』青史出版、二〇〇五年
寒川恒夫「古代人の遊びの系譜」大林太良編『日本の古代　第一三巻　心のなかの宇宙』中央公論社、一九八七年
寒川恒夫『遊びの歴史民族学』明和出版、二〇〇三年
高埜利彦『近世日本の国家権力と宗教』東京大学出版会、一九八九年
竹内誠「近世前期における江戸の勧進相撲」『東京学芸大学紀要　第三部門社会科学』第四〇集、一九八八年
竹内誠『大系日本の歴史一〇　江戸と大坂』小学館、一九八九年
竹内誠『相撲の歴史』日本相撲協会相撲教習所、一九九三年
竹内誠「寛政三年の上覧相撲と決まり手書上げの慣例化」『相撲博物館紀要』第八号、二〇〇九年

龍野市教育委員会編『特別展図録　野見宿禰と相撲』龍野市立歴史文化資料館、一九九四年
塚田道良「力士埴輪の系譜について」森浩一編『同志社大学考古学シリーズⅣ　考古学と技術』同志社大学考古学シリーズ刊行会、一九八八年
辻川哲朗「井辺八幡山古墳出土「力士埴輪」に関する一考察―古墳時代の「力士」の位置づけをめぐって―」『古代史の海』第六一号、二〇一〇年
土屋喜敬「文政六年における将軍の上覧相撲について～開催過程とその意義～」『相撲博物館紀要』第五号、二〇〇六年
リー・トンプソン「スポーツ近代化論から見た相撲」亀山佳明編『スポーツの社会学』世界思想社、一九九〇年
日本相撲協会博物館運営委員監修『近世日本相撲史　第一巻～第五巻』ベースボール・マガジン社、一九七五年～一九八一年
新田一郎『相撲の歴史』山川出版社、一九九四年
新田一郎『相撲　その歴史と技法』日本武道館、二〇一六年
能勢朝次『能楽源流考』岩波書店、一九三八年
長谷川明『新潮選書　相撲の誕生』新潮社、一九九三年
服部幸雄『絵で読む歌舞伎の歴史』平凡社、二〇〇八年
林屋辰三郎『岩波新書　歌舞伎以前』岩波書店、一九五四年
平林章仁『七夕と相撲の古代史』白水社、一九九八年
廣瀬千晃「「抜頭と相撲節会」―勝負楽としての抜頭と陵王―」『智山学報』第五〇輯（通巻六四号）、二〇〇一年
廣瀬千晃「相撲節会と楽舞―儀式書に見られる相撲と楽舞の関連―」園田稔・福原敏男編『神社史料研究会叢書第三輯　祭礼と芸能の文化史』思文閣出版、二〇〇三年
廣瀬千晃「相撲節会の勝負楽」『古代文化』第五六巻第六号（通巻第五四五号）、二〇〇四年
文化庁編『発掘された日本列島二〇一一　新発見考古速報』朝日新聞出版、二〇一一年
松尾剛次『講談社現代新書　鎌倉新仏教の誕生』講談社、一九九五年

カール・モイリ、寒川恒夫訳、大林太良解説「オリュムピア競技の起源」一・二『えとのす』第一号・第二号、一九七四年、一九七五年
森浩一編・著作者代表『同志社大学文学部考古学調査報告　第五冊　井辺八幡山古墳』同志社大学文学部文化学科内考古学研究室、一九七二年
森貞次郎「角抵源流考」九州大学永井昌文教授退官記念論文集刊行会編『日本民族・文化の生成一　永井昌文教授退官記念論文集』六興出版、一九八八年
山中裕『塙選書　平安朝の年中行事』塙書房、一九七二年
吉田早苗「平安前期の相撲人」『東京大学史料編纂所研究紀要』第七号、一九九七年
吉田早苗「平安前期の相撲節」『国立歴史民俗博物館研究報告』第七四集、一九九七年
和歌森太郎『相撲今むかし』河出書房新社、一九六三年
和歌森太郎、和歌森太郎著作集刊行委員会編『和歌森太郎著作集　第一五巻　相撲の歴史と民俗』弘文堂、一九八二年

第二章

大日方克己『講談社学術文庫　古代国家と年中行事』講談社、二〇〇八年
風見明『相撲、国技となる』大修館書店、二〇〇二年
川島茂裕「下毛野公時と金太郎伝説の成立」『国立歴史民俗博物館研究報告』第四五号、一九九二年
下谷内勝利「中世の相撲に関する一考察—相撲節（すまいのせち）廃絶後の相撲人（すまいびと）のゆくえ—」『駒沢大学総合教育研究部紀要』第五号、二〇一一年
相撲趣味の会編『大砲から大鵬まで』万有出版、一九六一年
染井千佳「相撲の部領使について」『人間文化創成科学論叢』第一二巻、二〇一〇年
高埜利彦「抱え相撲」森下徹編『身分的周縁と近世社会七　武士の周縁に生きる』吉川弘文館、二〇〇七年
竹内誠「近世前期における江戸の勧進相撲」『東京学芸大学紀要　第三部門社会科学』第四〇集、一九八八年
竹内誠「天保一四年の将軍上覧相撲」阿部猛編『日本社会における王権と封建』東京堂出版、一九九七年

竹内誠「寛政三年の上覧相撲と決まり手書上げの慣例化」『相撲博物館紀要』第八号、二〇〇九年
辰巳和弘「古代における反閇の呪儀について―黄金塚二号墳出土の人物画をめぐって―」『文化学年報』第四八輯、一九九九年
田中邦文著、東部町商工会青年部編『雷電為右衛門旅日記』銀河書房、一九八三年
土屋喜敬「近世後期の相撲興行と両国地域」『東京都江戸東京博物館調査報告書 第二四集 両国地域の歴史と文化』二〇一一年
土屋喜敬「近世後期における江戸相撲の力士に関する基礎考察～上覧相撲開催時の「相撲明細書」を素材として～」『相撲博物館紀要』第一二号、二〇一四年
新田一郎『相撲の歴史』山川出版社、一九九四年
新田一郎『相撲 その歴史と技法』日本武道館、二〇一六年
野口実「相撲人と武士」中世東国史研究会編『中世東国史の研究』東京大学出版会、一九八八年
彦山光三『横綱伝』ベースボール・マガジン社、一九五三年
古河三樹『江戸時代大相撲』雄山閣出版、一九六八年
北条町歴史民俗資料館編『北条歴民文庫 第八集 因伯の大相撲力士たち』北条町歴史民俗資料館、二〇〇一年
本郷琢児「研究ノート 相撲節における最手、脇の意義」『立正史学』第八一号、一九九七年
真柄浩「相撲技術名称の変遷」『明治大学教養論集』通巻二一〇号、一九八八年
三田村鳶魚著、朝倉治彦編『鳶魚江戸文庫四 相撲の話』中央公論社、一九九六年
森公章『在庁官人と武士の生成』吉川弘文館、二〇一三年
山田知子『東書選書 相撲の民俗史』東京書籍、一九九六年

第三章

池田雅雄「力士のマゲの話」上・下『相撲』第一一巻第八号～第一一巻第九号、一九六二年
金沢康隆『江戸結髪史 新装改訂版』青蛙房、一九九八年

小池謙一「年寄名跡の代々」一～二一九『相撲』第三八巻第九号～第五六巻第一二号、一九八九年～二〇〇七年
坂口茂樹『風俗文化史選書六　日本の理髪風俗』雄山閣出版、一九七二年
「相撲」編集部編『大相撲人物大事典』ベースボール・マガジン社、二〇〇一年
高埜利彦『近世日本の国家権力と宗教』東京大学出版会、一九八九年
高埜利彦「相撲年寄―興行と身分―」塚田孝編『シリーズ　近世の身分的周縁三　職人・親方・仲間』吉川弘文館、二〇〇〇年
新田一郎『相撲の歴史』山川出版社、一九九四年
前田太吉『髪結の由来』前田太吉、一九一三年

第四章

石川純一郎『新版河童の世界』時事通信社、一九八五年
稲田浩二・大島建彦・川端豊彦・福田晃・三原幸久編『日本昔話事典』弘文堂、一九七七年
井上宗一郎「民俗学における競技の対象化に関する一考察　近世以降の素人相撲をめぐる競技体系の近代化から」『国立歴史民俗博物館研究報告』第一六五集、二〇一一年
宇佐美隆憲『草相撲のスポーツ人類学―東アジアを事例とする動態的民族誌―』岩田書院、二〇〇二年
折口信夫「草相撲の話」折口信夫全集刊行会編『折口信夫全集二一』中央公論社、一九九六年
金田英子「女相撲―もう一つの大相撲」寒川恒夫編『相撲の宇宙論―呪力をはなつ力士たち』平凡社、一九九三年
亀井好恵『女相撲民俗誌―越境する芸能―』慶友社、二〇一二年
北出清五郎「甚句あれこれ」『別冊グラフＮＨＫ』大相撲特集号・名古屋場所、一九八〇年
窪寺紘一『日本相撲大鑑』新人物往来社、一九九二年
相撲博物館「各地の神事相撲」『第二次　悠久』第七八号、一九九九年
田口和夫編『カラー百科　写真と古図で見る狂言七十番』勉誠出版、二〇一四年
竹内勉「しゃがれた声が魅力の相撲甚句」『別冊グラフＮＨＫ』大相撲特集号・秋場所、一九八〇年

竹内勉『続・民謡のふるさとを行く。―わたしの採集手帖―』音楽之友社、一九八三年
谷川健一編『日本の神々―神社と聖地　第二巻　山陽・四国』白水社、一九八四年
東大落語会編『増補落語事典　改訂新版』青蛙房、一九九四年
中村禎里『河童の日本史』日本エディタースクール出版部、一九九六年
新田一郎『相撲の歴史』山川出版社、一九九四年
林屋辰三郎『岩波新書　歌舞伎以前』岩波書店、一九五四年
古川久・小林責・荻原達子編『狂言辞典　事項編』東京堂出版、一九七六年
町田佳聲「民謡源流考」東洋音楽学会編『東洋音楽選書一　日本の民謡と民俗芸能』音楽之友社、一九六七年
森田勝三「牟呂八幡宮の祭事と神事相撲」『豊橋市美術博物館研究紀要』第一八号、二〇一三年
柳田國男「川童の渡り」『定本柳田國男集　第四巻（新装版）』筑摩書房、一九六八年
行俊勉「相撲と神事―近江の木造相撲人形とのかかわりから―」森隆男編『民俗儀礼の世界』清文堂出版、二〇〇二年
吉村風「宇佐八幡放生会の傀儡舞・傀儡相撲のモチーフ―八幡古表神社・古要神社の傀儡舞・傀儡相撲をめぐって―」『歴史民俗資料学研究』第一五号、二〇一〇年
山田知子『東書選書　相撲の民俗史』東京書籍、一九九六年
渡辺保『新版　歌舞伎手帖』講談社、二〇〇一年

第五章

菅愛敬編「南部角力起原史」一～九『角力世界』第八年第八〇号～第九年第九二号、一九一九年～一九二〇年
小池謙一「大阪相撲入門」第一回～第二四回『相撲』第四八巻第一号～第四九巻第一三号、一九九九年～二〇〇〇年
相撲史跡研究会編『相撲の史跡一～六』相撲史跡研究会、一九七三年～一九九三年
仙台市博物館編『特別展図録　競う！―江戸時代のスポーツ―』仙台市博物館、二〇〇一年
高埜利彦『近世日本の国家権力と宗教』東京大学出版会、一九八九年
高埜利彦『日本史リブレット　江戸幕府と朝廷』山川出版社、二〇〇一年

竹内誠「天保一四年の将軍上覧相撲」阿部猛編『日本社会における王権と封建』東京堂出版、一九九七年
土屋喜敬「横綱免許授与過程に関する一考察～阿武松緑之助・稲妻雷五郎を事例として～」『相撲博物館紀要』第二号、二〇〇三年
土屋喜敬「文政後期の江戸相撲と吉田善左衛門家」竹内誠編『徳川幕府と巨大都市江戸』東京堂出版、二〇〇三年
中村弘『日下開山　初代横綱　明石志賀之助　すもうの街宇都宮が生んだ大力士』随想舎、二〇一二年
新田一郎『相撲　その歴史と技法』日本武道館、二〇一六年
長谷川明『新潮選書　相撲の誕生』新潮社、一九九三年
花坂吉兵衛・枡岡智『相撲講本』相撲講本刊行会、一九三五年
彦山光三『横綱伝』ベースボール・マガジン社、一九五三年
常陸山谷右衛門著、土岐驢井補『相撲大鑑』文運社、一九〇九年
村田邦男「境川浪右衛門使用の明荷について」『相撲博物館紀要』第三号、二〇〇四年

第六章

「相撲」編集部編『大相撲人物大事典』ベースボール・マガジン社、二〇〇一年
竹内誠「庶民文化のなかの江戸」『日本の近世　第一四巻　文化の大衆化』中央公論社、一九九三年
谷川章雄「江戸の相撲と玩具」寒川恒夫編『相撲の宇宙論―呪力をはなつ力士たち』平凡社、一九九三年
村田了阿編、井上頼圀・近藤瓶城増補『増補俚言集覧　上・中・下』皇典講究所印刷部、一八九九年～一九〇〇年

第七章

池田弥三郎『日本歴史新書　江戸時代の芸能』至文堂、一九六〇年
岩手県立博物館制作『第五七回企画展　四角い土俵とチカラビト―盛岡藩の相撲―』岩手県立博物館、二〇〇六年
小笠原恭子『平凡社選書　都市と劇場―中近世の鎮魂・遊楽・権力―』平凡社、一九九二年
岡田章雄『明治の東京』桃源社、一九七八年

小保内東泉画、国香よう子文『南部絵巻物―陸奥の土風―』熊谷印刷出版部、一九八〇年
折口博士記念古代研究所編『折口信夫全集　ノート編　第五巻　日本芸能史』中央公論社、一九七一年
風見明『相撲、国技となる』大修館書店、二〇〇二年
風見明『横綱の品格―常陸山と大相撲の隆盛』雄山閣、二〇〇八年
木梨雅子「南部相撲の方屋形状と故実―南部相撲行司家文書『相撲極伝之書』を中心に―」『体育史研究』第一六号、一九九九年
木村庄之助・前原太郎『スポーツ新書　行司と呼出し』ベースボール・マガジン社、一九五七年
黒木喬『江戸の火事』同成社、一九九九年
相撲趣味の会編『大砲から大鵬まで』万有出版、一九六一年
『「相撲・両国・国技館」』墨田区立緑図書館、一九八五年
諏訪春雄『歌舞伎の方法』勉誠社、一九九一年
諏訪春雄『歴史文化ライブラリー　歌舞伎の源流』吉川弘文館、二〇〇〇年
高埜利彦「相撲年寄―興行と身分―」塚田孝編『シリーズ　近世の身分的周縁三　職人・親方・仲間』吉川弘文館、二〇〇〇年
高橋敏『岩波新書　江戸の訴訟―御宿村一件顚末―』岩波書店、一九九六年
竹内誠「近世前期における江戸の勧進相撲」『東京学芸大学紀要　第三部門社会科学』第四〇集、一九八八年
竹内誠『角川選書　元禄人間模様　変動の時代を生きる』角川書店、二〇〇〇年
竹内誠『江戸の盛り場・考―浅草・両国の聖と俗』教育出版、二〇〇〇年
田中邦文著、東部町商工会青年部編『雷電為右衛門旅日記』銀河書房、一九八三年
土屋喜敬「近世後期の相撲興行と両国地域」『東京都江戸東京博物館調査報告書　第二四集　両国地域の歴史と文化』二〇一一年
津波高志『南島文化叢書　沖縄側から見た奄美の文化変容』第一書房、二〇一二年
二宮朔山『岡山文庫　岡山の相撲』日本文教出版、一九八八年

服部幸雄『江戸歌舞伎論』法政大学出版局、一九八〇年
服部幸雄『岩波新書　歌舞伎のキーワード』岩波書店、一九八九年
服部幸雄『同時代ライブラリー　江戸歌舞伎』岩波書店、一九九三年
服部幸雄『平凡社ライブラリー　大いなる小屋　江戸歌舞伎の祝祭空間』平凡社、一九九四年
服部幸雄『岩波新書　歌舞伎ことば帖』岩波書店、一九九九年
平井直房「土俵祭」『第二次　悠久』第七八号、一九九九年
前原太郎『スポーツ珍・奇談叢書　呼出し太郎一代記』ベースボール・マガジン社、一九六五年
漫嘲楼主人「相撲百話」『文芸倶楽部』第五巻第八編、一八九九年
武蔵川喜偉『武蔵川回顧録』ベースボール・マガジン社、一九七四年
守屋毅「日本の音曲考　芸能と音をめぐる覚書」『ｐａｎｏｒａｍｉｃ　ｍａｇ．ｉｓ』ｖｏｌ．９、一九八〇年
八木橋伸浩「相撲文化の東アジア的視点に基づく基礎的考察―琉球弧と韓国の事例から―」田中宣一先生古稀記念論集編纂委員会編『神・人・自然―民俗的世界の相貌―』慶友社、二〇一〇年
山田知子「土俵まつり考」『大谷学報』第六九巻第三号、一九八九年
山田知子「土俵まつりと修験道」寒川恒夫編『相撲の宇宙論―呪力をはなつ力士たち』平凡社、一九九三年

史料

朝日重章、名古屋市教育委員会編『校訂復刻名古屋叢書続編　第九巻〜第一二巻　鸚鵡籠中記一〜四』名古屋市教育委員会、一九八三年
エーメ・アンベール、高橋邦太郎訳『新異国叢書　第一輯一四・一五　アンベール幕末日本図絵上・下』雄松堂書店、一九六九年、一九七〇年
イエズス会編、土井忠生・森田武・長南実編訳『邦訳日葡辞書』岩波書店、一九八〇年
石橋生菴『紀州藩石橋家　家乗一〜五』和歌山大学紀州経済史文化史研究所、一九八四年
「異制庭訓往来」塙保己一・川俣馨一編『新校群書類従　第二四巻』名著普及会、一九七八年覆刻

市川團十郎（二代）「老のたのしみ抄」森銑三・野間光辰・朝倉治彦監修『燕石十種　第五巻』中央公論社、一九八〇年
市古貞次・大島建彦校注『日本古典文学大系八八　曾我物語』岩波書店、一九六六年
「一札之事（安芸国出身力士板鼻聞名寺埋葬につき一札）」安中市市史刊行委員会編『安中市史　第五巻　近世資料編』安中市、二〇〇二年
井原西鶴『本朝二十不孝』国立国会図書館蔵
岩井左右馬「相撲伝秘書」京都府立総合資料館蔵
岩井播磨守「相撲行司絵巻」天理図書館善本叢書和書之部編集委員会編『天理図書館善本叢書和書之部　七二巻の二　古道集二』天理大学出版部、一九八六年
「上田氏より出候相撲吉田一件」永青文庫蔵
梅津政景、東京大学史料編纂所編『大日本古記録　梅津政景日記一～九』岩波書店、一九五三年～一九六六年
江島其磧「世間娘気質」長谷川強校注『新日本古典文学大系七八　けいせい色三味線　けいせい伝受紙子　世間娘気質』岩波書店、一九八九年
大江匡房「江家次第」故実叢書編集部編『新訂増補故実叢書　第二三回』明治図書出版、一九五三年
太田牛一「安土日記（信長公記）」国立公文書館蔵（『改訂史籍集覧　第一九冊』史籍集覧研究会、一九六九年）
大田南畝「南畝集一八（杏園詩集）」濱田義一郎（編集委員代表）『大田南畝全集　第五巻』岩波書店、一九八七年
大田南畝、日本随筆大成編輯部編『日本随筆大成別巻一～六　一話一言一～六』吉川弘文館、一九七八年～一九七九年
大伴大江丸「あがたの三月よつき」楠瀬恂編『随筆文学選集　第一』書斎社、一九二七年
岡敬孝編『古今相撲大要』相撲博物館蔵
岡田甫編『誹風柳多留全集一～一二』三省堂、一九七六年～一九七八年
小栗百万「屠龍工随筆」森銑三・北川博邦編『続日本随筆大成九』吉川弘文館、一九八〇年
鹿島萬兵衛『江戸の夕栄』中央公論社、一九七七年
「柏崎町会所御用留」柏崎市史編さん委員会編『柏崎市史資料集　近世三～五』柏崎市史編さん室、一九七九年～一九

八〇年
門屋養安、茶谷十六・松岡精編『近世庶民生活史料　未刊日記集成　第一巻・第二巻　門屋養安日記　上・下』三一書房、一九九六年〜一九九七年
金子直徳「若葉の梢」『江戸西北郊郷土誌資料』新編若葉の梢刊行会、一九五八年
「勧進相撲願控」筆写本
菊池貴一郎（四代歌川広重）、鈴木棠三編『東洋文庫　絵本江戸風俗往来』平凡社、一九六五年
「儀式」故実叢書編集部編『新訂増補故実叢書　第三三回』明治図書出版、一九五四年
喜田川守貞『守貞謾稿』国立国会図書館蔵（宇佐美英機校訂『近世風俗志（守貞謾稿）一〜五』岩波書店、一九九六年〜二〇〇二年）
北小路俊光「大江俊光記」『古事類苑　武技部一九　相撲上』神宮司庁、一九〇〇年
喜多村信節「きゝのまにまに」三田村鳶魚編『未刊随筆百種　第六巻』中央公論社、一九七七年
喜多村信節、日本随筆大成編輯部編『日本随筆大成　別巻七〜一〇　嬉遊笑覧一〜四』吉川弘文館、一九七九年
木村喜平次「相撲家伝鈔」相撲博物館蔵
木村庄之助（九代）「相撲行司家伝」『改訂史籍集覧　第一六冊』史籍集覧研究会、一九六八年
木村政勝『古今相撲大全』相撲博物館蔵
木村守直「相撲伝書」森銑三・野間光辰・朝倉治彦監修『燕石十種　第五巻』中央公論社、一九八〇年
木村守直「角力旧記并口決」国立公文書館蔵
木村守直「相撲強弱理合書」国立国会図書館蔵
旧幕府引継書「寺社奉行書類　勧進相撲興行差免一件」「市政関係書　相撲上覧一件」「市政関係書　類聚撰要」「天保撰要類集　相撲上覧之事」「南撰要類集　於吹上御庭相撲上覧ニ付取扱一件」国立国会図書館蔵
近世史料研究会編『江戸町触集成　第一巻〜第二二巻』塙書房、一九九四年〜二〇一二年
愚軒「義残後覚」『続史籍集覧　第七冊』史籍集覧研究会、一九七〇年
黑板勝美・国史大系編修会編『新訂増補国史大系〈普及版〉吾妻鏡第一〜第四』吉川弘文館、一九七四年

月尋堂「子孫大黒柱」『徳川文芸類聚　第二　教訓小説』国書刊行会、一九一四年
「源平盛衰記」国立公文書館蔵
好華山人『大相撲評判記　大阪之部』相撲博物館蔵
高力信種「猿猴庵日記」原田伴彦編集代表『日本都市生活史料集成四　城下町篇Ⅱ』学習研究社、一九七六年
「御上覧相撲見聞筆記」岩瀬文庫蔵
後藤丹治・釜田喜三郎・岡見正雄校注『日本古典文学大系三四〜三六　太平記一〜三』岩波書店、一九六〇年〜一九六二年
小林一茶「七番日記」「文政句帖」丸山一彦・小林計一郎校注『古典俳文学大系一五　一茶集』集英社、一九七〇年
斎藤月岑『東都歳事記（江戸歳事記）』国立公文書館蔵（朝倉治彦校注『東洋文庫　東都歳事記一〜三』平凡社、一九七〇年〜一九七二年）
斎藤月岑「百戯述略」森銑三・野間光辰・朝倉治彦監修『新燕石十種　第四巻』中央公論社、一九八一年
山東京伝『近世奇跡考』国立公文書館蔵（日本随筆大成編輯部編『日本随筆大成　第二期六』吉川弘文館、一九七四年）
式亭三馬『劇場訓蒙図彙』国立国会図書館蔵
式守蝸牛（初代式守伊之助）『相撲隠雲解』相撲博物館蔵
志田野坡・小泉孤屋・池田利牛編「炭俵」白石悌三・上野洋三校注『新日本古典文学大系七〇　芭蕉七部集』岩波書店、一九九〇年
『七十一番職人歌合』東京芸術大学附属図書館蔵（谷川健一編集委員代表『日本庶民生活史料集成　第三〇巻　諸職風俗図絵』三一書房、一九八二年）
清水徐徠「絵本龍門の瀧」中野三敏・肥田晧三編『近世子どもの絵本集　上方篇』岩波書店、一九八五年
子明山人「相撲今昔物語」森銑三・野間光辰・朝倉治彦監修『新燕石十種　第六巻』中央公論社、一九八一年
進士慶幹校注『岩波文庫　旧事諮問録—江戸幕府役人の証言—上・下』岩波書店、一九八六年
尋尊・政覚・経尋、竹内理三編『増補続史料大成第二六巻〜第三七巻　大乗院寺社雑事記一〜一二』臨川書店、一九七

八年
崇高堂『綽号出処記』相撲博物館蔵
菅野真道・藤原継縄他編、黒板勝美・国史大系編修会編『新訂増補国史大系〈普及版〉続日本紀前篇・後篇』吉川弘文館、一九七四年
杉谷宗重「大友興廃記」国立公文書館蔵（垣本言雄編『大分県郷土史料集成』大分県郷土史料集成刊行会、一九三八年）
鈴木平九郎、公私日記研究会編『〔改訂版〕鈴木平九郎　公私日記　第一巻〜第五巻』立川市教育委員会、二〇一一年〜二〇一五年
須藤由蔵、鈴木棠三・小池章太郎編『近世庶民生活史料　藤岡屋日記　第一巻〜第一五巻』三一書房、一九八七年〜一九九五年
「相撲木戸銭出入御取上有無之儀評議仕候趣申上候書付」司法省調査課編『徳川民事慣例集　第五巻』橘書院、一九八六年
「相撲上覧記」（成島衡山「すまゐ御覧の記」所収）国立公文書館蔵
『相撲之図式』相撲博物館蔵（稀書複製会編『相撲之図式一〜六』米山堂、一九三二年〜一九三三年）
『関取部屋鑑』相撲博物館蔵
瀬沼三左衛門、八王子市郷土資料館編『郷土資料館資料シリーズ第三三号〜第三六号　瀬沼三左衛門日記一〜四』八王子市教育委員会、一九九四年〜一九九七年
『浅草寺日記　第一巻〜刊行中』金龍山浅草寺、一九七八年〜
鼠渓「寐ものがたり」森銑三・北川博邦編『続日本随筆大成一一』吉川弘文館、一九八一年
高井几董編「続明烏」山下一海・田中道雄・石川真弘・田中善信校注『新日本古典文学大系七三　天明俳諧集』岩波書店、一九九八年
「大徳院御上覧相撲一件」相撲博物館蔵
高柳眞三・石井良助編『御触書寛保集成』岩波書店、一九三四年

高柳眞三・石井良助編『御触書天明集成』岩波書店、一九三六年
橘成季「古今著聞集」『改訂史籍集覧　第九冊』史籍集覧研究会、一九七〇年
「達・第三大区一・二小区」（東京府文書）東京都公文書館蔵
立川焉馬（二代、松寿楼永年）撰『活金剛伝』相撲博物館蔵
立川焉馬（二代）撰『相撲金剛伝』相撲博物館蔵
立川焉馬（二代）撰『相撲改正金剛伝』相撲博物館蔵
立川焉馬（二代）『相撲節会銘々伝』相撲博物館蔵
立川焉馬（二代）撰『関取名勝図絵』相撲博物館蔵
「谷風梶之助相撲力士故実門弟証状」相撲博物館蔵
「谷風梶之助横綱免許状」相撲博物館蔵
土屋又三郎、清水隆久校注・執筆『日本農書全集二六　農業図絵』農山漁村文化協会、一九八三年
露五郎兵衛『露五郎兵衛新はなし』国立国会図書館蔵
「鶴岡放生会歌合」谷川健一編集委員代表『日本庶民生活史料集成　第三〇巻　諸職風俗図絵』三一書房、一九八二年
寺門静軒「江戸繁昌記」日野龍夫校注『新日本古典文学大系一〇〇　江戸繁昌記　柳橋新誌』岩波書店、一九八九年
寺島良安編、谷川健一編集委員代表『日本庶民生活史料集成　第二八巻・第二九巻　和漢三才図会一・二』三一書房、一九八〇年
東京大学史料編纂所編『大日本古文書　幕末外国関係文書之一～刊行中』東京大学出版会、一九八四年（覆刻再刊）～
東京都編『東京市史稿　市街篇　第五八』東京都、一九六六年
「東照宮御実紀」黒板勝美・国史大系編修会編『新訂増補国史大系　徳川実紀　第一篇』吉川弘文館、一九八一年
遠山庄右衛門・遠山屯、三浦忠司編『八戸藩遠山家日記　上・下』青森県文化財保護協会、一九九一年～一九九二年
徳永種久「あづま物語」国書刊行会編『近世文芸叢書第一〇』国書刊行会、一九一一年
舎人親王他撰、黒板勝美・国史大系編修会編『新訂増補国史大系〈普及版〉日本書紀前篇・後篇』吉川弘文館、一九七四年

中西賢治編『川柳評万句合勝句刷一〜一三』川柳雑俳研究会、一九九三年〜一九九六年
中根香亭「酔迷余録」森銑三・北川博邦編『続日本随筆大成四』吉川弘文館、一九七九年
長野源太夫「長野日記」秀村選三編『近世福岡博多史料　第一集』西日本文化協会、一九八一年
中村史邦「芭蕉庵小文庫」大谷篤蔵・中村俊定校注『日本古典文学大系四五　芭蕉句集』岩波書店、一九六二年
名越左源太「南島雑話」谷川健一編集委員代表『日本庶民生活史料集成　第一巻　探検・紀行・地誌（南島篇）』三一書房、一九六八年
能見角氏『すまふ評林』国立国会図書館蔵
浜松歌国「摂陽奇観」船越政一郎編纂校訂『浪速叢書　第一〜第六』浪速叢書刊行会、一九二六年〜一九二九年
伴蒿蹊『閑田耕筆』国立国会図書館蔵（日本随筆大成編輯部編『日本随筆大成　第一期一八』吉川弘文館、一九七六年）
稗田阿礼誦習、太安麻呂撰「古事記」黒板勝美・国史大系編修会編『新訂増補国史大系第七巻　古事記・先代旧事本紀・神道五部書』吉川弘文館、一九六六年
菱川師宣絵、川上邦基編『菱川師宣絵　役者物語』珍書刊行会、一九一五年
平賀源内「根南志具佐」中村幸彦校注『日本古典文学大系五五　風来山人集』岩波書店、一九六一年
平瀬徹斎『日本山海名物図絵』国立国会図書館蔵
比良野貞彦「奥民図彙」国立公文書館蔵（谷川健一編集委員代表『日本庶民生活史料集成　第一〇巻　農山漁民生活』三一書房、一九七〇年）
「於吹上御相撲上覧之一件」永青文庫蔵
伏見宮貞成、塙保己一・太田藤四郎編『続群書類従・補遺二　看聞御記　上・下』続群書類従完成会、一九三〇年
藤川貞（整斎）、南和男解題『内閣文庫所蔵史籍叢刊　第三二巻　文政雑記　天保雑記（一）』汲古書院、一九八三年
藤原明衡「新猿楽記」塙保己一・川俣馨一編『新校群書類従　第六巻』名著普及会、一九七八年覆刻
藤原冬嗣他編「内裏式」塙保己一編『群書類従　第五輯』経済雑誌社、一八九八年
「聞伝叢書」瀧本誠一編『日本経済大典　第二五巻』啓明社、一九二九年

法制史学会編、石井良助校訂『徳川禁令考　前集第一～後集第四』創文社、一九五九年～一九六〇年
堀内信編『南紀徳川史　第一冊～第一七冊』名著出版、一九七〇年～一九七二年
前田利見編、八戸市立図書館市史編纂室編『八戸の歴史双書　八戸南部史稿』八戸市、一九九九年
正岡子規「俳句稿」正岡忠三郎編集代表『子規全集　第三巻　俳句三』講談社、一九七七年
松ケ根幸太夫（式守幸太夫）撰『相撲金剛伝』相撲博物館蔵
松ケ根幸太夫（式守幸太夫）『相撲細見起解』相撲博物館蔵
松下高保他編「六臣譚筆（酒井雅楽頭家臣官暇記）」静嘉堂文庫蔵
松浦清（静山）、中村幸彦・中野三敏校訂『東洋文庫　甲子夜話一～三篇六』平凡社、一九七七年～一九八三年
満済、塙保己一・太田藤四郎編『続群書類従・補遺一　満済准后日記　上・下』続群書類従完成会、一九三四年
「万年覚」中村幸一編『高田藩制史研究　資料編第一巻』風間書房、一九六七年
三浦浄心「そゝろ物語」塙保己一・太田藤四郎編『続群書類従・第三三輯下　雑部』続群書類従完成会、一九二八年
水野為永「よしの冊子」森銑三・野間光辰・中村幸彦・朝倉治彦編『随筆百花苑　第八巻・第九巻』中央公論社、一九八〇年～一九八一年
『みちのく双書特輯　津軽史　第六巻』青森県文化財保護協会、一九七五年
三升屋二三治「芝居秘伝集」芸能史研究会編『日本庶民文化史料集成　第六巻　歌舞伎』三一書房、一九七三年
三宅也来、吉田光訓解説『生活の古典双書五　万金産業袋』八坂書房、一九七三年
宮崎荊口編「荊口句帳」大谷篤蔵・中村俊定校注『日本古典文学大系四五　芭蕉句集』岩波書店、一九六二年
エドワード・シルベスター・モース、石川欣一訳『東洋文庫　日本その日その日一』平凡社、一九七〇年
本島知辰編「月堂見聞集」森銑三・北川博邦編『続日本随筆大成　別巻二～四　近世風俗見聞集二～四』吉川弘文館、一九八一年～一九八二年
山科言経、東京大学史料編纂所編『大日本古記録　言経卿記一～一四』岩波書店、一九五九年～一九九一年
山田孝雄・山田忠雄・山田英雄・山田俊雄校注『日本古典文学大系二二～二六　今昔物語集一～五』岩波書店、一九五

九年～一九六三年
湯沢市教育委員会編『佐竹南家御日記　第一巻～刊行中』湯沢市、一九九五年～
洛陽散人『本朝勇士鑑（本朝相撲鑑）』相撲博物館蔵
ヨセフ・ヘンリー・レフィスゾーン、片桐一男訳『新異国叢書第三輯六　レフィスゾーン　江戸参府日記』雄松堂出版、二〇〇三年
若月紫蘭、朝倉治彦校注『東洋文庫　東京年中行事一・二』平凡社、一九六八年

この他、本文中に引用した番付表・勝負付および紹介した化粧まわしなどは、一部を除いて相撲博物館蔵である。

おわりに

近年、国技館で大相撲を見物する外国人観光客は、同じ伝統文化でも歌舞伎や寄席よりも多いように感じる。イヤホンガイドやスマートフォンが普及してはいるものの、日本語を理解しないと鑑賞するのが難しい歌舞伎や落語よりも、相撲の方が外国人にはわかりやすいのだと思う。外国人観光客を例にあげたが、ルールのわかりやすさは洋の東西を問わない。しかしわずか直径四メートル五五センチの土俵でさまざまな技を駆使して繰り広げられる熱戦は奥深く、とてもわたしが語り尽くせるものではない。取組を見ていると「大相撲の勝負は人生そのもの」と感じることが多い。勝ったと確信したら自分の足が先に出る「勇み足」で負けてしまうことがあるかと思えば、土俵際まで相手に追い詰められても逆転で勝つこともある。人生で同じような経験をした方も多いのではなかろうか。ルールはわかりやすいにもかかわらず、人生を重ねてしまうほど奥深い。この点こそが相撲の魅力、面白さなのだろう。それゆえに神に奉納され、文芸や芸能、遊びの世界にも時折顔を出し、「土俵際」「番付」などの言葉が、日常生活でも広く用いられているのだ。

力士が身につける唯一の「もの」は、まわしである。しかし大相撲には、直接競技には関係のないように思われる、本書で紹介した大変に多くの「もの」が必要である。興行を彩るさまざまな「もの」も、大相撲の奥深さを醸成しているのである。大相撲で使う「もの」にはそれぞれに歴史がある。本書でその一部を紹介したが、明らかにできなかった点も少なくない。というより本書を執筆して、わからないことだらけだと気づかされた思いである。どのような研究分野でもそうだと思うが、調べれば調べるほど、新たな疑問が湧いてくるのだ。相撲に限らず芸能興行の実態を詳細に教えてくれる史料は、決して多くない。しかし本書でも時折引用したように、日記や随筆などを読んでいると、思いがけない発見がある。これからもさまざまな史料を渉猟していきたい。

本書を構想するきっかけは、一九九五年、相撲博物館に勤務するようになった時にさかのぼる。学部生時代からご指導いただき、大相撲にも大変に造詣が深い竹内誠先生から、この頃「史料に出てくる言葉に注目し、用例を集めて検討しなさい」というご助言をいただいた。具体的には、たとえば相撲の興行のことを「場所」と称するが、それはなぜか、いつ頃から場所という言葉が用いられていたかがはっきりしないということであった。実のところまだこの問いに答えるだけの材料がないのだが、この他にも大相撲で用いられている言葉には、由来がわからないものが少なくない。これからも言葉に注目して研究に取り組んでいきたい。二〇〇五年には相撲博物館で「相撲はじめて展」と称する展覧会を開催した。相撲そのものの起源や、番付表や手形などはいつ頃からあるのかを紹介したが、今思うと大変拙い内容だった。それでも展覧会をご覧になった故桜井徳太郎先生には温かいお言葉をいただき、大変な励みになった。この展覧会をきっかけに、大相撲で使用される「もの」の歴史を何か形にできないかと考えるようになり、このたび一冊にまとめることになったのであった。

竹内誠先生をはじめ、本書を刊行するまでには本当に多くの皆様にお世話になった。大相撲の世界には、身分にふさわしくないことを表す「顔じゃない」という言葉がある。実際に相撲を取った経験のないわたしが、相撲の本を執筆するのは顔じゃないことなのかもしれない。それでもなんとか形にできたのは、多くのご教示をいただいた五七代横綱三重ノ海の石山五郎相撲博物館館長をはじめとする相撲、特に大相撲に携わる皆様のお陰である。相撲博物館に来館された方々の質問にも、考える機会をいただいた。また、長い歴史がある相撲は、これまでも考古学・歴史学・民俗学・文化人類学などの分野で研究されてきた。もちろんこれらの研究も本書の土台となっている。特に本書で引用させていただいたわたしの専門外の先行研究については、浅学ゆえ解釈が誤っている場合もあるかもしれないが、ご寛恕を請いたいと思う。研究に対する姿勢をはじめ、東京学芸大学近世史研究会の皆様から学んだことも計り知れない。史料調査や図版の掲載でお世話になった図書館・文書館・博物館などの施設の皆様、執筆をすすめて下さった落合功氏、編集をご担当いただいた奥田のぞみ氏にも大変お世話になった。そして相撲を愛するすべての皆様、温かく、時には厳しく見守ってくれた両親と家族にこの一書を捧げたいと思う。わたしの好きな漢字は「哲」である。哲には、明らかに知る、道理に明るい人という字義がある。本書を通じて、ほんのわずかかもしれないが、漠然としかわからなかったことを明らかにすることができたのではないかと自負している。

大相撲は観客が楽しんでこそ成立する。いや観客がいないと成立し得ない。現在も親しまれている大相撲は、二五〇年にわたって続いた江戸時代の「平和」により成立したものである。江戸時代には大きな内乱は起こらず、人々はゆっくりと娯楽を享受することができた。その間に興行のための「もの」が成熟したのだ。着物に髷姿の力士は、錦絵の世界から飛び出してきたようだと形容されることがよくあるように、本書で紹介した「もの」で彩られた大相撲は、江戸時代の姿をわたしたちに生き生きと伝えてくれる。テロ事件が頻発するなど、現代社会は決して平和ではない。大相撲に限らず、娯楽は平和が続かないと創造されないし、成熟もしない。世界中のすべての人々が、娯楽文化を心から楽しめるようになることを切に願っている。

二〇一七年四月

土屋喜敬

著者略歴

土屋喜敬（つちや・よしたか）

1971年静岡県生まれ。東京学芸大学大学院修士課程修了。現在，相撲博物館学芸員。専門は日本近世史。論文に「文政後期の江戸相撲と吉田善左衛門家」（竹内誠編『徳川幕府と巨大都市江戸』東京堂出版，2003年），「文政６年における将軍の上覧相撲について～開催過程とその意義～」『相撲博物館紀要』第５号，2006年），「近世後期の相撲興行と両国地域」（『東京都江戸東京博物館調査報告書第24集　両国地域の歴史と文化』2011年）など。

ものと人間の文化史　179・相撲

2017 年 4 月 18 日　初版第 1 刷発行

発行所　一般財団法人　法政大学出版局

〒102-0071　東京都千代田区富士見 2-17-1

電話 03(5214)5540／振替 00160-6-95814

印刷：三和印刷　製本：誠製本

Printed in Japan

ISBN978-4-588-21791-3

ものと人間の文化史

★第9回梓会出版文化賞受賞

人間が〈もの〉とのかかわりを通じて営々と築いてきた暮らしの足跡を具体的に辿りつつ文化・文明の基礎を問いなおす。手づくりの〈もの〉の記憶が失われ、〈もの〉離れが進行する危機の時代におくる豊穣な百科叢書。

1 船　須藤利一編

海国日本では古来、漁業・水運・交易はもとより、大陸文化も船によって運ばれた。本書は造船技術、航海の模様の推移を中心に、漂流、船霊信仰、伝説の数々を語る。四六判368頁 '68

2 狩猟　直良信夫

人類の歴史は狩猟から始まった。本書は、わが国の遺跡に出土する獣骨、猟具の実証的考察をおこないながら、狩猟をつうじて発展した人間の知恵と生活の軌跡を辿る。四六判272頁 '68

3 からくり　立川昭二

〈からくり〉は自動機械であり、驚嘆すべき庶民の技術的創意がこめられている。本書は、日本と西洋のからくりを発掘・復元・遍歴し、埋もれた技術の水脈をさぐる。四六判410頁 '69

4 化粧　久下司

美を求める人間の心が生みだした化粧—その手法と道具に語らせた人間の欲望と本性、そして社会関係。歴史を遡り、全国を踏査して書かれた比類ない美と醜の文化史。四六判368頁 '70

5 番匠　大河直躬

番匠はわが国中世の建築工匠。地方・在地を舞台に開花した彼らの造型・装飾・工法等の諸技術、さらに信仰と生活等、職人以前の独自で多彩な工匠的世界を描き出す。四六判288頁 '71

6 結び　額田巌

〈結び〉の発達は人間の叡知の結晶である。本書はその諸形態および技法を作業・装飾・象徴の三つの系譜に辿り、〈結び〉のすべてを民俗学的・人類学的に考察する。四六判264頁 '72

7 塩　平島裕正

人類史に貴重な役割を果たしてきた塩をめぐって、発見から伝承・製造技術の発展過程にいたる総体を歴史的に描き出すとともに、その多彩な効用と味覚の秘密を解く。四六判272頁 '73

8 はきもの　潮田鉄雄

田下駄・かんじき・わらじなど、日本人の生活の礎となってきた伝統的はきものの成り立ちと変遷を、二〇年余の実地調査と細密な観察・描写によって辿る庶民生活史　四六判280頁 '73

9 城　井上宗和

古代城塞・城柵から近世代名の居城として集大成されるまでの日本の城の変遷を辿り、文化の各領野で果たしてきたその役割を再検討。あわせて世界城郭史に位置づける。四六判310頁 '73

10 竹　室井綽

食生活、建築、民芸、造園、信仰等々にわたって、竹と人間との交流史は驚くほど深く永い。その多岐にわたる発展の過程を個々に辿り、竹の特異な性格を浮彫にする。四六判324頁 '73

11 海藻　宮下章

古来日本人にとって生活必需品とされてきた海藻をめぐって、その採取・加工法の変遷、商品としての流通史および神事・祭事での役割に至るまでを歴史的に考証する。四六判330頁 '74

12 **絵馬** 岩井宏實

古くは祭礼における神への献馬にはじまり、民間信仰と絵画のみごとな結晶として民衆の手で描かれ祀り伝えられてきた各地の絵馬を豊富な写真と史料によってたどる。四六判３０２頁 '74

13 **機械** 吉田光邦

畜力・水力・風力などの自然のエネルギーを利用し、幾多の改良を経て形成された初期の機械の歩みを検証し、日本文化の形成における科学・技術の役割を再検討する。四六判２４２頁 '74

14 **狩猟伝承** 千葉徳爾

狩猟には古来、感謝と慰霊の祭祀がともない、人獣交渉の豊かで意味深い歴史があった。狩猟用具、巻物、儀式具、またけものたちの生態を通して語る狩猟文化の世界。四六判３４６頁 '75

15 **石垣** 田淵実夫

採石から運搬、加工、石積みに至るまで、石垣の造成をめぐって積み重ねられてきた石工たちの苦闘の足跡を掘り起こし、その独自な技術の形成過程と伝承を集成する。四六判２２４頁 '75

16 **松** 高嶋雄三郎

日本人の精神史に深く根をおろした松の伝承に光を当て、食用、薬用等の実用の松、祭祀・観賞用の松、さらに文学・芸能・美術に表現された松のシンボリズムを説く。四六判３４２頁 '75

17 **釣針** 直良信夫

人と魚との出会いから現在に至るまで、釣針がたどった一万有余年の変遷を、世界各地の遺跡出土物を通して実証しつつ、漁撈によって生きた人々の生活と文化を探る。四六判２７８頁 '76

18 **鋸** 吉川金次

鋸鍛冶の家に生まれ、鋸の研究を生涯の課題とする著者が、出土遺品や文献・絵画により各時代の鋸を復元・実験し、庶民の手仕事にみられる驚くべき合理性を実証する。四六判３６０頁 '76

19 **農具** 飯沼二郎／堀尾尚志

鍬と犂の交代・進化の歩みとして発達したわが国農耕文化の発展経過を世界史的視野において再検討しつつ、無名の農民たちによる驚くべき創意のかずかずを記録する。四六判２２０頁 '76

20 **包み** 額田巌

結びとともに文化の起源にかかわる〈包み〉の系譜を人類史的視野において捉え、衣・食・住をはじめ社会・経済史、信仰、祭事などにおけるその実際と役割とを描く。四六判３５４頁 '77

21 **蓮** 阪本祐二

仏教における蓮の象徴的位置の成立と深化、美術・文芸等に見る人間とのかかわりを歴史的に考察。また大賀蓮はじめ多様な品種とその来歴を紹介しつつその美を語る。四六判３０６頁 '77

22 **ものさし** 小泉袈裟勝

ものをつくる人間にとって最も基本的な道具であり、数千年にわたって社会生活を律してきたその変遷を実証的に追求し、歴史の中で果たしてきた役割を浮彫りにする。四六判３１４頁 '77

23-Ⅰ **将棋Ⅰ** 増川宏一

その起源を古代インドに、我国への伝播の道すじを海のシルクロードに探り、また伝来後一千年におよぶ日本将棋の変化と発展を盤、駒、ルール等にわたって跡づける。四六判２８０頁 '77

23-Ⅱ **将棋Ⅱ**　増川宏一

わが国伝来後の普及と変遷を貴族や武家・豪商の日記等に博捜し、遊戯者の歴史をあとづけると共に、中国伝来説の誤りを正し、将棋宗家の位置と役割を明らかにする。　四六判３４６頁　'85

24 **湿原祭祀** 第2版　金井典美

古代日本の自然環境に着目し、各地の湿原聖地を稲作社会との関連において捉え直して古代国家成立の背景を浮彫にしつつ、水と植物にまつわる日本人の宇宙観を探る。　四六判４１０頁　'77

25 **臼**　三輪茂雄

臼が人類の生活文化の中で果たしてきた役割を、各地に遺る貴重な民俗資料・伝承と実地調査にもとづいて解明。失われゆく道具のなかに、未来の生活文化の姿を探る。　四六判４１２頁　'78

26 **河原巻物**　盛田嘉徳

中世末期以来の被差別部落民が生きる権利を守るために偽作し護り伝えてきた河原巻物を全国にわたって踏査し、そこに秘められた最底辺の人びとの叫びに耳を傾ける。　四六判２２６頁　'78

27 **香料**　日本のにおい　山田憲太郎

焼香供養の香から趣味としての薫物へ、さらに沈香木を焚く香道へと変遷した日本の「匂い」の歴史を豊富な史料に基づいて辿り、我国風俗史の知られざる側面を描く。　四六判３７０頁　'78

28 **神像**　神々の心と形　景山春樹

神仏習合によって変貌しつつも、常にその原型＝自然を保持してきた日本の神々の造型を図像学的方法によって捉え直し、その多彩な形象に日本人の精神構造をさぐる。　四六判３４２頁　'78

29 **盤上遊戯**　増川宏一

祭具・占具としての発生を『死者の書』をはじめとする古代の文献にさぐり、形状・遊戯法を分類しつつその〈進化〉の過程を考察。〈遊戯者たちの歴史〉をも跡づける。　四六判３２６頁　'78

30 **筆**　田淵実夫

筆の里・熊野に筆づくりの現場を訪ねて、筆匠たちの境涯と製筆の由来を克明に記録しつつ、筆の発生と変遷、種類、製筆法、さらには筆塚、筆供養にまで説きおよぶ。　四六判２０４頁　'78

31 **ろくろ**　橋本鉄男

日本の山野を漂移しつづけ、高度の技術文化と幾多の伝説とをもたらした特異な旅職集団＝木地屋の生態を、その呼称、地名、伝承、文書等をもとに生き生きと描く。　四六判４６０頁　'79

32 **蛇**　吉野裕子

日本古代信仰の根幹をなす蛇巫をめぐって、祭事におけるさまざまな蛇の「もどき」や各種の蛇の遺型・伝承に鋭い考証を加え、忘れられたその呪性を大胆に暴き出す。　四六判２５０頁　'79

33 **鋏**（はさみ）　岡本誠之

梃子の原理の発見から鋏の誕生に至る過程を推理し、日本鋏の特異な歴史的位置を明らかにするとともに、刀鍛冶等から転進した鋏職人たちの創意と苦闘の跡をたどる。　四六判３９６頁　'79

34 **猿**　廣瀬鎮

嫌悪と愛玩、軽蔑と畏敬の交錯する日本人とサルとの関わりあいの歴史を、狩猟伝承や祭祀・風習、美術・工芸や芸能のなかに探り、日本人の動物観を浮彫りにする。　四六判２９２頁　'79

35 **鮫** 矢野憲一

神話の時代から今日まで、津々浦々につたわるサメの伝承とサメをめぐる海の民俗を集成し、神饌、食用、薬用等に活用されてきたサメと人間のかかわりの変遷を描く。四六判２９２頁 '79

36 **枡** 小泉袈裟勝

米の経済の枢要をなす器として千年余にわたり日本人の生活の中に生きてきた枡の変遷をたどり、記録・伝承をもとにこの独特な計量器が果たした役割を再検討する。四六判３２２頁 '80

37 **経木** 田中信清

食品の包装材料として近年まで身近に存在した経木の起源を、こけら経や塔婆、木簡、屋根板等に遡って明らかにし、その製造・流通に携った人々の労苦の足跡を辿る。四六判２８８頁 '80

38 **色** 染と色彩 前田雨城

わが国古代の染色技術の復元と文献解読をもとに日本色彩史を体系づけ、赤・白・青・黒等におけるわが国独自の色彩感覚を探りつつ日本文化における色の構造を解明。四六判３２０頁 '80

39 **狐** 陰陽五行と稲荷信仰 吉野裕子

その伝承と文献を渉猟しつつ、中国古代哲学＝陰陽五行の原理の応用という独自の視点から、謎とされてきた稲荷信仰と狐との密接な結びつきを明快に解き明かす。四六判２３２頁 '80

40-Ⅰ **賭博Ⅰ** 増川宏一

時代、地域、階層を超えて連綿と行なわれてきた賭博。――その起源を古代の神判、スポーツ、遊戯等の中に探り、抑圧と許容の歴史を物語る。全Ⅲ分冊の〈総説篇〉。四六判２９８頁 '80

40-Ⅱ **賭博Ⅱ** 増川宏一

古代インド文学の世界からラスベガスまで、賭博の形態・用具・方法の時代的特質を明らかにし、夥しい禁令に賭博の不滅のエネルギーを見る。全Ⅲ分冊の〈外国篇〉。四六判４５６頁 '82

40-Ⅲ **賭博Ⅲ** 増川宏一

聞香、闘茶、笠附等、わが国独特の賭博を中心にその具体例を網羅し、方法の変遷に賭博の時代性を探りつつ禁令の改廃に時代の賭博観を追う。全Ⅲ分冊の〈日本篇〉。四六判３８８頁 '83

41-Ⅰ **地方仏Ⅰ** むしゃこうじ・みのる

古代から中世にかけて全国各地で作られた無銘の仏像を訪ね、素朴で多様なノミの跡に民衆の祈りと地域の願望を探る。宗教の伝播、文化の創造を考える異色の紀行。四六判２５６頁 '80

41-Ⅱ **地方仏Ⅱ** むしゃこうじ・みのる

紀州や飛騨を中心に草の根の仏たちを訪ねて、その相好と像容の魅力を探り、技法を比較考証して仏像彫刻史に位置づけつつ、中世地域社会の形成と信仰の実態に迫る。四六判２６０頁 '97

42 **南部絵暦** 岡田芳朗

田山・盛岡地方で「盲暦」として古くから親しまれてきた独得の絵解き暦を詳しく紹介しつつその全体像を復元する。その無類の生活暦は、南部農民の哀歓をつたえる。四六判２８８頁 '80

43 **野菜** 在来品種の系譜 青葉高

蕪、大根、茄子等の日本在来野菜をめぐって、その渡来・伝播経路、品種分布と栽培のいきさつを各地の伝承や古記録をもとに辿り、畑作文化の源流とその風土を描く。四六判３６８頁 '81

44 **つぶて** 中沢厚

弥生投弾、古代・中世の石戦と印地の様相、投石具の発達を展望しつつ、願かけの小石、正月つぶて、石こづみ等の習俗を辿り、石塊に託した民衆の願いや怒りを探る。 四六判３３８頁 '81

45 **壁** 山田幸一

弥生時代から明治期に至るわが国の壁の変遷を壁塗＝左官工事の側面から辿り直し、その技術的復元・考証を通じて建築史・文化史における壁の役割を浮き彫りにする。 四六判２９６頁 '81

46 **箪笥**（たんす） 小泉和子

近世における箪笥の出現＝箱から抽斗への転換に着目し、以降近現代に至るその変遷を社会・経済・技術の側面からあとづける。著者自身による箪笥製作の記録を付す。 四六判３７８頁 '82

47 **木の実** 松山利夫

山村の重要な食糧資源であった木の実をめぐる各地の記録・伝承を集成し、その採集・加工における幾多の試みを実地に検証しつつ、稲作農耕以前の食生活文化を復元。 四六判３８４頁 '82

48 **秤**（はかり） 小泉袈裟勝

秤の起源を東西に探るとともに、わが国律令制下における中国制度の導入、近世商品経済の発展に伴う秤座の出現、明治期近代化政策による洋式秤受容等の経緯を描く。 四六判３２６頁 '82

49 **鶏**（にわとり） 山口健児

神話・伝説をはじめ遠い歴史の中の鶏を古今東西の伝承・文献に探り、特に我国の信仰・絵画・文学等に遺された鶏の足跡を追って、鶏をめぐる民俗の記憶を蘇らせる。 四六判３４６頁 '83

50 **燈用植物** 深津正

人類が燈火を得るために用いてきた多種多様な植物との出会いと個々の植物の来歴、特性及びはたらきを詳しく検証しつつ「あかり」の原点を問いなおす異色の植物誌。 四六判４４２頁 '83

51 **斧・鑿・鉋**（おの・のみ・かんな） 吉川金次

古墳出土品や文献・絵画をもとに、古代から現代までの斧・鑿・鉋を復元・実験し、労働体験によって生まれた民衆の知恵と道具の変遷を蘇らせる異色の日本木工具史。 四六判３０４頁 '84

52 **垣根** 額田巌

大和・山辺の道に神々と垣との関わりを探り、各地に垣の伝承を訪ねて、寺院の垣、民家の垣、露地の垣など、風土と生活に培われた生垣の独特のはたらきと美を描く。 四六判２３４頁 '84

53-Ⅰ **森林Ⅰ** 四手井綱英

森林生態学の立場から、森林のなりたちとその生活史を辿りつつ、産業の発展と消費社会の拡大により刻々と変貌する森林の現状を語り、未来への再生のみちをさぐる。 四六判３０６頁 '85

53-Ⅱ **森林Ⅱ** 四手井綱英

森林と人間との多様なかかわりを包括的に語り、人と自然が共生するための森や里山をいかにして創出するか、森林再生への具体的な方策を提示する21世紀への提言。 四六判３０８頁 '98

53-Ⅲ **森林Ⅲ** 四手井綱英

地球規模で進行しつつある森林破壊の現状を実地に踏査し、森と人が共存する日本人の伝統的自然観を未来へ伝えるために、いま何が必要なのかを具体的に提言する。 四六判３０４頁 '00

54 海老（えび）　酒向昇

人類との出会いからエビの科学、漁法、さらには調理法を語り、めでたい姿態と色彩にまつわる多彩なエビの民俗を、地名や人名、詩歌・文学、絵画や芸能の中に探る。四六判４２８頁　'85

55-I 藁（わら）I　宮崎清

稲作農耕とともに二千年余の歴史をもち、日本人の全生活領域に生きてきた藁の文化を日本文化の原型として捉え、風土に根ざしたそのゆたかな遺産を詳細に検討する。四六判４００頁　'85

55-II 藁（わら）II　宮崎清

床・畳から壁・屋根にいたる住居における藁の製作・使用のメカニズムを明らかにし、日本人の生活空間における藁の役割を見なおすとともに、藁の文化の復権を説く。四六判４００頁　'85

56 鮎　松井魁

清楚な姿態と独特な味覚によって、日本人の目と舌を魅了しつづけてきたアユ——その形態と分布、生態、漁法等を詳述し、古今のアユ料理や文芸にみるアユにおよぶ。四六判２９６頁　'86

57 ひも　額田巌

物と物、人と物とを結びつける不思議な力を秘めた「ひも」の謎を追って、民俗学的視点から多角的なアプローチを試みる。『結び』、『包み』につづく三部作の完結篇。四六判２５０頁　'86

58 石垣普請　北垣聰一郎

近世石垣の技術者集団「穴太」の足跡を辿り、各地城郭の石垣遺構の実地調査と資料・文献をもとに石垣普請の歴史的系譜を復元しつつ石工たちの技術伝承を集成する。四六判４３８頁　'87

59 碁　増川宏一

その起源を古代の盤上遊戯に探ると共に、定着以来二千年の歴史を時代の状況や遊び手の社会環境との関わりにおいて跡づける。逸話や伝説を排して綴る初の囲碁全史。四六判３６６頁　'87

60 日和山（ひよりやま）　南波松太郎

千石船の時代、航海の安全のために観天望気した日和山——多くは忘れられ、あるいは失われた船舶・航海史の貴重な遺跡を追って、全国津々浦々におよんだ調査紀行。四六判３８２頁　'88

61 篩（ふるい）　三輪茂雄

臼とともに人類の生産活動に不可欠な道具であった篩、箕（み）、笊（ざる）の多彩な変遷を豊富な図解入りでたどり、現代技術の先端に再生するまでの歩みをえがく。四六判３３４頁　'89

62 鮑（あわび）　矢野憲一

縄文時代以来、貝肉の美味と貝殻の美しさによって日本人を魅了し続けてきたアワビ——その生態と養殖、神饌としての歴史、漁法、螺鈿の技法からアワビ料理に及ぶ。四六判３４４頁　'89

63 絵師　むしゃこうじ・みのる

日本古代の渡来画工から江戸前期の菱川師宣まで、時代の代表的絵師の列伝で辿る絵画制作の文化史。前近代社会における絵画の意味や芸術創造の社会的条件を考える。四六判２３０頁　'90

64 蛙（かえる）　碓井益雄

動物学の立場からその特異な生態を描き出すとともに、和漢洋の文献資料を駆使して故事・習俗・神事・民話・文芸・美術工芸にわたる蛙の多彩な活躍ぶりを活写する。四六判３８２頁　'89

65-I **藍**（あい）**I** 風土が生んだ色 竹内淳子

全国各地の〈藍の里〉を訪ねて、藍栽培から染色・加工のすべてにわたり、藍とともに生きた人々の伝承を克明に描き、風土と人間が生んだ〈日本の色〉の秘密を探る。四六判４１６頁 '91

65-II **藍**（あい）**II** 暮らしが育てた色 竹内淳子

日本の風土に生まれ、伝統に育てられた藍が、今なお暮らしの中で生き生きと活躍しているさまを、手わざに生きる人々との出会いを通じて描く。藍の里紀行の続篇。四六判４０６頁 '99

66 **橋** 小山田了三

丸木橋・舟橋・吊橋から板橋・アーチ型石橋まで、人々に親しまれてきた各地の橋を訪ねて、その来歴と築橋の技術伝承を辿り、土木文化の伝播・交流の足跡をえがく。四六判３１２頁 '91

67 **箱** 宮内悊

日本の伝統的な箱（櫃）と西欧のチェストを比較文化史の視点から考察し、居住・収納・運搬・装飾の各分野における箱の重要な役割とその多彩な文化を浮彫りにする。四六判３９０頁 '91

68-I **絹I** 伊藤智夫

養蚕の起源を神話や説話に探り、伝来の時期とルートを跡づけ、記紀・万葉の時代から近世に至るまで、それぞれの時代・社会・階層が生み出した絹の文化を描き出す。四六判３０４頁 '92

68-II **絹II** 伊藤智夫

生糸と絹織物の生産と輸出が、わが国の近代化にはたした役割を描くと共に、養蚕の道具、信仰や庶民生活にわたる養蚕と絹の民俗、さらには蚕の種類と生態におよぶ。四六判２９４頁 '92

69 **鯛**（たい） 鈴木克美

古来「魚の王」とされてきた鯛をめぐって、その生態・味覚から漁法、祭り、工芸、文芸にわたる多彩な伝承文化を語りつつ、鯛と日本人とのかかわりの原点をさぐる。四六判４１８頁 '92

70 **さいころ** 増川宏一

古代神話の世界から近現代の博徒の動向まで、さいころの役割を各時代・社会に位置づけ、木の実や貝殻のさいころから投げ棒型や立方体のさいころへの変遷をたどる。四六判３７４頁 '92

71 **木炭** 樋口清之

炭の起源から炭焼、流通、経済、文化にわたる木炭の歩みを歴史・考古・民俗の知見を総合して描き出し、独自で多彩な文化を育んできた木炭の尽きせぬ魅力を語る。四六判２９６頁 '93

72 **鍋・釜**（なべ・かま） 朝岡康二

日本をはじめ韓国、中国、インドネシアなど東アジアの各地を歩きながら鍋・釜の製作と使用の現場に立ち会い、調理をめぐる庶民生活の変遷とその交流の足跡を探る。四六判３２６頁 '93

73 **海女**（あま） 田辺悟

その漁の実際と社会組織、風習、信仰、民具などを克明に描くとともに海女の起源・分布・交流を探り、わが国漁撈文化の古層としての海女の生活と文化をあとづける。四六判２９４頁 '93

74 **蛸**（たこ） 刀禰勇太郎

蛸をめぐる信仰や多彩な民間伝承を紹介するとともに、その生態・分布・捕獲法・繁殖と保護・調理法などを集成し、日本人と蛸との知られざるかかわりの歴史を探る。四六判３７０頁 '94

75 曲物（まげもの） 岩井宏實
桶・樽出現以前から伝承され、古来最も簡便・重宝な木製容器として愛用された曲物の加工技術と機能・利用形態の変遷をさぐり、手づくりの「木の文化」を見なおす。四六判318頁 '94

76-Ⅰ 和船Ⅰ 石井謙治
江戸時代の海運を担った千石船（弁才船）について、その構造と技術、帆走性能を綿密に調査し、通説の誤りを正すとともに、海難と信仰、船絵馬等の考察にもおよぶ。四六判436頁 '95

76-Ⅱ 和船Ⅱ 石井謙治
造船史から見た著名な船を紹介し、遣唐使船や遣欧使節船、幕末の洋式船における外国技術の導入について論じつつ、船の名称と船型を海船・川船にわたって解説する。四六判316頁 '95

77-Ⅰ 反射炉Ⅰ 金子功
日本初の佐賀鍋島藩の反射炉と精練方＝理化学研究所、島津藩の反射炉と集成館＝近代工場群を軸に、日本の産業革命の時代における人と技術を現地に訪ねて発掘する。四六判244頁 '95

77-Ⅱ 反射炉Ⅱ 金子功
伊豆韮山の反射炉をはじめ、全国各地の反射炉建設にかかわった有名無名の人々の足跡をたどり、開国か攘夷かに揺れる幕末の政治と社会の悲喜劇をも生き生きと描く。四六判226頁 '95

78-Ⅰ 草木布（そうもくふ）Ⅰ 竹内淳子
風土に育まれた布を求めて全国各地を歩き、木綿普及以前に山野の草木を利用して豊かな衣生活文化を築き上げてきた庶民の知られざる知恵のかずかずを実地にさぐる。四六判282頁 '95

78-Ⅱ 草木布（そうもくふ）Ⅱ 竹内淳子
アサ、クズ、シナ、コウゾ、カラムシ、フジなどの草木の繊維から、どのようにして糸を採り、布を織っていたのか——聞書きをもとに忘れられた技術と文化を発掘する。四六判282頁 '95

79-Ⅰ すごろくⅠ 増川宏一
古代エジプトのセネト、ヨーロッパのバクギャモン、中近東のナルド、中国の双陸などの系譜に日本の盤雙六を位置づけ、遊戯・賭博としてのその数奇なる運命を辿る。四六判312頁 '95

79-Ⅱ すごろくⅡ 増川宏一
ヨーロッパの鵞鳥のゲームから日本中世の浄土双六、近世の華麗な絵双六、さらには近現代の少年誌の附録まで、絵双六の変遷を追って時代の社会・文化を読みとる。四六判390頁 '95

80 パン 安達巖
古代オリエントに起ったパン食文化が中国・朝鮮を経て弥生時代の日本に伝えられたことを史料と伝承をもとに解明し、わが国パン食文化二〇〇〇年の足跡を描き出す。四六判260頁 '96

81 枕（まくら） 矢野憲一
神さまの枕・大嘗祭の枕から枕絵の世界まで、人生の三分の一を共に過す枕をめぐって、その材質の変遷を辿り、伝説と怪談、俗信と民俗、エピソードを興味深く語る。四六判252頁 '96

82-Ⅰ 桶・樽（おけ・たる）Ⅰ 石村真一
日本、中国、朝鮮、ヨーロッパにわたる厖大な資料を集成してその豊かな文化の系譜を探り、東西の木工技術史を比較しつつ世界史的視野から桶・樽の文化を描き出す。四六判388頁 '97

82-Ⅱ **桶・樽**（おけ・たる）Ⅱ　石村真一

多数の調査資料と絵画・民俗資料をもとにその製作技術を復元し、東西の木工技術を比較考証しつつ、技術文化史の視点から桶・樽製作の実態とその変遷を跡づける。　四六判３７２頁　'97

82-Ⅲ **桶・樽**（おけ・たる）Ⅲ　石村真一

樹木と人間とのかかわり、製作者と消費者とのかかわりを通じて桶樽と生活文化の変遷を考察し、木材資源の有効利用という視点から桶樽の文化史的役割を浮彫にする。　四六判３５２頁　'97

83-Ⅰ **貝Ⅰ**　白井祥平

世界各地の現地調査と文献資料を駆使して、古来至高の財宝とされてきた宝貝のルーツとその変遷を探り、貝と人間とのかかわりの歴史を「貝貨」の文化史として描く。　四六判３８６頁　'97

83-Ⅱ **貝Ⅱ**　白井祥平

サザエ、アワビ、イモガイなど古来人類とかかわりの深い貝をめぐって、その生態・分布・地方名、装身具や貝貨としての利用法などを豊富なエピソードを交えて語る。　四六判３２８頁　'97

83-Ⅲ **貝Ⅲ**　白井祥平

シンジュガイ、ハマグリ、アカガイ、シャコガイなどをめぐって世界各地の民族誌を渉猟し、それらが人類文化に残した足跡を辿る。参考文献一覧／総索引を付す。　四六判３９２頁　'97

84 **松茸**（まつたけ）　有岡利幸

秋の味覚として古来珍重されてきた松茸の由来を求めて、稲作文化と里山（松林）の生態系から説きおこし、日本人の伝統的生活文化の中に松茸流行の秘密をさぐる。　四六判２９６頁　'97

85 **野鍛冶**（のかじ）　朝岡康二

鉄製農具の製作・修理・再生を担ってきた農鍛冶の歴史的役割を探り、近代化の大波の中で変貌する職人技術の実態をアジア各地のフィールドワークを通して描き出す。　四六判２８０頁　'98

86 **稲**　品種改良の系譜　菅　洋

作物としての稲の誕生、稲の渡来と伝播の経緯から説きおこし、明治以降主として庄内地方の民間育種家の手によって飛躍的発展をとげたわが国品種改良の歩みを描く。　四六判３３２頁　'98

87 **橘**（たちばな）　吉武利文

永遠のかぐわしい果実として日本の神話・伝説に特別の位置を占めて語り継がれてきた橘をめぐって、その育まれた風土とかずかずの伝承の中に日本文化の特質を探る。　四六判２８６頁　'98

88 **杖**（つえ）　矢野憲一

神の依代としての杖や仏教の錫杖に杖と信仰とのかかわりを探り、人類が突きつつ歩んだその歴史と民俗を興味ぶかく語る。多彩な材質と用途を網羅した杖の博物誌。　四六判３１４頁　'98

89 **もち**（糯・餅）　渡部忠世／深澤小百合

モチイネの栽培・育種から食品加工、民俗、儀礼にわたってそのルーツと伝承の足跡をたどり、アジア稲作文化という広範な視野からこの特異な食文化の謎を解明する。　四六判３３０頁　'98

90 **さつまいも**　坂井健吉

その栽培の起源と伝播経路を跡づけるとともに、わが国伝来後四百年の経緯を詳細にたどり、世界に冠たる育種と栽培・利用法を築いた人々の知られざる足跡をえがく。　四六判３２８頁　'99

91 珊瑚（さんご） 鈴木克美

海岸の自然保護に重要な役割を果たす岩石サンゴから宝飾品として知られる宝石サンゴまで、人間生活と深くかかわってきたサンゴの多彩な姿を人類文化史として描く。 四六判370頁 '99

92-I 梅I 有岡利幸

万葉集、源氏物語、五山文学などの古典や天神信仰に表れた梅の足跡を克明に辿りつつ日本人の精神史に刻印された梅を浮彫にし、梅と日本人の二〇〇〇年史を描く。 四六判274頁 '99

92-II 梅II 有岡利幸

その植生と栽培、伝承、梅の名所や鑑賞法の変遷から戦前の国定教科書に表れた梅まで、梅と日本人との多彩なかかわりを探り、桜との対比において梅の文化史を描く。 四六判338頁 '99

93 木綿口伝（もめんくでん） 第2版 福井貞子

老女たちからの聞書を経糸とし、厖大な遺品・資料を緯糸として、母から娘へと幾代にも伝えられた手づくりの木綿文化を掘り起し、近代の木綿の盛衰を描く。増補版 四六判336頁 '00

94 合せもの 増川宏一

「合せる」には古来、一致させるの他に、競う、闘う、比べる等の意味があった。貝合せや絵合せ等の遊戯・賭博を中心に、広範な人間の営みを「合せる」行為に辿る。 四六判300頁 '00

95 野良着（のらぎ） 福井貞子

明治初期から昭和四〇年までの野良着を収集・分類・整理し、それらの用途と年代、形態、材質、重量、呼称などを精査して、働く庶民の創意にみちた生活史を描く。 四六判292頁 '00

96 食具（しょくぐ） 山内昶

東西の食文化に関する資料を渉猟し、食法の違いを人間の自然に対するかかわり方の違いとして捉えつつ、食具を人間と自然をつなぐ基本的な媒介物として位置づける。 四六判292頁 '00

97 鰹節（かつおぶし） 宮下章

黒潮からの贈り物・カツオの漁法から鰹節の製法や食法、商品としての流通までを歴史的に展望するとともに、沖縄やモルジブ諸島の調査をもとにそのルーツを探る。 四六判382頁 '00

98 丸木舟（まるきぶね） 出口晶子

先史時代から現代の高度文明社会まで、もっとも長期にわたり使われてきた刳り舟に焦点を当て、その技術伝承を辿りつつ、森や水辺の文化の広がりと動態をえがく。 四六判324頁 '01

99 梅干（うめぼし） 有岡利幸

日本人の食生活に不可欠の自然食品・梅干をつくりだした先人たちの知恵に学ぶとともに、健康増進に驚くべき薬効を発揮する、その知られざるパワーの秘密を探る。 四六判300頁 '01

100 瓦（かわら） 森郁夫

仏教文化と共に中国・朝鮮から伝来し、一四〇〇年にわたり日本の建築を飾ってきた瓦をめぐって、発掘資料をもとにその製造技術、形態、文様などの変遷をたどる。 四六判320頁 '01

101 植物民俗 長澤武

衣食住から子供の遊びまで、幾世代にも伝承された植物をめぐる暮らしの知恵を克明に記録し、高度経済成長期以前の農山村の豊かな生活文化を愛惜をこめて描き出す。 四六判348頁 '01

102 **箸**（はし）　向井由紀子／橋本慶子

そのルーツを中国、朝鮮半島に探るとともに、日本人の食生活に不可欠の食具となり、日本文化のシンボルとされるまでに洗練された箸の文化の変遷を総合的に描く。　四六判３３４頁　'01

103 **採集**　ブナ林の恵み　赤羽正春

縄文時代から今日に至る採集・狩猟民の暮らしを復元し、動物の生態系と採集生活の関連を明らかにしつつ、民俗学と考古学の両面から山に生かされた人々の姿を描く。　四六判２９８頁　'01

104 **下駄**　神のはきもの　秋田裕毅

古墳や井戸等から出土する下駄に着目し、下駄が地上と地下の他界を結ぶ聖なるはきものであったという大胆な仮説を提出、日本の神々の忘れられた側面を浮彫にする。　四六判３０４頁　'02

105 **絣**（かすり）　福井貞子

膨大な絣遺品を収集・分類し、絣産地を実地に調査して絣の技法と文様の変遷を地域別・時代別に跡づけ、明治・大正・昭和の手づくりの染織文化の盛衰を描き出す。　四六判３１０頁　'02

106 **網**（あみ）　田辺悟

漁網を中心に、網に関する基本資料を網羅して網の変遷と網をめぐる民俗を体系的に描き出し、網の文化を集成する。「網に関する小事典」「網のある博物館」を付す。　四六判３１６頁　'02

107 **蜘蛛**（くも）　斎藤慎一郎

「土蜘蛛」の呼称で畏怖される一方「クモ合戦」など子供の遊びとしても親しまれてきたクモと人間との長い交渉の歴史をその深層に遡って追究した異色のクモ文化論。　四六判３２０頁　'02

108 **襖**（ふすま）　むしゃこうじ・みのる

襖の起源と変遷を建築史・絵画史の中に探りつつその用と美を浮彫にし、衝立・障子・屏風等と共に日本建築の空間構成に不可欠の建具となるまでの経緯を描き出す。　四六判２７０頁　'02

109 **漁撈伝承**（ぎょろうでんしょう）　川島秀一

漁師たちからの聞き書きをもとに、寄り物、船霊、大漁旗など、漁撈にまつわる〈もの〉の伝承を集成し、海の道によって運ばれた習俗や信仰の民俗地図を描き出す。　四六判３３４頁　'03

110 **チェス**　増川宏一

世界中に数億人の愛好者を持つチェスの起源と文化を、欧米における膨大な研究の蓄積を渉猟しつつ探り、日本への伝来の経緯から美術工芸品としてのチェスにおよぶ。　四六判２９８頁　'03

111 **海苔**（のり）　宮下章

海苔の歴史は厳しい自然とのたたかいの歴史だった――採取から養殖、加工、流通、消費に至る先人たちの苦難の歩みを史料と実地調査によって浮彫にする食物文化史。　四六判１７２頁　'03

112 **屋根**　檜皮葺と杮葺　原田多加司

屋根葺師一〇代の著者が、自らの体験と職人の本懐を語り、連綿として受け継がれてきた伝統の手わざを体系的にたどりつつ伝統技術の保存と継承の必要性を訴える。　四六判３４０頁　'03

113 **水族館**　鈴木克美

初期水族館の歩みを創始者たちの足跡を通して辿りなおし、水族館をめぐる社会の発展と風俗の変遷を描き出すとともにその未来像をさぐる初の〈日本水族館史〉の試み。　四六判２９０頁　'03

114 古着（ふるぎ） 朝岡康二

仕立てと着方、管理と保存、再生と再利用等にわたり衣生活の変容を近代の日常生活の変化として捉え直し、衣服をめぐるリサイクル文化が形成される経緯を描き出す。四六判２９２頁 '03

115 柿渋（かきしぶ） 今井敬潤

染料・塗料をはじめ生活百般の必需品であった柿渋の伝承を記録し、文献資料をもとにその製造技術と利用の実態を明らかにして、忘れられた豊かな生活技術を見直す。四六判２９４頁 '03

116-I 道I 武部健一

道の歴史を先史時代から説き起こし、古代律令制国家の要請によって駅路が設けられ、しだいに幹線道路として整えられてゆく経緯を技術史・社会史の両面からえがく。四六判２４８頁 '03

116-II 道II 武部健一

中世の鎌倉街道、近世の五街道、近代の開拓道路から現代の高速道路網までを通観し、道路を拓いた人々の手によって今日の交通ネットワークが形成された歴史を語る。四六判２８０頁 '03

117 かまど 狩野敏次

日常の煮炊きの道具であるとともに祭りと信仰に重要な位置を占めてきたカマドをめぐる忘れられた伝承を掘り起こし、民俗空間の壮大なコスモロジーを浮彫りにする。四六判２９２頁 '04

118-I 里山I 有岡利幸

縄文時代から近世までの里山の変遷を人々の暮らしと植生の変化の両面から跡づけ、その源流を記紀万葉に描かれた里山の景観や大和・三輪山の古記録・伝承等に探る。四六判２７６頁 '04

118-II 里山II 有岡利幸

明治の地租改正による山林の混乱、相次ぐ戦争による山野の荒廃、エネルギー革命、高度成長による大規模開発など、近代化の荒波に翻弄される里山の見直しを説く。四六判２７４頁 '04

119 有用植物 菅 洋

人間生活に不可欠のものとして利用されてきた身近な植物たちの来歴と栽培・育種・品種改良・伝播の経緯を平易に語り、植物と共に歩んだ文明の足跡を浮彫にする。四六判３２４頁 '04

120-I 捕鯨I 山下渉登

世界の海で展開された鯨と人間との格闘の歴史を振り返り、「大航海時代」の副産物として開始された捕鯨業の誕生以来四〇〇年にわたる盛衰の社会的背景をさぐる。四六判３１４頁 '04

120-II 捕鯨II 山下渉登

近代捕鯨の登場により鯨資源の激減を招き、捕鯨の規制・管理のための国際条約締結に至る経緯をたどり、グローバルな課題としての自然環境問題を浮き彫りにする。四六判３１２頁 '04

121 紅花（べにばな） 竹内淳子

栽培、加工、流通、利用の実際を現地に探訪して紅花とかかわってきた人々からの聞き書きを集成し、忘れられた〈紅花文化〉を復元しつつその豊かな味わいを見直す。四六判３４６頁 '04

122-I もののけI 山内昶

日本の妖怪変化、未開社会の〈マナ〉、西欧の悪魔やデーモンを比較考察し、名づけ得ぬ未知の対象を指す万能のゼロ記号〈もの〉をめぐる人類文化史を跡づける博物誌。四六判３２０頁 '04

122-Ⅱ ものけⅡ 山内昶

日本の鬼、古代ギリシアのダイモン、中世の異端狩り・魔女狩り等々をめぐり、自然＝カオスと文化＝コスモスの対立の中で〈野生の思考〉が果たしてきた役割をさぐる。四六判２８０頁 '04

123 染織（そめおり） 福井貞子

自らの体験と厖大な残存資料をもとに、糸づくりから織り、染めにわたる手づくりの豊かな生活文化を見直す。創意にみちた手わざのかずかずを復元する庶民生活誌。四六判２９４頁 '05

124-Ⅰ 動物民俗Ⅰ 長澤武

神として崇められたクマやシカをはじめ、人間にとって不可欠の鳥獣や魚、さらには人間を脅かす動物など、多種多様な動物たちと交流してきた人々の暮らしの民俗誌。四六判２６４頁 '05

124-Ⅱ 動物民俗Ⅱ 長澤武

動物の捕獲法をめぐる各地の伝承を紹介するとともに、全国で語り継がれてきた多彩な動物民話・昔話を渉猟し、暮らしの中で培われた動物フォークロアの世界を描く。四六判２６６頁 '05

125 粉（こな） 三輪茂雄

粉体の研究をライフワークとする著者が、粉食の発見からナノテクノロジーまで、人類文明の歩みを〈粉〉の視点から捉え直した壮大なスケールの〈文明の粉体史観〉 四六判３０２頁 '05

126 亀（かめ） 矢野憲一

浦島伝説や「兎と亀」の昔話によって親しまれてきた亀のイメージの起源を探り、古代の亀卜の方法から、亀にまつわる信仰と迷信、鼈甲細工やスッポン料理におよぶ。四六判３３０頁 '05

127 カツオ漁 川島秀一

一本釣り、カツオ漁場、船上の生活、船霊信仰、祭りと禁忌など、カツオ漁にまつわる漁師たちの伝承を集成し、黒潮に沿って伝えられた漁民たちの文化を掘り起こす。四六判３７０頁 '05

128 裂織（さきおり） 佐藤利夫

木綿の風合いと強靭さを生かした裂織の技と美をすぐれたリサイクル文化として見なおす。東西文化の中継地・佐渡の古老たちからの聞書をもとに歴史と民俗をえがく。四六判３０８頁 '05

129 イチョウ 今野敏雄

「生きた化石」として珍重されてきたイチョウの生い立ちと人々の生活文化とのかかわりの歴史をたどり、この最古の樹木に秘められたパワーを最新の中国文献にさぐる。四六判３１２頁〔品切〕 '05

130 広告 八巻俊雄

のれん、看板、引札からインターネット広告までを通観し、いつの時代にも広告が人々の暮らしと密接にかかわって独自の文化を形成してきた経緯を描く広告の文化史。四六判２７６頁 '06

131-Ⅰ 漆（うるし）**Ⅰ** 四柳嘉章

全国各地で発掘された考古資料を対象に科学的解析を行ない、縄文時代から現代に至る漆の技術と文化を跡づける試み。漆が日本人の生活と精神に与えた影響を探る。四六判２７４頁 '06

131-Ⅱ 漆（うるし）**Ⅱ** 四柳嘉章

遺跡や寺院等に遺る漆器を分析し体系づけるとともに、絵巻物や文学作品の考証を通じて、職人や産地の形成、漆工芸の地場産業としての発展の経緯などを考察する。四六判２１６頁 '06

142 追込漁（おいこみりょう）　川島秀一

沖縄の島々をはじめ、日本各地で今なお行なわれている沿岸漁撈を実地に精査し、魚の生態と自然条件を知り尽した漁師たちの知恵と技を見直しつつ漁業の原点を探る。四六判368頁 '08

143 人魚（にんぎょ）　田辺悟

ロマンとファンタジーに彩られて世界各地に伝承される人魚の実像をもとめて東西の人魚誌を渉猟し、フィールド調査と膨大な資料をもとに集成したマーメイド百科。四六判352頁 '08

144 熊（くま）　赤羽正春

狩人たちからの聞き書きをもとに、かつては神として崇められた熊と人間との精神史的な関係をさぐり、熊を通して人間の生存可能性にもおよぶユニークな動物文化史。四六判384頁 '08

145 秋の七草　有岡利幸

『万葉集』で山上憶良がうたいあげて以来、千数百年にわたり秋を代表する植物として日本人にめでられてきた七種の草花の知られざる伝承を掘り起こす植物文化誌。四六判306頁 '08

146 春の七草　有岡利幸

厳しい冬の季節に芽吹く若菜に大地の生命力を感じ、春の到来を祝い新年の息災を願う「七草粥」などとして食生活の中に巧みに取り入れてきた古人たちの知恵を探る。四六判272頁 '08

147 木綿再生　福井貞子

自らの人生遍歴と木綿を愛する人々との出会いを織り重ねて綴り、優れた文化遺産としての木綿衣料を紹介しつつ、リサイクル文化としての木綿再生のみちを模索する。四六判266頁 '09

148 紫（むらさき）　竹内淳子

今や絶滅危惧種となった紫草（ムラサキ）を育てる人びと、伝統の紫根染を今に伝える人びとを全国にたずね、貝紫染の始原を求めて吉野ヶ里におよぶ「むらさき紀行」。四六判324頁 '09

149-Ⅰ 杉Ⅰ　有岡利幸

その生態、天然分布の状況から各地における栽培・育種、利用にいたる歩みを弥生時代から今日までの人間の営みの中で捉えなおし、わが国林業史を展望しつつ描き出す。四六判282頁 '10

149-Ⅱ 杉Ⅱ　有岡利幸

古来神の降臨する木として崇められるとともに生活のさまざまな場面で活用され、絵画や詩歌に描かれてきた杉の文化をたどり、さらに「スギ花粉症」の原因を追究する。四六判278頁 '10

150 井戸　秋田裕毅（大橋信弥編）

弥生中期になぜ井戸は突然出現するのか。飲料水など生活用水ではなく、祭祀用の聖なる水を得るためだったのではないか。目的や構造の変遷、宗教との関わりをたどる。四六判260頁 '10

151 楠（くすのき）　矢野憲一／矢野高陽

語源と字源、分布と繁殖、文学や美術における楠から医薬品としての利用、キューピー人形や樟脳の船まで、楠と人間の関わりの歴史を辿りつつ自然保護の問題に及ぶ。四六判334頁 '10

152 温室　平野恵

温室は明治時代に欧米から輸入された印象があるが、じつは江戸時代半ばから「むろ」という名の保温設備があった。絵巻や小説、遺跡などより浮かび上がる歴史。四六判310頁 '10

153 檜（ひのき） 有岡利幸

建築・木彫・木材工芸に最良の材としてわが国の〈木の文化〉に重要な役割を果たしてきた檜。その生態から保護・育成・生産・流通・加工までの変遷をたどる。 四六判320頁 '11

154 落花生 前田和美

南米原産の落花生が大航海時代にアフリカ経由で世界各地に伝播していく歴史をたどるとともに、日本で栽培を始めた先覚者や食文化との関わりを紹介する。 四六判312頁 '11

155 イルカ（海豚） 田辺悟

神話・伝説の中のイルカ、イルカをめぐる信仰から、漁撈伝承、食文化の伝統と保護運動の対立までを幅広くとりあげ、ヒトと動物との関係はいかにあるべきかを問う。 四六判330頁 '11

156 輿（こし） 櫻井芳昭

古代から明治初期まで、千二百年以上にわたって用いられてきた輿の種類と変遷を探り、天皇の行幸や斎王群行、姫君たちの輿入れにおける使用の実態を明らかにする。 四六判252頁 '11

157 桃 有岡利幸

魔除けや若返りの呪力をもつ果実として神話や昔話に語り継がれ、近年古代遺跡から大量出土して祭祀との関連が注目される桃。日本人との多彩な関わりを考察する。 四六判328頁 '12

158 鮪（まぐろ） 田辺悟

古文献に描かれ記されたマグロを紹介し、漁法・漁具から運搬と流通・消費、漁民たちの暮らしと民俗・信仰までを探りつつ、マグロをめぐる食文化の未来にもおよぶ。 四六判350頁 '12

159 香料植物 吉武利文

クロモジ、ハッカ、ユズ、セキショウ、ショウノウなど、日本の風土で育った植物から香料をつくりだす人びとの営みを現地に訪ね、伝統技術の継承・発展を考える。 四六判290頁 '12

160 牛車（ぎっしゃ） 櫻井芳昭

牛車の盛衰を交通史や技術史との関連で探り、絵巻や日記・物語等に描かれた牛車の種類と構造、利用の実態を明らかにして、読者を平安の「雅」の世界へといざなう。 四六判224頁 '12

161 白鳥 赤羽正春

世界各地の白鳥処女説話を博捜し、古代以来の人々が抱いた〈鳥への想い〉を明らかにするとともに、その源流を、白鳥をトーテムとする中央シベリアの白鳥族に探る。 四六判360頁 '12

162 柳 有岡利幸

日本人との関わりを詩歌や文献をもとに探りつつ、容器や調度品に、治山治水対策に、火薬や薬品の原料に、さらには風景の演出用に活用されてきた歴史をたどる。 四六判328頁 '13

163 柱 森郁夫

竪穴住居の時代から建物を支えてきただけでなく、大黒柱や鼻っ柱などさまざまな言葉に使われている柱。遺跡の発掘でわかった事実や、日本文化との関わりを紹介。 四六判252頁 '13

164 磯 田辺悟

人間はもとより、動物たちにも多くの恵みをもたらしてきた磯――その豊かな文化をさぐり、東日本大震災以前の三陸沿岸を軸に磯漁の民俗を聞書きによって再現する。 四六判450頁 '14

165 **タブノキ**　山形健介

南方から「海上の道」をたどってきた列島文化を象徴する樹木について、中国・台湾・韓国も視野に収めて記録や伝承を掘り起こし、人々の暮らしとの関わりを探る。　四六判３１６頁　'14

166 **栗**　今井敬潤

縄文人が主食とし栽培していた栗。建築や木工の材、鉄道の枕木といった生活に密着した多様な利用法や、品種改良に取り組んだ技術者たちの苦闘の足跡を紹介する。　四六判２７２頁　'14

167 **花札**　江橋崇

法制史から文学作品まで、厖大な文献を渉猟して、その誕生から現在までを辿り、花札をその本来の輝き、自然を敬愛して共存する日本の文化という特性のうちに描く。　四六判３７２頁　'14

168 **椿**　有岡利幸

本草書の刊行や栽培・育種技術の発展によって近世初期に空前の大ブームを巻き起こした椿。多彩な花の紹介をはじめ、椿油や木材の利用、信仰や民俗まで網羅する。　四六判３３６頁　'14

169 **織物**　植村和代

人類が初めて機械で作った製品、織物。機織り技術の変遷を世界史的視野で見直し、古来より日本と東南アジアやインド、ペルシアの交流や伝播があったことを解説。　四六判３４６頁　'14

170 **ごぼう**　冨岡典子

和食に不可欠な野菜ごぼうは、焼畑農耕から生まれ、各地の風土のなか固有の品種や調理法が育まれた。そのルーツを稲作以前の神饌や祭り、儀礼に探る和食文化誌。　四六判２７６頁　'15

171 **鱈**（たら）　赤羽正春

漁場開拓の歴史と漁法の変遷、漁民たちのくらしを跡づけ、戦時の非常食としての役割を明らかにしつつ、「海はどれほどの人を養えるか」についても考える。　四六判３３６頁　'15

172 **酒**　吉田元

酒の誕生から、世界でも珍しい製法が確立しブランド化する近世までの長い歩みをたどる。飢饉や幕府の規制をかいくぐり、いかにその香りと味を生みだしたのか。　四六判２５６頁　'15

173 **かるた**　江橋崇

外来の遊技具でありながら二百年余の鎖国の間に日本の美術・文芸・芸能を幅広く取り入れ、和紙や和食にも匹敵する存在として発展した〈かるた〉の全体像を描く。　四六判３５８頁　'15

174 **豆**　前田和美

ダイズ、アズキ、エンドウなど主要な食用マメ類について、その栽培化と作物としての歩みを世界史的視野で捉え直し、食文化に果たしてきた役割を浮き彫りにする。　四六判３７０頁　'15

175 **島**　田辺悟

日本誕生神話に記された島々の所在から南洋諸島の巨石文化まで、島をめぐる数々の謎を紹介し、残存する習俗の古層を発掘して島の精神性にもおよぶ島嶼文化論。　四六判３０６頁　'15

176 **欅**（けやき）　有岡利幸

長年営林事業に携わってきた著者が、実際に見聞きした事例や文献・資料を駆使し、その生態から信仰や昔話、防災林や木材としての利用にいたる歴史を物語る。　四六判３０６頁　'16

177　歯　大野粛英

虫歯や入れ歯など、古来より人は歯に悩んできた。著者は小説や日記、浮世絵や技術書まで多岐にわたる資料を駆使し、歯科医ならではの視点で治療法の変遷も紹介。　四六判２５０頁　'16

178　はんこ　久米雅雄

「漢委奴国王」印から織豊時代のローマ字印章、歴代の「天皇御璽」、さらには「庶民のはんこ」まで、歴史学と考古学の知見を綜合して、印章をめぐる数々の謎に挑む。　四六判３４４頁　'16

179　相撲　土屋喜敬

一五〇〇年の歴史を誇る相撲はもとは芸能として庶民に親しまれていた。力士や各地の興行の実態、まわしや土俵の変遷、櫓の意味、文学など多角的に興味深く解説。　四六判２９８頁　'17